非洲的青山 著

德之美

——

宋末七词人传

上海教育出版社
SHANGHAI EDUCATIONAL
PUBLISHING HOUSE

前言

2007 年,中国在南海打捞出一艘南宋时期的大型商船"南海一号",上面满载着瓷器、金银、工艺品等价值连城的文物近十万件,是迄今为止世界上发现的海上沉船中年代最早、船体最大、保存最完整的远洋贸易商船。"南海一号"的发现,再次证明八百年前南宋王朝在经济、文化、科技、航海等方面领先世界的强大实力。

南宋时由于陆上"丝绸之路"的隔断,东南方向海路成为对外贸易的唯一通道,海外贸易成为中外经济文化交流的主要通道,南宋时期的贸易港口多达二十多个,主要有广州港、泉州港、明州港(今宁波)等,朝廷还在贸易港口增设市舶司,加强对海外贸易的管理和规范。瓷器、丝绸、茶叶、食盐、布帛、粮食等主要商品的生产规模得到了前所未有的扩展。

以南宋的农业成就为例,农作物单位面积产量比唐代提高了二至三倍,有人甚至认为南宋出现了"农业革命"。宋史专家王曾瑜先生说:"大致自宋开始,南方粮食生产的崛起,着重于纵向开拓生产深度,其实是当时世界上的绿色革命。"[1]"苏湖熟,天下足"的谚语在此时出现了。根据葛金芳先生的研究,南宋平均粮食亩产量达312斤,1952年我国水稻的平均产量才与之大体持平。南宋人均占有粮食1546斤,1980年我国粮食总产量为6363亿斤,按当时人口10亿平均,每人占有粮食645斤,南宋人均占有粮食是1980年人均粮食的2.4倍。[2]

有外国学者计算出,宋代中国的经济规模占世界经济总量的60%,中国人均GDP为2280美元,当时西欧的人均GDP为427美元,经过第一次工业革命的英国人均GDP也仅为1250美元。[3]

南宋不仅创造出了令人惊叹的物质文明,在土地租佃关系、纸币发行、书院教育、科举取士、文官治国、福利救济等制度层面也影响深远,在此基础上孕育出的南宋文化,其辉煌程度达到了中国古代社会的顶峰,奠定了中华民族的精神气质。我们当下所弘扬的爱国、敬业、诚信、友善等价值观,大多可以追溯到南宋时期。近代思想家严复说:"中国所以成于今日现象者,为善为恶,姑不具论,而为宋人之所造就什八九,可断言也。"[4]华裔学者刘子健也认为:"此后中国近八百年来的文化,是以南宋文化为模式,以江浙一带为重点,形成了更加富有中国气派、中国风格的文化。"[5]

---

① 王曾瑜.辽宋夏金代通史绪论(第1卷)[M].北京:人民出版社,2010:17.

② 葛金芳.农商社会视野下的南宋经济再评价[M]//沈翔,何忠礼.第三届中国南宋史国际学术研讨会论文集(上).杭州:浙江大学出版社,2017:154—155.

③ MADDISON A. Contours of the World Economy, 1-2030 AD. Essays in Macro-Economic History[M]. New York: Oxford University Press, 2007, p.33.

④ 王栻.严复集(第三册)[M].北京:中华书局,1986:668.

⑤ 刘子健.两宋史研究汇编[M].台北:台北联经出版事业公司,1987:80.

时过境迁，南宋王朝早已远去，文化传承之旅筚路蓝缕。宋人的审美观念、艺术修养、生活情趣令后人高山仰止。我们一次一次在历史的废墟上重建文明，不断地重复着宋人说过的话，做着宋人做过的事，但很少达到宋人的高度。

宋词是文苑精华中一颗璀璨的宝石。南宋是宋词的高峰期和成熟期。据唐圭璋先生所辑《全宋词》统计，在所收词人籍贯和时代可考的八百七十三人中，北宋二百二十七人，占 26%；南宋六百四十六人，占 74%。南宋词人名家辈出，李清照、辛弃疾、姜夔、吴文英、张炎、王沂孙等是其中的杰出代表，他们在北宋的基础上扩大和深化了时代主题，把忧国忧民的信念融入了词作中，终于使词摆脱了花前月下的美艳习气，取得了与唐诗并驾齐驱的地位。

南宋是一个偏安江南的小朝廷，从立国的第一天到最后灭亡，一百五十余年，始终面临北方少数民族政权的威胁。现实的阴影和紧迫也印记在词作中。词人对命运、民生、国家、外族侵略，或慷慨激昂，或乐观面对，或努力承受，或隐逸飘逸。在南宋之前，这样的主题是由诗歌和文赋来承担的，但南宋词人通过高超的文字技巧、唯美的艺术追求，同样达到了这一效果，并且展现出一种区别于诗歌的、婉转而坚定的风格。

结合宋词的发展流变，我觉得它可以被粗略地分为三个派别。第一是花间派，这个称呼来自五代词集《花间集》，多是男欢女爱、慕春怨秋的作品，格局较小，但文字精巧丽质，代表作者是温庭筠、韦庄等。南唐的中主、后主（前期作品）、冯延巳都是这一类。花间派的影响很大，北宋的大小晏、欧阳修、张先、柳永、秦观都可以归入这一类。

第二派是以苏轼、辛弃疾、陆游、陈亮为代表的豪放派。花间词体流行了一百年后，到苏轼这里起了明显变化，主题上改变了浅斟低唱的男女之情，用词来抒发家国情怀和人生感慨，后人评价为"以诗入词"。到南宋时，辛弃疾更是以文入词，嬉笑怒骂均写进词中，他不回避现实矛盾，直抒胸襟，始终高呼抗敌，收复失地，主题紧扣时代，激动人心。

第三派是以周邦彦、姜夔、史达祖、张炎为代表的格律派，他们继续沿着花间派的路子走，但格调已大为提升，即以骚雅为审美标准，以合乎音律为价值准绳，拥有更深的立意、更高的技巧、更精美的音韵，让填词成为一门高雅艺术。

在本书所聚焦的几位宋末词人中，刘辰翁、文天祥、汪元量大体属于豪放；周密、王沂孙、张炎可归为格律派；蒋捷独具一格，豪放和格律在他身上互相倾斜，最终实现了融合。南宋覆亡之后，这七位词人都经历了国破家亡的惨剧，失去了施展理想的舞台，都不得不面对巨大的生存威胁。如果说"仕"与"隐"是唐诗作者们内心之中的一个"情意结"，那么生与死就是南宋末期词人们内心的双重变奏。

元灭南宋，是中国历史上汉族政权第一次全面亡于游牧民族。江南各路州县自晚唐五代起到南宋末年，三百年多来享受着和平稳定，但蒙古铁骑渡江而至，无情地踩躏了这片繁华的土地，许多城市毁于战乱，十余代人积累的财富和技术、社会进步，以及被学者们津津乐道的"资本主义萌芽"，均遭腰斩。谢枋得在《赠何古梅学医》中

写道:"笙鹤一去三百年,东南忽变为腥膻。为血为肉生灵苦,在者疮痍何日痊。"

元朝统一全国后,推行民族压迫和民族歧视政策。元法律把人划为四等,第一等是蒙古人,第二等是色目人,第三等是汉人(就是淮河以北投降金朝后又被蒙古人打败了的人),第四等是南人(就是原来的南宋人)。郑思肖记述过,元朝统治者还曾推行一种十等人分法:娼妓是第八等,文人是第九等,最后一等是乞丐。这些对于有着浓重的"华夷之辨"的南宋词人群体,是一次前所未有的心理创伤。明末清初的顾炎武曾说:"易姓改号,谓之亡国;仁义充塞而至于率兽食人,人将相食,谓之亡天下。"毫不夸张地说,文人们最黑暗的时代来临了。

面对暗淡的时局,词人们可选择的道路有三条。刚烈不屈者,如文天祥、邓剡等,率残兵抵抗,把生死置之度外,艰难困苦可想而知,最后兵败被俘,杀身成仁,书写了一曲最悲壮的时代挽歌;识时务者,如留梦炎、赵孟𫖯等,改换门庭,登天子堂,位列上宾;而大多数手无寸铁的江南文人,既没有能力或者说没有胆量兵刀反元,也不肯屈膝投靠蒙元政权,只好高蹈远遁,隐居深山,或者流落江湖,布衣终身,成为一代遗民。

我们提到宋代词人,一般人首先想到是柳永、苏轼、李清照,其次是"苏门四学士",再次应该是岳飞、辛弃疾、陆游等,而对南宋末的词家关注甚少。究其原因,一是南宋后期的历史资料缺乏且分散,很难形成人物的连贯故事;二是南宋词人的作品"不好懂",他们的创作专精、用典频繁、托意深远,有相当的门槛,较之北宋词作区别甚大;三是名字不够文艺,不如纳兰容若、仓央嘉措、村上春树那么有诗意,让人过目难忘;四是他们是一群彻底的失败者,没有留下任何说得过去的战绩和财产,有的还孑然一身,不名一文,挣扎在社会的最底层。

在宣扬实用主义和成功学的今天,撰写一群失败者的生平和作品评论,确实有点格格不入,甚至是自讨苦吃。的确,本书所写的南宋末七位词家,既不如苏东坡那样飘逸如仙、事迹众多,也不如李清照光彩独照;既没有辛弃疾金戈铁马、旌旗渡江的孤胆英事,也没有"苏小妹三难秦少游"或陆游与唐婉的沈园之会等八卦绯闻。但读他们的词,想见他们的为人,受到一种在绝境中顽强挣扎的鼓舞,受到一种化悲痛为隐忍、却始终牢守底线的感动,就像品一杯浊酒,苦辣辛酸,烈火真金,百转千回,常让我潸然泪下,难以释怀。

尼采在《悲剧的诞生》中说,通过个体的毁灭,我们反而感觉到世界生命意志的丰盈和不可毁灭,于是生出快感。这一点在文天祥的事迹里感受尤为明显。而另外几位词人,写作风格从早期的精雕细琢转变为后期的沉郁顿挫、凄美沧桑,本质上也是在承认人生悲剧性的前提下去肯定人生,用生命本身的力量来克服和战胜生命的痛苦,并在奋力抗争中强烈感受生命的欢乐。

杨海明更为通俗地说:"忧患意识,正从'反面'表现了这一代人们对于生活、对于人生的极为深执的眷恋、依恋、肯定、执着的感情。没有阻力,就体现不出追求;没有忧患,也就意味着失去了欢乐。唐宋词中表现的忧患意识,构成了我们这个民族在历史进程中不屈不

挠地追求、奋斗的思想轨迹中的重要一段。"①

十年前,我在非洲"充军"时,处境艰难,心情焦虑。一天夜读,偶然翻到蒋捷的《霜天晓角·人影窗纱》:

人影窗纱,是谁来折花?折则从他折去,知折去、向谁家?

檐牙,枝最佳。折时高折些。说与折花人道,须插向、鬓边斜。

我翻看作者的生平,才知道他于漂泊无依、一贫如洗的困境之中,仍然能写出这么鲜活明媚的词作,这需要多么强大的内心?我们不能苛求南宋遗民都去和元朝统治者拼个鱼死网破,而应该看到,他们背负着亡天下的沉重枷锁苟活于世,同样需要强大的心理承受能力,也是一种英雄主义。《史记·赵世家》中程婴问公孙杵曰:"立孤与死孰难?"答曰:"死易,立孤难耳。"对于外来的压迫不是逃避屈服,也不是同流合污,而是选择默默地承受,在守住民族气节这一底线的前提下,努力地使中华文明传承下去,不因各种文化迫害而断绝,是功不可没的。

朱光潜先生曾说:"中国无悲剧。"但我觉得这些遗民词人在被命运摆布时所展现的虽九死而不悔的精神,并不比普罗米修斯逊色。从大的方面说,他们延续了屈原的爱国情怀,发扬了宋文化的精神,为我们留下了可贵的文化遗产。"他们的创作既超越了晚唐五代隐逸诗家的偏狭和贫瘠,也摆脱了南宋后期文风的琐屑与寒

---

① 杨海明.唐宋词论稿[M].杭州:浙江古籍出版社,1988:35.

俗，自然充实，别有韵致。"①从小的方面说，则是为我们个人，在面临时代考验时，化作了一盏明灯。因此我觉得，把他们的故事记录下来，让更多的人了解，这个工作是必须要完成的，正如我为草原上的狮子、猎豹立传一样，都是一种义不容辞的职责，也是我的幸运。

---

① 王小兰.宋代隐逸文人群体研究［M］.北京：中国社会科学出版社,2013:313.

目录

1   引子

3   文天祥

35   周密

77   刘辰翁

105   王沂孙

135   张炎

173   蒋捷

199   汪元量

233   附录一　辛弃疾的送春词

241　　附录二　姜夔《暗香》《疏影》赏析

249　　附录三　陆游的"沈园之恋"属实吗？

253　　附录四　宋词中的唯美大师吴文英

261　　参考文献

269　　后记　我的学词历程

引子

　　我在非洲草原上拍摄野生动物，大部分时间是我一个人，只能靠书籍来打发无聊的时间。带去的小说几天就看完了，只有诗词可以让我反复品读，我就这样进入了宋词的殿堂。宋词中有一个特殊的领域，即咏物词，达到的艺术成就是诗歌和文赋所不及的。咏物词让我的欣赏品味发生了质变，也给我的拍摄带来了许多启示，我也试着用一种含蓄的手法拍摄狮子、猎豹、大象等。

　　宋词是一个广阔的天地，历来都有"豪放"和"婉约"之分，我认为，无论什么风格，优秀的词作都有一种忧患意识蕴含其中，若隐若现，曲折婉转，这也是跟诗歌的一大区别。叶嘉莹先生把这种忧患意识形象地概括为"弱德之美"，也就是在压力危难之下，选择默默去承受，坚持自己的原则，完成自己的使命。我发现很多野生动物也具有这种"弱德之美"。2019 年 7 月的一天，我们发现一只被斑鬣狗围攻的母猎豹，母猎豹被咬得遍体鳞伤，在我们越野车的帮助下，逃出了斑鬣狗的包围圈，令我惊讶的是，母猎豹从容地在我车前走过，前腿的伤口清晰可见。它跳上一块巨石，昂首伫立，眼神坚定，姿态优雅。我的眼泪忍不住流了下来。

受伤后坚韧而优雅的猎豹

　　母猎豹可能是草原上生存压力最大的动物,它的天敌众多,还要独自喂养幼崽,幼崽的存活几率只有5%,然而几十万年来,猎豹依然在草原上休养生息,纵横驰骋,它那电光火石般的极速,给予我无与伦比的视觉享受和心理冲击。巨大的压力并没有压垮它那柔弱的身躯,反而使它锻炼出坚韧而优雅的性格。

　　我读南宋词,也常常受到一种坚韧而优雅的感动。南宋亡于游牧民族,词人们将家国之悲、命运之痛融入词中,使词焕发出一种凄美哀凉又顽强不屈的独特美感。但南宋词历来受到人们的轻视,王国维、胡适、顾随等先辈对南宋词(除辛弃疾词外)的贬低可谓触目惊心,但事实真是如此吗?恐怕未必。我不惮浅薄,将把南宋末期主要的词人传记和作品陆续写出,给众位朋友展示出南宋词的魅力,以及我个人的读词心得。

文天祥

　　中国历史上不乏"知其不可为而为之"的慷慨悲壮之士，最有名的是诸葛亮和文天祥。诸葛亮身为蜀汉丞相，为报先帝知遇之恩，以巴蜀一隅之地，举几万弱兵，五伐中原，未获成功，不幸病死军中；文天祥在南宋末年元军入侵之时，散尽家财，招募义勇，以未经训练的民兵，抗击横扫欧亚的蒙古铁骑。文天祥空有南宋右丞相、兼枢密使的头衔，却并无实权，还备受腐败的朝廷中枢的打压冷落，但他无怨无悔，不阿权贵，一身正气，一往无前，组织数千残兵多地转战，出生入死，颠沛流离，最后兵败，被元军俘获，拒绝威逼利诱，取义成仁。

　　至元十六年（1279年）十一月，文天祥被解送大都，元朝丞相孛罗亲自出面劝降，挖苦文天祥挽救南宋小朝廷是空费力气、自不量力，质问道："你立二王，干出了什么功绩呢？"

　　文天祥答："我立二王是要保存宋室宗庙，有一天则尽臣子的责任一天,谈什么功绩!"

孛罗继续讽刺:"你既知做不成事,为什么偏偏要做呢?"

文天祥沉痛地回答:"臣子事君,就像儿子事父。父亲有了病,明知不治,还是要尽力抢救。我是尽我的忠心而已,今天我到此,有死而已,无须多言。"

文天祥用生命实践了爱国忠君的信念,成为后世的楷模,他的《正气歌》,以及千古名句"人生自古谁无死,留取丹心照汗青",浩气长存,激励了一代又一代优秀的中华儿女自强不息、顽强斗争,宁为玉碎,不为瓦全。

一

文天祥是江西庐陵人,出生于宋理宗端平三年(1236 年)。文天祥六岁入私塾读书,第一任老师是父亲文仪。文家虽非望族,但历来重视教育,以诗书传家。而后文天祥游学于江南的数个书院,先后师从欧阳守道、江万里等名儒。文天祥有一次见书院中有乡贤欧阳修、周必大、杨邦乂、胡铨、杨万里等人的遗像,心生敬意,慨然叹息:"以后我如果不能像他们一样热血忠义,就不配为大丈夫!"

文天祥二十岁参加乡试,和弟弟文璧一起通过,被录为贡士。第二年,文天祥兄弟前往临安省试。宋代科举考试,须经解试、省试、殿试三个程序。省试由礼部主持,因礼部归属尚书省而得名。宋代的省试共分四场,内容多,题量大,第一场试诗赋,第二场试论,

第三场试策,第四场试帖经,考生被锁在贡院内,连续考三四天。省试的录取比例,南宋孝宗时确定为17∶1。① 结果,文天祥兄弟又一举登科,名列奏名进士。至此,文天祥兄弟只差参加皇帝亲自主持的殿试,便可大功告成。宋代的殿试可视为省试之后的面试复核,主要为了显示人君的擢拔之权。自北宋嘉祐年后,殿试便基本不再刷落考生,也就是说只要通过了省试,便可进入官员行列,只是名次的问题。

在宝祐二年(1254年)的这次殿试中,文天祥出类拔萃,高中状元。同科考取的还有谢枋得、陆秀夫二人,后来国家危亡,他们与文天祥一样,义不容辞地选择了共赴国难,以死明志。这里有一个小插曲,本来在礼部的排名中,谢枋得第一,文天祥第五,但谢枋得在殿试文章中直言抨击皇帝宠臣,言语激烈,引来宋理宗的不悦,被降为第二甲第一名;文天祥的卷子虽也不无锋芒,但切中时弊,令理宗大为赞叹,亲自将他提升为第一名。理宗念到文天祥的名字,觉得很吉祥,高兴地说:"此天之祥,乃宋之瑞也。"文天祥对于理宗的赏识非常感激,他后来多次强调自己是南宋的状元宰相,不可有负国恩。

文璧却因为要照料病重的父亲文仪,没有参加殿试而落第。文天祥每每提起此事,都觉得对不起弟弟。好在宝祐六年(1258年),文天祥陪同文璧再次参加临安省试,终于进入殿试,一举得中。

文天祥中进士后,父亲文仪突然去世了,他和文璧扶灵柩回乡,

① 梁庚尧.宋代科举社会[M].上海:东方出版中心,2019:10.

在家守丧三年。服丧期满后，文天祥被召回临安，授予承事郎、签书宁海军节度判官公事。此时南宋朝廷正面临一场巨大的威胁。宝祐六年（1258年），蒙古大军南侵，大汗蒙哥（元宪宗）、其弟忽必烈和大将兀良合台分三路大举进攻南宋。七月，蒙哥亲率主力进攻四川，一路所向披靡，攻克四川北部大部分地区。中路军在忽必烈的统领下围攻鄂州，形势危急。临安城内人心惶惶，董宋臣献计迁都四明，以便乘船逃至海上。文天祥坚决反对，立即给宋理宗上书，要求斩杀当朝红人董宋臣以固人心（《己未上皇帝书》）。初登官场的文天祥锋芒毕露，可见其刚直的个性。

开庆元年（1259年），大汗蒙哥亲自率军进攻四川合州，遭到南宋军民顽强抵抗，蒙哥被钓鱼城的火炮击中，毙命于军中。蒙军被迫全线北撤，鄂州之围解除，南宋王朝又一次躲过亡国危机。宋理宗好了伤疤忘了疼，将董宋臣召回朝廷。文天祥怒不可遏，再次上书，揭露董宋臣"天下之恶名，萃诸其身，京国闾巷，无小无大，辄以董阎罗呼之"，要求理宗收回成命。但文天祥的上书无人理会，他便辞职回乡，以示与奸臣誓不两立的态度。

此时南宋官场已是腐败不堪、积重难返，从皇帝到中枢高官，均不恤国事，荒淫无度，享乐成风。有识之士忧心忡忡，除文天祥外，太学、国子监等学子们也不畏强权，积极议政。宝祐年间，太学生陈宜中和同学黄镛、林则祖等六人联名上书攻击权臣丁大全，被誉为"六君子"，陈宜中成为当时著名的社会意见领袖；宋理宗后期，太学生叶李与国子监的同舍生康棣等八十三人伏阙上书，抨击贾似道专权误国，其中有"三光舛错，宰执之愆。似道缪司台鼎，变乱纪纲，毒

害生灵,神人共怒,以干天谴"等激烈之语。然而,南宋倾覆时,已官至左丞相的陈宜中却扔下太后和小皇帝,独自逃往占城(越南南部);叶李更是变节投降,成为元世祖忽必烈重用的三位汉族官员之一(另两位是程钜夫和赵孟𫖯),真是此一时彼一时。文天祥却不改初心,始终如一。

文天祥辞职后归隐湖山,以诗书琴棋度日,后又被新上台的贾似道起用,到临安秘书省任职。咸淳六年(1270年),襄阳被元军围困,危在旦夕,贾似道却屡次向皇帝表示辞职去位,宋度宗命文天祥拟挽留贾似道的诏书,文天祥在文稿中并无丝毫对贾的颂扬,反而以"盖常情以去就为轻,惟大臣以安危为重"暗讽贾似道贪恋禄位。贾似道指示台谏官员弹劾文天祥,将他罢官。不过几年后,朝廷觉得文天祥是难得的人才,又任命文天祥为地方官,治理湖南、江西。文天祥为官一方,兴修水利,安定民生,造福百姓,政绩斐然。他这段经历有似苏东坡,虽屡受排挤,但位卑未敢忘忧国,不管在朝还是在野,均身体力行,以国家为重。文天祥隐退时,致力于文山书院别业,与江湖豪杰人士广泛交游,有一首写给朋友李楼峰的庆贺之词《齐天乐·庆湖北漕知鄂州李楼峰》:

南楼月转银河曙,玉箫又吹梅早。鹦鹉沙晴,葡萄水暖,一缕燕香清袅。瑶池春透。想桃露霏霞,菊波沁晓。袍锦风流,御仙花带瑞虹绕。

玉关人正未老。唤矶头黄鹤,岸巾谈笑。剑拂淮清,棃横楚黛,雨洗一川烟草。印黄似斗。看半砚蔷薇,满鞍杨柳。沙路归来,金貂蝉翼小。

李楼峰与文天祥为同科进士，此时李去鄂州赴任，文天祥为其壮行。由于蒙古军队的入侵，鄂州已是南宋前线城市，承担着江防的重任。文天祥在词中不仅贺李楼峰升迁，更对其寄予了深切的期望。"唤矶头黄鹤，岸巾谈笑。剑拂淮清，棹横楚黛"，写得飘逸练达，有共勉之意。

另一首《齐天乐·甲戌湘宪种德堂灯屏》是文天祥即将卸任湖南提刑、前往江西赣州时所作：

夜来早得东风信，潇湘一川新绿，柳色含晴，梅心沁暖，春浅千花如束。银蟾乍浴。正沙雁将还，海鳌初蠢。云拥旌旗，笑声人在画阑曲。

星虹瑶树缥缈，佩环鸣碧落，瑞笼华屋。露耿铜虬，冰翻铁马，帘幕光摇金粟。迟迟倚竹。更为把瑶尊，满斟醽醁。回首宫莲，夜深归院烛。

上阕用浓笔描写了潇湘大地的秀丽景色和其乐融融的官宦生活，下阕发挥想象力，用目不暇给的奇幻景象，制造出一幅世外桃源的氛围，表达了文天祥对湖南的眷恋。跟前一首《齐天乐》相同，这首词也写景柔丽、用词妥帖，是他难得一见的婉约之作。张公鉴先生认为文天祥前期的作品"审音协律，雕章琢句，锻炼工整，风格属姜夔一派"。其实文天祥这两首《齐天乐》字句华美，内容却无太多深意，尤其是描写的物象众多，层层累积，给人一种密丽繁复的感

觉,将其归为吴文英一派似更为贴切。

二

忽必烈自鄂州撤军后,花了十年时间整顿蒙古内部,击败了争夺汗位的对手阿里不哥,登上了蒙古大汗的宝座。咸淳七年(1271年),忽必烈定国号为"大元",显示了一统天下的雄心。而早在四年前,忽必烈就派阿术为主帅,采用南宋降将刘整的策略,集中力量攻打南宋门户襄阳。至元十年(1273年),襄阳在元军的长期围困下终于陷落,南宋局势急转直下。紧接着,忽必烈命伯颜、阿术统军二十万,水陆并进,顺流直下,进攻南宋首都临安,沿途所向披靡,南宋大小官员或弃城逃走,或望风投降。德祐元年(1275年)二月,被迫出战的贾似道率军在鲁港迎战元军,还未交锋,宋军便溃散而逃,元军乘胜追击,攻破建康。

文天祥此时在江西赣州任上,从谍报中得知元军已浩荡渡江,元月十三日,他接到朝廷要求勤王的诏书。他只是一介书生,并无带兵经验,但此时已顾不得这些。他立刻传檄诸路,会集兵将,同时散尽家财,招募民兵。十月,文天祥的部队在常州与元军交战,大败,只得撤退到临安。元军在常州进行报复性屠城,全城被杀得鸡犬不留。德祐二年(1276年)正月,元军已抵临安城外。主政的左丞相陈宜中和谢太后无力抵抗,商量之后决定向元军统帅伯颜投降,保全性命。文天祥、张世杰不同意投降,再三恳请谢太后和小皇帝赵昰逃到海上,他们情愿背城死战,但跟以往一样不被采纳。二月二十日,谢太后正式签署投降书,并诏江南诸郡归附,遣散各路勤王兵马,给文天祥的诏书上写:"卿之忠义,朕已素知。见今遣使请和,卿宜自靖自献,慎勿生事,乃所以保全吾与嗣君也。"①文天祥捧诏号泣。不过,为了避免皇室被一网打尽,谢太后同时封赵昰的哥哥赵昰为益王、弟弟赵昺为广王,让驸马都尉杨镇护送他们及杨太妃离城,他们渡过钱塘江,前往婺州。杨太妃是周密的老师杨缵的女儿,益王生母。元军入城,随即解除宋军武装,接管皇宫官舍,俘获宋恭帝、全太后及随从人员千余人北上。

在临安陷落之前,伯颜要求南宋派宰相出城谈判。左丞相陈宜中不敢去,朝廷便临时授予文天祥右丞相兼枢密使职务,派他前去面见伯颜。二月二十日,文天祥到元军大营中,抗词慷慨,据理力争。伯颜大惊,怕文天祥乱局,便扣留住他,胁迫他随南宋祈请使贾余庆等一起北上。幸运的是,文天祥在镇江逃脱,星夜奔真州,但宋军淮扬统帅李庭芝认为他是奸细,下了逐客令。文天祥不得已,隐姓埋名,与元军哨骑多次擦肩而过,辗转多日抵达渚洲,出北海,然后渡扬子江,乘海船到四明、天台,终于抵达温州。

从临安脱逃的陈宜中,和张世杰、陆秀夫等在福州拥立益王继位,改元景炎,延续南宋政权。文天祥也于五月与行朝汇合。他又四处召集军队,奔波于浙江、福建、广东等地,再次投入抗元的艰苦斗争中。然而朝廷对他并不重视,不接受他的意见,不让他进入中

---

① 刘一清.钱塘遗事校笺考原[M].王瑞来,校笺.北京:中华书局,2016:289.

枢决策层,还把他和部队调来调去。宋朝历来对带兵的将领倍加防范,生怕再次发生赵匡胤当年的"黄袍加身"事件。但此时南宋的正规军已基本被元军消灭,剩下的部队除了张世杰从鄂州带来的几千人(后又在福建、广东临时招募了几万人),就只剩文天祥率领的这支民兵了。即便如此,这个小朝廷内部依然将相不和、矛盾重重。文天祥二十余年宦海沉浮,数十次上书,没有一次被皇帝和宰相采纳,事情危急时朝廷却把他推出去"顶锅"。换了别人,大概早就心灰意冷,文天祥却始终倾尽全力。

祥兴元年(1278 年)十二月,文天祥领兵经过潮阳县东郊的东山,拜祭了两位唐代爱国将领张巡、许远的双忠庙。安史之乱中,张巡与许远在内无粮草外无援兵的情况下死守睢阳,与数量十倍于己的叛军前后交战四百余次,使叛军损失惨重,有效阻遏了叛军南犯之势,遮蔽江淮,保障了唐朝东南地区的安全。最终因粮草耗尽、士卒死伤殆尽而被俘遇害。文天祥写下了一首《沁园春·题潮阳张许二公庙》:

为子死孝,为臣死忠,死又何妨! 自光岳气分,士无全节;君臣义缺,谁负刚肠。骂贼张巡,爱君许远,留取声名万古香。后来者,无二公之操,百炼之钢。

人生翕歘云亡。好烈烈轰轰做一场。使当时卖国,甘心降虏,受人唾骂,安得流芳? 古庙幽沉,仪容俨雅,枯木寒鸦几夕阳。邮亭下,有奸雄过此,仔细思量。

这首词简单直白,如同行军号子,想来曾是文天祥部队的军歌,让每一名士卒传唱。面对元朝大兵压境、南宋残余力量薄弱、自己随时可能殒身战场的现实，文天祥始终不忘自己的誓言和承担的使命。文天祥的词有辛弃疾的遗风，表达出坚定的抗战决心、炽热的爱国热情、顽强的斗争精神和豪迈的英雄气概。

"为子死孝，为臣死忠，死又何妨！"开篇便是激昂忠愤之语，连用三个"死"字，在宋词中是独一无二的。文天祥曾作为南宋谈判使臣前往元军军营，结果被元军统帅扣押，但他在随从和义士的协助下，不久从镇江逃脱，日夜潜行，泛海南归回到浙南，在四十天里遇到过十八次生死攸关的险情。他在《指南录后序》中说："予之及于死者，不知其几矣。"此时他领军经过潮州，已是和元军苦战的第三年。三个月前，他的部队在江西永丰被元军击败，妻子、次子、女儿均被元军俘获；一个月前，他的母亲和长子又病逝。死，对他来说，真是层见错出、近在咫尺。知道这些，我们就能够理解前三句话并不是简单的口号，而是痛彻心扉、痛苦至极的悲鸣，不宜以词体含蓄曲折的传统来要求。

接下来的数句表达了对张、许二将宁死不屈的崇敬。"使当时卖国，甘心降虏，受人唾骂，安得流芳？"暗指元军攻破襄阳时投降的南宋大将吕文焕、范文虎，以及元兵围攻临安时，望风迎降的朝廷高官留梦炎、贾余庆、方回等人。"古庙幽沉，仪容俨雅，枯木寒鸦几夕阳"描绘了双忠庙的氛围，凸显周边的古朴宁静，表达自己甘愿做张、许这样的孤臣的心迹。

"邮亭下，有奸雄过此，仔细思量。"文天祥知道自己很快就要离开潮阳，转战别地，后面再经过双忠庙的可能是南宋投降官员，或者

是元军统帅张弘范。张弘范是北方汉人,虽然生长于蒙元境内,但文天祥认为张弘范是民族败类,称他为"奸雄",想象他见到张、许二将的塑像后良心有愧。双忠庙就像一面镜子,每个人在经过这面镜子时都要作出自己的回答。

刘永济在《唐五代两宋词简析》中说:"天祥过双庙,念张巡、许远遗烈,不觉感慨,发为此词,忠义之气,凛然纸上。此等作品,不可以寻常词观之也。"文天祥不仅屡遭挫败,而且亲身经历了战争,目睹了宋军的惨败,品尝到亲人死亡离散的苦果,体验到最为惨淡的人生,这是他与其他南宋遗民词人最大的不同。非凡的磨难使他的意志变得无比坚韧,他的诗和词是来自痛苦深渊中的呐喊,是永不屈服精神的集中体现。

祥兴元年(1278年)十二月二十日,文天祥率军撤离潮阳,向海丰转移,途中遭到元军突然袭击。文天祥和部下猝不及防,全军覆没。文天祥自杀未成,被元军俘获,从此开始了长达四年的囚徒生涯。文天祥被俘后,元军主帅张弘范命他劝降仍在竭力抵抗的宋将张世杰,他悲愤难禁,写了一首《过零丁洋》作为答复,留下千古名句"人生自古谁无死,留取丹心照汗青",令张弘范感佩不已。

至元十六年(1279年)正月,元军统帅张弘范率军追赶南宋行朝,将宋军及末帝包围在广东崖山。宋将张世杰举措失当,导致宋军陆路失守,淡水、粮食断绝,只能乘船漂浮于海上。二月六日,张弘范指挥水军发动总攻,宋军大败。左丞相陆秀夫见突围不成,仗剑立于船头,先喝令家人跳海。然后他对八岁的末帝说:"德祐皇帝被俘,辱国已甚,陛下不可再辱。"说完,他背起小皇帝,纵身跃入海

13

中。南宋军民跳海自杀者以十万计。

文天祥被扣于元军船上，眼睁睁地看到宋军覆灭的全过程，这一幕比任何酷刑都令他难以忍受。他在诗里写道：

> 羯来南海上，人死乱如麻。腥浪拍心碎，飙风吹鬓华。一山还一水，无国又无家。男子千年志，吾生未有涯。

四月，元政府命张弘范将文天祥解送京师。押运文天祥的船队经过江西时，文天祥以绝食抗争，一心求死。船队从赣江进入鄱阳湖，文天祥支撑着虚弱的身体，看到鄱阳湖白浪滔滔，远处的庐山若隐若现，他回想自己起兵抗元的艰苦历程，虽然难挽败局，却无怨无悔，写了一首《酹江月》以表心志：

> 庐山依旧，凄凉处、无限江南风物。空翠晴岚浮汗漫，还障天东半壁。雁过孤峰，猿归危嶂，风急波翻雪。乾坤未老，地灵尚有人杰。
>
> 堪嗟、漂泊孤舟，河倾斗落，客梦催明发。南浦闲云过草树，回首旌旗明灭。三十年来，十年一过，空有星星发。夜深悉听，胡笳吹彻寒月。

第一句"庐山依旧，凄凉处、无限江南风物"，开门见山，直抒胸臆，用简单的笔调渲染苍凉心境，大有南唐李后主"雕栏玉砌应犹在，只是朱颜改"的意味。当年北宋挥师南下，收服了偏安一隅的南唐，却继承了南唐小朝廷文弱的风格，又采取强干弱枝、守内虚外的军事国策，自废武功，立国三百年，对外战争屡遭挫败。文天祥在

《己未上皇帝书》中就批评过宋朝长期执行的守内虚外的祖宗之法，但和他的其他上书一样石沉大海。他好不容易组织起一支抗元义军，没有要过朝廷的一分一文，朝廷却对他表示猜忌。如今江南的大好河山已成为元朝国土，这是多么悲哀的事情！

"空翠晴岚浮汗漫，还障天东半壁。雁过孤峰，猿归危嶂，风急波翻雪。"接着写庐山和鄱阳湖的风景，联想到自己沦为阶下囚，再也不能跟友人一起携酒泛舟、郊游赋诗，让我最后看一眼家乡的山水吧。"乾坤未老，地灵尚有人杰。"江西自古以来人杰地灵，未来必然有新英雄出现，继续他的遗志。这是文天祥与其他南宋遗民词人最大的不同——在山河破碎、身如飘絮之际，依然保持乐观的态度。

"堪嗟漂泊孤舟，河倾斗落，客梦催明发。"换头说到自己被元军羁押船中，妻子、儿女、部下、朋友都下落不明，只能在梦中寻找他们的踪迹，但元军担心江西义士把文天祥劫走，不到天明就赶路，连梦都做不长久。"南浦闲云过草树，回首旌旗明灭。"南浦，是送别的代名词，意思是就要告别家乡的一草一木了，也要告别跟随他起兵的父老乡亲了。"三十年来，十年一过，空有星星发。"岁月飞逝，头发都花白了，我却壮志未酬，一事无成。"夜深悉听，胡笳吹彻寒月。"结尾处，引用蔡文姬被掳至匈奴的故事，表达前途的渺茫。在被押解至大都的路上，文天祥的周围全是蒙古兵，夜晚吹响草原胡笳，让他更加孤独，但他对国家的信念却如同圆月一般清澈明亮。

三

文天祥的绝食并未继续，他得知船队将在建康停留一段时间，重新燃起逃脱的希望，便又恢复了饮食。六月十二日，文天祥抵达建康。但元军的看管极为严密，文天祥再无逃走的可能。如果说南宋时的文天祥少年得志，热血直言，挥斥方遒，以治国平天下为己任，是一位标准的理想主义者；那么宋亡以后，他就不得不面对种种残酷的现实。灾难使他变得更加冷静刚强，眼前的一切并不能让他灰心绝望，反而激发了他更大的斗志，他已准备好迎接新的考验。

南宋行朝礼部侍郎邓剡在广州被俘后，此时也被送到建康。邓剡，字光荐，宋理宗景定三年（1262 年）中进士，临安投降后，他跟随益王前往广东，后又保护末帝到崖山。崖山战败时，陆秀夫背负末帝投海，他也一同跳海殉国，却被元兵钩起不死，押送至广州，同到了建康。邓剡和文天祥既是庐陵同乡，又同出于白鹭洲书院欧阳守道师门，两人相识三十年。邓剡一家十二口丧于兵火，一路上他和文天祥诗词唱和，互相激励。不久，文天祥继续北上，邓剡则因病滞留建康。临别前，文天祥把亲自手书的《指南录》二册赠给他，他填了一首词《酹江月·驿中言别》送给文天祥：

水天空阔，恨东风、不借世间英物。蜀鸟吴花残照里，忍见荒城颓壁。铜雀春情，金人秋泪，此恨凭谁雪？堂堂剑气，斗牛空认奇杰。

那信江海余生，南行万里，属扁舟齐发。正为鸥盟留醉眼，细看涛生云灭。睨柱吞嬴，回旗走懿，千古冲冠发。伴人无寐，秦淮应是孤月。

这首词步的是苏东坡《念奴娇·大江东去》原韵，首三句"水天空阔，恨东风、不借世间英物"借金陵的水天景色，抒发出悲壮豪迈的感情，不亚于东坡的"大江东去、浪淘尽"。"世间英物"指文天祥，表达了对文的钦佩和惺惺相惜。三国时赤壁大战，曹操引军八十万，意欲突破东吴长江防线。东吴统帅周瑜借东北风刮起之时，用火攻烧毁曹操战船，把曹操打得一败涂地，可谓"谈笑间、樯橹灰飞烟灭"。可文天祥这位足以与周瑜相提并论的英雄，却无东风相助，无力回天，怎能不叫人心碎！

"蜀鸟吴花残照里，忍见荒城颓壁。"这里的"蜀鸟"是指古蜀国国君杜宇的故事。相传杜宇被臣下逼位，逃于山中，死后忧愤，化而为鸟，名为杜鹃，终日悲啼，以至嘴角流血，后世以"杜鹃啼血"来代指亡国之悲。"吴花"即生长于吴国宫中的花朵，建康曾是吴国的都城。残阳中，杜鹃鸣叫，旧花绽放，怎能不叫人肝肠寸断？而周围也是一派荒城颓壁，说明元军对六朝古都建康的破坏。

"铜雀春情，金人秋泪，此恨凭谁雪？"连续用典，"铜雀"是指曹操建的铜雀台，企望把天下有名的女子收罗其中，唐代诗人杜牧曾有诗句"东风不与周郎便，铜雀春深锁二乔"，"二乔"即东吴著名的美女大乔、小乔。借指三年前，元军攻破临安，俘获了全太后、王清惠等后宫诸女。"金人秋泪"指汉武帝建章宫中的铜人，相传二百多年后,魏明帝打算拆除铜人,铜人忽然眼中落泪,这个典故被南宋遗民广泛使用。历史上发生的惨剧竟然再次重演,发生在你我的身上,此恨谁能为我们洗雪呢?

"堂堂剑气,斗牛空认奇杰。"这里引用的是辛弃疾在《水龙吟·过南剑双溪楼》中的"举头西北浮云,倚天万里须长剑。人言此地,夜深长见,斗牛光焰"。宝剑是勇气和力量的象征,奇杰是胆略的化身,有此两者应该是所向披靡的,可如今,空有气冲斗牛的利剑,英雄无用武之地,这里表达了对文天祥深深的惋惜之情。

这首词上阕悲凉慷慨,字字血泪,感人肺腑,其原因在于作者与文天祥一样,亲身投入到了抗元的血与火中,遭受了战争带来的巨大创伤,"壮志未酬三尺剑,故乡空隔万重山",正如文天祥所说,"痛定思痛,痛何如哉!"下阕情绪转入冷静,"那信江海余生,南行万里,属扁舟齐发",描写文天祥为挽救国家危亡,尽散家财,颠沛流离,转战四海,九死一生。

"正为鸥盟留醉眼,细看涛生云灭。"意思是:正是为了能看到你这位抗元战友再有作为,我才想苟活下去。"留醉眼",即醉生、苟活之意,指作者前次跳海自杀未死;"涛生云灭",是希望文天祥引领时局发生新的变化。"睨柱吞嬴,回旗走懿,千古冲冠发"用了蔺相如和诸葛亮的典故,蔺相如独立秦廷,持璧睨柱,呵斥不可一世的秦王;诸葛亮数次北伐,将魏军打得不敢出战,甚至死后还能用自己的雕像吓走魏军主帅司马懿,这是将文天祥比作这两位勇气胆略卓绝的前人,期待他也能保持顽强不屈的气节。

最后两句"伴人无寐,秦淮应是孤月"是和文天祥惜别。这一去便

成永别,再见即是来生,之后就只有秦淮河边的孤月跟我相伴了。这句诀别之语,饱含了多少人世沧桑和朋友之义!这首词虽然写亡国,却写得凛然正气,并无颓废绝望之笔,字里行间透露着一股勃勃英气。正如明末文坛领袖陈子龙所说,"气冲斗牛,无一毫委靡之色"。

文天祥和韵之词为《酹江月·和友驿中言别》:

乾坤能大,算蛟龙、元不是池中物。风雨牢愁无著处,那更寒蛩四壁。横槊题诗,登楼作赋,万事空中雪。江流如此,方来还有英杰。

堪笑一叶漂零,重来淮水,正凉风新发。镜里朱颜都变尽,只有丹心难灭。去去龙沙,江山回首,一线青如发。故人应念,杜鹃枝上残月。

开篇便表达壮志未酬、雄心犹在的气魄,与邓词遥相呼应。德祐二年(1276年),在国家危在旦夕的关头,文天祥毅然出使元营,痛斥敌帅伯颜,被拘留北上,幸而在镇江走脱。首三句不仅是回顾自己的艰难经历,表达坚持不屈的态度,也传达出深信南宋军民不会就此蛰伏,一旦机会到来,必将重整旗鼓,光复故土的信念。"风雨牢愁无著处,那更寒蛩四壁"写被囚禁的环境,但文天祥从来都是斗志昂扬,从不言败,马上写道"横槊题诗,登楼作赋,万事空中雪",以豪迈气概的曹操,以及创作《登楼赋》以表达乡关之思的王粲自喻,可惜一切努力好似空中雪一样飞散。但抗敌复国的事业就像滔滔江水一般,必定后继有人。

"堪笑一叶漂零,重来淮水,正凉风新发。""堪笑"二字用得绝妙，别的词人在此处往往用"奈何""莫叹"等词，但文天祥是英雄人物，用词也举重若轻。他上次从镇江走脱后，进入宋国境淮东，然后渡海南归，没想到今番又要经过淮水了。上次正逢春天，这次已到秋时，萧瑟落寞之感油然而生。"镜里朱颜都变尽，只有丹心难灭。"四年的抗战，亲人的死去，让这个铁血男儿容颜憔悴，但一颗为国为民的忠心却始终无改，这二句是全词的核心。

"去去龙沙，江山回首，一线青如发。"我就要离开南宋故土，前往敌国的疆界了，从此再也回不了家乡，此处大有荆轲易水离别的悲怆。最后两句"故人应念，杜鹃枝上残月"用杜宇啼血的典故，与邓词相应，表明即使身死异域，魂魄也会变成杜鹃飞回江南。文天祥在《金陵驿》一诗中写出"从今别却江南路，化作啼鹃带血归"，可谓诗词互证。

文天祥的这首词上阕言恨，下阕言别，在大势已去的形势下仍然坚持抗敌复国的信念，富有爱国主义战斗色彩，豪情洒脱，英气勃发，如黑夜中的一声惊雷，震撼着悲观绝望、万马齐喑的江南大地。刘熙载在《艺概》中说："文文山词有风雨如晦、鸡鸣不已之意，不知者以为变声，其实乃变之正也。故词当合其人其境地以观之。"意思是说，词这种文体，本来是用于花前月下传递情思的，文天祥却用豪迈刚强之语抒发爱国情怀，不懂词的人以为不是词的正道，但实际上，文天祥的词作和《诗经》微言大义的精神是一致的。"风雨如晦，鸡鸣不已"这两句话出自《诗经·郑风·风雨》。这是一首优美的爱情诗，描写一个女子在风雨交加、天色阴沉、鸡鸣不已的时刻，更加强烈地思念她的丈夫。思而不见，使她痛苦、凄凉、怅惘。汉代的

《毛诗序》的解释是"乱世则思君子不改其度焉",也就是说,生逢乱世,人们更加思念品德高尚的君子。

这两首词都有多处用典的特点,而用典并非豪放词和婉约词的区分标志。南宋豪放大家辛弃疾简直是用典成癖。当代人阅读量比不上古代人,才会觉得这样的词晦涩难懂。用典过多过密,当然会给人凝涩不畅的感觉,而这两首词的用典恰到好处,与主题无痕融合,并非有意掉书袋。

四

文天祥滞留建康期间,元朝高层就如何处置他展开了讨论。元世祖忽必烈见到了元军统帅张弘范的报告,得知文天祥被俘后宁死不屈,感叹说:"谁家无忠臣。"传令张弘范优待文天祥,不可轻慢侮辱。一天,忽必烈问群臣:"南朝和北朝的宰相,哪一个最贤明?"已投降元朝的南宋福建制置使王积翁出班答道:"北人无如耶律楚材,南人无过文天祥。"并说,"文天祥是宋朝状元宰相,忠于国事。如果杀了他,正好成全他的美名。不杀他,以礼待之,可显出吾皇的宽宏气度。"忽必烈点头称是,命枢密使孛罗将文天祥提至大都,尽可能劝降文天祥。

至元十六年(1279年)九月,文天祥启程前往大都,先后经过真州、扬州、高邮、宝应、淮安、宿迁、邳州、徐州、沛县等地。一路上秋风枯叶、冷月归雁为伴,文天祥倍感孤寂,他日夜思念被俘的妻子、儿女、妹妹,不知他们身在何方,是否还活在世上? 他以杜诗《乾元中寓居同谷县作歌七首》的体裁,写了一首《六歌》组诗:

有妻有妻出糟糠,自少结发不下堂。乱离中道逢虎狼,凤飞翩翩失其凰。将雏一二去何方,岂料国破家亦亡,不忍舍君罗襦裳。天长地久终茫茫,牛女夜夜遥相望。呜呼一歌兮歌正长,悲风北来起彷徨。

有妹有妹家流离,良人去后携诸儿。北风吹沙塞草凄,穷猿惨淡将安归。去年哭母南海湄,三男一女同嘘欷,惟汝不在割我肌。汝家零落母不知,母知岂有瞑目时。呜呼再歌兮歌孔悲,鹡鸰在原我何为。

有女有女婉清扬,大者学帖临钟王,小者读字声琅琅。朔风吹衣白日黄,一双白璧委道傍。雁儿啄啄秋无粱,随母北首谁人将。呜呼三歌兮歌愈伤,非为儿女泪淋浪。

接近北宋故都汴梁郊外,文天祥见到了三年前(德祐二年,1276年)随三宫被俘北上的宫人王清惠写在破庙墙壁上的一首《满江红》词:

太液芙蓉,浑不似、旧时颜色。曾记得、春风雨露,玉楼金阙。名播兰馨妃后里,晕潮莲脸君王侧。忽一声、鼙鼓揭天来,繁华歇。

龙虎散,风云灭。千古恨,凭谁说。对山河百二,泪盈襟血。客馆夜惊尘土梦,宫车晓碾关山月。问嫦娥、于我肯从容,同圆缺?

文天祥对着这首词吟咏再三，激赏不已，认为技艺不在一流词人之下，只是觉得结尾处不够坚决，"于我肯从容"似有偷生之意，叹息着说"惜末句少商量"。北宋靖康之变时，金兵掳掠徽宗、钦宗北上燕山，随行后妃宫人多被奸污，惨绝人寰，后又被赐予金国贵族为妾为奴，过着牛马不如的日子，因此南宋理学士大夫们特别看重女子的贞洁，希望她们在危难时自杀殉国，保持清白。文天祥的想法固然有一些迂腐，但就当时的情形而言，多少也可以理解。他以王清惠的口气，依原调填了一首《满江红·代王夫人作》：

> 试问琵琶，胡沙外怎生风色。最苦是、姚黄一朵，移根仙阙。王母欢阑琼宴罢，仙人泪满金盘侧。听行宫、半夜雨淋铃，声声歇。
>
> 彩云散，香尘灭。铜驼恨，那堪说！想男儿慷慨，嚼穿龈血。回首昭阳辞落日，伤心铜雀迎秋月。算妾身、不愿似天家，金瓯缺。

这首词典故颇多，乍读来有隐晦难解之嫌，琢磨后却感觉言简意丰，回味无穷。南宋词喜用典故，这是不如北宋词普及的一个重要原因。在当时词坛，词人们普遍接受了南宋初鲖阳居士提出的"骚雅"的艺术标准，"骚"即承袭《离骚》中忠君爱国的精神，"雅"就是要避免俗语、俚语，一个主要的手法就是用典。王兆鹏说："词的结构一般比较短小，不可能用过多的笔墨去陈述事件的过程，而以历史上相关近似的事件予以替代，可使词在有限的语言中容纳更丰富更具体的现实与历史的内容。用典使事，有时实际上是替代性叙事。"①

　　首句"试问琵琶"引用王昭君远嫁匈奴之事,杜甫《咏怀古迹》诗中有:"千载琵琶作胡语,分明怨恨曲中论。"这里把王清惠比作远赴黄沙的王昭君。"姚黄一朵,移根仙阙","姚黄"即牡丹四大名品之首,却被移根动茎。"王母欢阑琼宴罢,仙人泪满金盘侧。"感叹繁华与落魄的今昔之别。"听行宫、半夜雨淋铃,声声歇。"继续用典——唐玄宗逃难四川,途中被逼缢杀杨贵妃,入蜀后,在行宫听到屋檐风雨声,黯然神伤,悲切凄凉,紧扣前句中"最苦是"。

　　下阕"彩云散,香尘灭。铜驼恨,那堪说!"与王清惠词中"龙虎散,风云灭。千古恨,凭谁说"遥相呼应,叹惜好景幻灭。"铜驼",指铜驼荆棘,出自《晋书·索靖传》:"靖有先识远量,知天下将乱,指洛阳宫门铜驼,叹曰:'会见汝在荆棘中耳?'"形容国土沦陷后的残破景象。"想男儿慷慨,嚼穿龈血"指张巡坚守睢阳之时,咬碎唇齿的故事。

　　"回首昭阳辞落日,伤心铜雀迎秋月。""昭阳"和"铜雀",都是古代美女居住的宫殿;"落日""秋月"均为末世景象,亡国之恨,不言而喻。用笔至此,最末三句如烈火喷薄而出,"算妾身、不愿似天家,金瓯缺",区别于王清惠的婉转之音,表明宁为玉碎、不为瓦全的决绝态度,是此词的关键所在。

　　王清惠是否见过文天祥的和词,历史上没有留下记载。大部分南宋后宫嫔妃到达大都后,被分给元朝工匠之类的下等人为妾。但

---

① 　王兆鹏.宋南渡词人群体研究[M].南京:凤凰出版社,2009:272.

王清惠并不在其中,而是出家当了女道士,后随全太后和小皇帝赵㬎去了上都,为赵㬎传授诗文,直至赵㬎成年,可见并未屈服于元朝人的淫威。

九月末,文天祥夜宿河间时,遇到了南宋端明殿学士兼签书枢密院事家铉翁。家铉翁三年前作为祈请使到大都,想请求忽必烈保存宋社稷,遭到拒绝,被扣留在大都。元朝人见他年纪太大,没有利用价值,便放他到河间办书院。文天祥得知自己的大妹妹文懿孙被俘至大都,被家铉翁倾囊赎回,赋诗相赠表示感激。

十月一日,文天祥被送至大都,押运官将文天祥安置在一所驿馆之中。本来店主不愿意让文天祥入住,说驿馆不能接待犯人,但押运官声明是字罗丞相叫安排的,店主立即态度大变,把文天祥奉为上宾,连忙腾出最好的房间,送上精美的饮食。文天祥明白这是元朝企图软化他的手段,他不动声色,不吃不喝,整理好衣冠,向南端坐,等着劝降的说客粉墨登场。

果然,说客很快就来了。第一位是前朝状元宰相留梦炎。留梦炎在元军逼近临安前弃位遁去,不久投降,被忽必烈任命为礼部尚书。元朝廷派他来见文天祥,是想让他现身说法,让同为状元宰相的文天祥有所触动。但文天祥一见留梦炎就痛骂,留梦炎羞愧而去。第二位是被元人封为瀛国公的宋恭帝赵㬎,此时赵㬎才九岁,说话都还不利索,被文天祥哭拜挡回。第三位是元朝权相阿合马,阿合马素来以专横跋扈、杀人如麻闻名。很多人在面对气场强势的官员时,都如芒刺在背,不由得矮了半截,遑论手握生杀大权的对手,而文天祥却昂首挺立,不行跪拜,严词抗辩,毫无惧色,此时靠的不仅是不怕死的决心，更是心底里的一股凛然正气。

　　元朝廷见利诱不成，便行威逼，将文天祥套上铁枷，绑住双手，打入牢狱。一个月后，枢密使孛罗、平章政事张弘范等在兵马司提审文天祥。他们绞尽脑汁，施展各种伎俩，先是许以高官厚禄，继而施以严刑拷打。但文天祥意气如初，态度没有一丝动摇，他说："我为国尽忠，只欠一死，用刀斧刑具是吓不倒我的！"孛罗气急败坏，但没有忽必烈的指示，他无权下令杀死文天祥，只好继续关押他，企图用最恶劣的囚禁令他屈服。

　　七百多年前的元朝统治者是没有什么人权观念的，大都兵马司的监牢阴暗恐怖、狭小肮脏，老鼠蟑螂成群，夏天湿热如蒸箱，冬天冰冷如雪窖，健全的人待在里面不到几天也会病倒。文天祥已四十五岁，头发几乎全白，瘦弱疲惫。至元十八年（1281 年）五月的一天，暴雨成灾，牢房涨水，已达腰身，死老鼠、粪便等污秽环绕肌肤，恶臭味几乎令人昏厥。但文天祥却以惊人的毅力，顽强地抵抗着地狱一般的环境。他在《正气歌》序中详细描述了牢房里充斥着的七种怪味臭味，即水气、土气、日气、火气、米气、人气、秽气，他却以浩然之气自勉，毫不畏惧，从不叫苦。

　　他每天的饭食由吉州人张弘毅提供。张弘毅跟文天祥是旧相识，文天祥在南宋为官时，多次召他出来做官，他闭门不出。文天祥在广州被俘的消息传来以后，他只身前往元军大营，自投罗网，要求与文丞相一同被捕，而后一路照顾文天祥的起居。抵达大都后，元朝释放了张弘毅，他就在监狱附近找了一间房子住下，每天为文天祥准备饭食，风雨无阻。投降后被俘至大都的南宋福王与芮，即宋

度宗生父,此时被降封为平原郡公,感佩文天祥对赵宋故国的忠心,常偷赠银两与张弘毅,尽量让文天祥吃得好一点。

即使在监狱中,文天祥也一刻都没有停止过诗文创作,邓剡后来在《哭文丞相》诗中说:"北人传好句,大半狱中成。"自从被捕以后,他就钻研杜甫诗歌,被杜诗中爱国爱民的热情所感动,便以杜诗为模板,创作了二百首五言绝句,名为《集杜诗》,这组诗歌记述了他从南宋末年勤王,到临安沦陷,出使被拘及逃脱,南宋行朝建立及流亡海上,同元军进行艰苦卓绝的军事斗争,兵败被俘,以及押送至大都的种种亲身经历,为后人了解这段历史留下了宝贵的资料。

五

文天祥在大都狱中,经受了三载隆冬苦寒。在元代黄道婆改进棉纺工艺之前,人们过冬是没有棉衣的,有钱人穿皮毛大氅,穷人只有裹紧布衣服硬扛。文天祥不畏寒冻,以冰、雪为主题,创作了两首《念奴娇》(也有说为邓剡所作):

琮琤何得,响空蒙、却似鸣榔声沸。望里平江横雪岭,驾断虹梁渔市。若有神驱,如遵帝遣,瞬息层峦峙。南阳龙奋,濠沱凝合犹此。

遥想苏武穷边,霜鸿夜渡,蒿目吟寒视。铁骑衔枚还疾走,瑟瑟风摇旗帜。月白沙明,云凝地裂,四野悲徊至。羁魂牢落,我身今在

27

何世。

——《念奴娇·冰澌》

同云笼覆，遍效原、一望苍茫无际。是处青山皆改色，姑射琼台初启。渔艇迷烟，樵柯失径，歉收点风霜厉。子猷短棹，三高祠畔堪系。

江城梦纪罗浮，踽步豪吟，东郭先生履。欲伴袁安营土室，高卧六花堆里。

此是冰天，谁言水国，千古孤臣滋涕。芒芾首白，浑疑缟素刘季。

——《念奴娇·雪霁》①

元朝的监狱每年冬至时都要释放一批犯人，以示宽大。文天祥却抱定必死决心，不做李陵生，要学许远死，不离开囚室。他写了一首诗《冬至》："书云今日事，梦破晓鸣钟。家祸三生劫，年愁两度冬。江山乏小草，霜雪见孤松。春色蒙泉里，烟芜几万重。"到了年底，孛罗问手下："现在兵马司里还关着几个人？文丞相性犹硬不硬？"手下答："都放了，只有文丞相一人没有走。"

元朝廷见囚禁不能使文天祥屈服，便打出亲情牌，让被俘至大都的文天祥妻女给他写信，原来欧阳夫人和两个女儿在空坑被俘后，即被送至大都，在东宫为奴。文天祥收到十四岁的大女儿柳娘的书信，泪如雨下。他知道只要投降，一家人就可以团聚，但他早已

① 吕树坤，等.分类新编全宋词.第四册[M].北京：作家出版社，2013：1642-1643.

决心以死报国,他在回信中与女儿诀别,让女儿好好做人,痛苦地表示"爸爸管不了你了"。不久,忽必烈召在惠州投降的文璧来大都,授予其少中大父、惠州路总管兼府尹的职位。文璧也写信给文天祥,解释投降的原因是不想让文家绝后。文天祥与文璧兄弟情深,堪比苏轼、苏辙,他原谅了文璧的归降,但自己决不变节,他把诗集托人交给了文璧,并详细交代了后事。兄弟两人一个尽忠,一个守孝,应该是深入交流过的结果。

随三宫北上滞留大都的宫廷乐师汪元量两次到狱中看望文天祥。汪元量拿自己的诗卷请文天祥赐教,文天祥读后觉得不错,亲自为汪元量的诗集作序。汪元量感激不尽,在牢房外为文天祥弹奏《胡笳十八拍》琴曲,技法娴熟,音调凄婉,文天祥不觉落泪。汪元量出入元宫廷,探析忽必烈的态度,预感忽必烈不久将下令诛杀文天祥,临走前写诗勉励他"必以忠孝白天下"。因为文天祥被俘许久,没有死去的消息传出,许多南宋遗民议论纷纷,以为他违背誓言,已投降元帝,正躲在某处享清福。汪元量向文天祥保证,自己不会为元官,日后定归隐江南,把文丞相守节不屈的事迹四处传颂。

元朝人修的《宋史·文天祥传》中记载,文天祥曾对忽必烈表示,自己不愿为官,但可以出家为道士,在方便的时候充当元朝廷的顾问。这个说法不可轻信,一是文天祥主动提出当道士的版本,不见于《宋史》以外任何资料的记载。《宋史》以繁芜著称,且编纂时间在元末,成书仓促,距离文天祥就义已近七十年,并非第一手材料;其次,《宋史·文天祥传》错漏较多,元朝史官们首先就搞错了文天祥的籍贯,误以文天祥为江西吉水人,而文天祥实为庐陵人;又说

"天祥性豪华,平生自奉甚厚,声伎满前",然读文天祥的诗文,和朋友与他的交往中留下的作品,断然看不出文天祥有热爱声色犬马、生活奢侈的一面;同样,文天祥的文集里也没有哪一句话透露出他欲当道士而免死的想法。

让文天祥"出家为道"的说法实际上源自邓剡所作的《文丞相传》:

> 是时南人士于朝者,谢昌元、王积翁、程飞卿、青阳梦炎等十人,谋合奏,请以公为黄冠师,冀得自便。青阳梦炎私语积翁曰:"文公赣州移檄之志,镇江脱身之心,固在也。忽有妄作,我辈何以自解?"遂不果。

也就是说,文天祥被杀前,一些投降了的汉族官员想保释文天祥,让他出家当道士。但一位叫青阳梦炎的人对王积翁说:"文公自赣州起兵的志向,镇江脱身的心思,一点儿也没有变。如果放他回江南,一呼百应,兴兵闹起来,你我如何脱得了干系呢?"这件事就作罢了。青阳梦炎,成都人,在南宋因得罪贾似道而辞官,降元后做到礼部尚书,《至顺镇江志·卷十九·人材》中有传。很多书里把他张冠李戴为降元的留梦炎,易中天的《风流南宋》中甚至认为留梦炎是害死文天祥的罪魁祸首,以"伪君子""变态狂"呼之。

文天祥虽身陷囹圄,却成为广大汉族人民心底的一面抗元旗帜。此时,不仅江南人民反抗斗争此起彼伏,一浪接着一浪,在元朝统治的核心大都,竟然也发生了王著、高和尚刺杀权相阿合马的暴动,给忽必烈以极大的刺激。至元十九年(1282年)十二月,临近的

中山府又发生两千人的起义,为首者号称宋幼主,声称要打进大都,解救文丞相。又一天,从福建来了一个善谈星相的和尚,在大都四处散布"土星犯帝座,疑有变"。这一切都令元朝高层心惊胆战,一些在江西任职的蒙古贵族,曾亲眼见识过文天祥在当地的号召力,坚决要求忽必烈杀掉文天祥。

十二月初八,忽必烈下令将文天祥送到金銮殿上,他要亲自劝降,做最后一番努力。经过三年牢狱之灾,文天祥的身体已极差,一只眼睛看不清了,半边身体麻木,衣服破烂不堪,长满了青苔,但他坚持不跪不拜,据理抗辩。

忽必烈温和地说:"你为宋尽忠的事情,我都知道了。只要你像对宋朝那样对我,我马上任命你为宰相。"

文天祥慨然回答:"天祥为宋朝状元宰相,岂有事二姓之理!宋亡,我别无他念,只求一死。"

忽必烈沉吟再三,终于决定处死文天祥。在这场漫长的斗争中,谁输了,谁赢了?我们已无从了解忽必烈当时的心态,这位不可一世的大元帝国的缔造者也许永远不会明白,武力和金钱并不是万能的。莫道书生无用处,头颅抛处血斑斑。我们从文天祥身上看到,无论时代多么黑暗,无论异族统治者多么残暴,中华民族从不缺乏忠于信念、不为强权而低头的英雄铁汉。

十二月初九,大都全城戒严,文天祥被押赴柴市刑场。当天刮起了大风,黄沙弥漫,寒冷刺骨。监斩官问他还有什么话说,他叱道:"死就死,尚何言!"他向南方叩拜后,从容就义。闻者无不流泪。人们在文天祥的衣袖里找到了他的绝笔《衣带赞》:"孔曰成仁,孟曰取义,惟其义尽,所以仁至。读圣贤书,所学何事? 而今而后,庶几无愧!"文天祥死时四十七岁。

文天祥死后第二天,元朝廷命欧阳夫人前往刑场收尸,张弘毅和十余名义士并赴同助,一齐扶棺葬于大都城小南门外五里道旁。张弘毅收得文天祥的头发、牙齿、指甲和诗文,徒步七千余里返回其家乡庐陵,交付给文家宗族。邓剡依文天祥遗愿作墓志铭。文天祥亲友、故旧、部下均纷纷赋诗文悼之。

与文天祥同科得中进士的谢枋得带领义军在江东抗元,宋亡后佯狂入山,日夜痛哭,誓不事元。元朝曾先后五次派人来诱降,都被他严词拒绝。至元二十五年(1288年),元福建行省参政魏天佑将他绑至大都,逼他就范,他以绝食抗议。谢枋得被关在悯忠寺(今北京法源寺),得知七年前文天祥也曾被拘与此,颇幸之。留梦炎携汤药慰问,端碗至前,被他挥手摔碎,继以痛骂。五天后,谢枋得绝食而亡。

六

文天祥以诗闻名,留下的词不多,但他的词风格多样,气韵卓然,有辛弃疾"潜气内转"的特点,即文字表面上精工富丽,内里却有一股气脉游走,仔细体会,给人一种潜龙在渊、壮志未酬的悲壮感。文天祥的另一首《满江红·和王夫人满江红韵以庶几后山姜薄命之意》就体现出这个特点:

燕子楼中,又捱过、几番秋色。相思处、青年如梦,乘鸾仙阙。肌玉暗消衣带缓,泪珠斜透花钿侧。最无端、蕉影上窗纱,青灯歇。

曲池合,高台灭。人间事,何堪说。向南阳阡上,满襟有血。世态便如翻覆雨,妾身元是分明月。笑乐昌、一段好风流,菱花缺。

全词以唐代徐州刺史张愔所建的燕子楼起兴,燕子楼的女主人名关盼盼,是张愔的爱妾。但燕子楼建成没多久张愔就去世了,关盼盼在楼上独居十年,以示忠贞不忘恩。燕子楼的典故多次出现在宋词作品中,《全宋词》中就有三十五首用到。"肌玉暗消衣带缓,泪珠斜透花钿侧",正面描写关盼盼的憔悴神情,对偶贴切;"最无端、蕉影上窗纱,青灯歇"又从侧面描写孤寂无奈的心情,凄美的意境全出,可见文天祥对不同词风的驾驭能力。

下阕以密鼓之音,表达山河破碎、身世飘萍的悲愤。紧接着"世态便如翻覆雨,妾身元是分明月"是全词命脉所在,《满江红》一词能否出彩,关键在于这两句。苏东坡晚年从流放地海南回来,曾作诗感叹:"云散月明谁点缀,天容海色本澄清。"文天祥此处化用其意,不管乌云遮掩,还是暴雨冲刷,主人公澄清的本质如皎洁明月,始终不变。"笑乐昌、一段好风流,菱花缺"用的是南陈乐昌公主的典故,国亡时隋朝大将杨素索要乐昌公主,驸马徐德言摔破菱花镜,与公主各执一半,为他日重逢的物证。文天祥此处反讽,不屑于用破镜重圆的方式苟活,表达为国捐躯的决心。

我们读书时,被中学老师灌输:宋词分为豪放和婉约两派,写美女和爱情的属于婉约派。但实际上,中国古典文学自《诗经》《离骚》

始,就有借香草美人来比喻纯洁品质、寄托家国情怀的传统,文天祥的这首词就采用了这种微言大义的手法,通过描摹美女的外貌心态来隐喻自己对南宋的忠诚和坚贞,字面哀婉柔和,内涵却是一片如劲松贞柏的男儿心。

王国维在《人间词话》中评道:"文文山词,风骨甚高,亦有境界,远在圣与、叔夏、公谨诸公之上。"①清代另一位词学家陈廷焯也说:"气极雄深,语极苍秀。其人绝世,词亦非他人所能到。"他们都从人品与词品结合的角度,对文天祥词给予高度评价。一个人的人品与文学造诣是否相关,历来存在不同意见。的确,历史上有不少文人,写得一手锦绣文章,人品却很低劣。然而,真正的、第一流的诗人或文学家,人品和文才一定是相互匹配的,比如陶渊明、杜甫、苏东坡,当然还有文天祥。

---

① 唐圭璋.词话丛编(第五册)[M].北京:中华书局,1986:4262.

周密

一

说起宋代的文艺全才,自然非苏东坡莫属。苏东坡之后,排名第二的,应该就是南宋晚期的文学家、史学家、书法家、画家和文物鉴赏家周密。周密出生于南宋的一个官宦世家,祖上五代在朝廷为官,祖父周珌官至大理寺卿,相当于最高法院院长。周珌酷爱读书,是一位藏书家。周密的父亲周晋也嗜书如命。他不热衷于官场蹭蹬,把俸禄的大半用来搜书买书,闲暇时就在家读书和校勘书。日积月藏,到周密这一代时,周家已藏书四万二千多卷、金石文物一千五百余种,经史子集无一不包,成为江南有名的藏书世家。周密的外祖父章良能,官至参知政事,学识渊博,文才优异,《宋词三百首》中就选录了他的一首《小重山》:

　　柳暗花明春事深。小阑红芍药，已抽簪。雨余风软碎鸣禽。迟迟日，犹带一分阴。

　　往事莫沉吟。身闲时序好，且登临。旧游无处不堪寻。无寻处，惟有少年心。

　　这是一首有休闲意味的小令，笔调明快清丽，很有北宋太平宰相晏殊词作的味道。从周密青年时的词作中能看到其外祖父的影响。

　　宋太祖赵匡胤惩晚唐五代武人专权之弊，以文立国，推崇文化事业，强调："宰相当用读书人。"而后宋太宗又扩大了科举取士的名额，并形成定制。宋真宗宣扬"书中自有黄金屋，书中自有颜如玉"，使得整个宋代的读书氛围甚为浓烈。宋人耐德翁写道："都城内外，自有文武两学，宗学、京学、县学之外，其余乡校、家塾、舍馆、书会，每一里巷须一二所，弦诵之声往往相闻。"①读书不仅是科举做官的必经之路，也是一件雅事。黄庭坚说："三日不读书，则尘俗生其间，照镜则面目可憎，对人则语言无味。"宋代印刷术普及，也为读书藏书创造了条件。苏东坡曾说家乡眉山，家家户户都藏书。李清照与赵明诚每获一书，即共同勘订，留下赌茶背书的佳话。陆游自称有三件宝：书、琴、剑。南宋大词人姜夔，身无长物，唯藏书满屋。李泽厚先生在《美的历程》中写道："宋代是以'郁郁乎文哉'著称的，它大概是中国历史上文化最发达的时期，上自皇帝本人、官僚巨宦，下到各级官吏和地主士绅，构成一个比唐代远为庞大也更有文化教育

---

　　① 丁丙.武林掌故丛编(第一册)[M].北京:京华书局,1967:58—59.

的阶级或阶层。"①

　　周密的家乡湖州是南宋的文化中心。当时的湖州也被称为吴兴，地处太湖之滨，山水相连、湖泊纵横、秀气清韵，好像一颗珍珠镶嵌在南国土地上，自东晋以来就吸引着众多衣冠南渡的士人为官或到此定居，王羲之、王献之和王僧庆祖孙三代先后任吴兴太守。唐代茶圣陆羽为了躲避党争也来到吴兴，潜心研究茶学。苏轼也曾在吴兴为官，他在《墨妙亭记》中赞美道："吴兴自东晋为善地，号为山水清远。其民足于鱼稻蒲莲之利，寡求而不争。宾客非特有事于其地者不至焉。故凡守郡者，率以风流啸咏投壶饮酒为事。"

　　父亲周晋在家中建有一间书种堂，这是供周密读书的地方，想来周密的读书条件是优越的，读书环境也是美妙的。周晋的《清平乐》词对书种堂有如下描述：

　　图书一室。香暖垂帘密。花满翠壶熏研席。睡觉满窗晴日。

　　手寒不了残棋。篝香细勘唐碑。无酒无诗情绪，欲梅欲雪天时。

　　吴兴风景优美，气候温和，水域纵横。自宋朝开国以来，这里就是一片潇散胸襟、寄情林泉的人文乐土，南渡以后，逐渐成为豪门大族的聚集地。秀安僖王等赵氏宗亲、宋英宗向皇后娘家、宋理宗杨太后娘家等均在这里。园林府邸，比比皆是。周密在《癸辛杂识》里记录的有南沈尚书园、北沈尚书园、章参政嘉林园、牟端明园、赵府

---

　　① 李泽厚.美的历程[M].北京：生活·读书·新知三联书店，2017：180.

北园、丁氏园、莲花庄、菊坡园、程氏园、丁氏西园、倪氏园、清华园、玉湖园等五十多家①,堪称南宋的乌衣巷。

水乡泽国,小康家庭,周密的童年想必是无忧无虑的。他和小伙伴们嬉闹玩耍,有时在溪边田埂钓鱼摸虾,撑篙扯莲,有时躺在湖边听蛙声稻浪。江南水乡的灵气浸染了他,大自然的魅力使他沉醉。不过周密也曾抱怨:吴兴毗邻太湖,草深水长,春夏蚊虫颇多,营营群聚,令他颇为烦扰。

周密家附近有一大片荒草地,经常能见到金龟子四处飞舞。同乡人告诉周密,金龟子在北方罕见,当年宋真宗封禅泰山回京路上,途中吃饭休息时,一群金龟子飞入席间,宰相丁谓拍皇帝马屁,称之为"祥瑞",示遍群臣,还郑重其事地写入史书。但此物在南方随处可见,儿童随手都能抓一把。

身处水乡,周氏父子大部分闲暇时间乘船外出。周晋常给儿子讲一些奇异故事,比如为什么把墨鱼称为"乌贼"。最有趣的还是去钱塘江边观潮。周密后来在《观潮》一文中回忆道:"浙江之潮,天下之伟观也。自既望以至十八日最盛。方其远出海门,仅如银线;既而渐近,则玉城雪岭际天而来,大声如雷霆,震撼激射,吞天沃日,势极雄豪。杨诚斋诗云'海涌银为郭,江横玉系腰'者是也。"②在如山的观潮人群中,总会有人背着一个箩筐卖贝壳,居然有百种之多,如惠文冠、如皮、如箕、如瓢、如虎、如龟、如蚁、如猬,或赤、或绀、或斑

① 上海古籍出版社.宋元笔记小说大观(六)[M].上海:上海古籍出版社,2001:5702—5706.

② 周密.武林旧事[M].钱之江,校注.杭州:浙江古籍出版社,2011:58.

如玳瑁、或粲如茜锦,令童年周密大饱眼福,感叹:"信海涵万类,无所不有。"

嘉熙四年(1240年),周晋被调为福建路建宁漕属官,周密跟随父亲赴任。时建宁久旱,周晋写了一篇祈雨文,在当地一座太尉祠前焚化,第二天真的天降大雨,持续不停,旱情完全缓解。一年后,周晋又被调到鄞江,见当地贡院残破,准备修缮。贡院内外有两口水井,井水浑浊不堪,无法饮用。属吏对周晋说:"贡院内有一座土神庙,老百姓都供奉它,希望您不要拆除。"周晋不信神,满不在乎地回答:"如果土地神能令井水变清,就不用拆。"属吏前去祷告,第二天井水果然变成了一汪清泉。这两件事在当地都引起了轰动,老百姓以为周晋能通神明,便作歌称赞他。①

周晋交游频繁,月月不断,人脉圈子颇为可观。他被调到衢州做官时,在附近的龟峰山上修建了啸咏堂,自号"啸翁"。啸咏堂居据龟阜,下瞰万室,外环四山,周围梅清竹臞,亏蔽风月,后俯官河,相望一水,号称"小蓬莱"。周晋邀请刺史杨泳斋、别驾牟存斋、西安令翁浩堂、郡博士洪恕斋等诸多名士共同游赏。文士们在此谈诗论文,享受音乐之美,共究笔墨之趣。

此时周密大约十五岁,牟巘也在衢州从游,回忆说:"始予见(公谨)太末时,如川方至之,意气视一世何如也!"②可见耳濡目染的游学经历令周密举止不凡,如山川挺立。刺史杨泳斋一眼看上了风度

① 上海古籍出版社.宋元笔记小说大观(六)[M].上海:上海古籍出版社,2001:5709—5710.

② 夏承焘.唐宋词人年谱[M].北京:商务印书馆,2013:327.

翩翩的周密,便把女儿嫁给了他。杨泳斋大名杨伯嵒,是南宋初名将杨沂中的曾孙。杨沂中在高宗南渡时立过功劳,备受恩宠,被封为同安郡王,死后追封和王,是"南宋七王"之一,子孙也享尽荣华富贵。周、杨结亲,于周家而言算是高攀。杨伯嵒素有文望,也能填词,他有一首《踏莎行》传世:

　　梅观初花,惠庭残叶,当时惯听山阴雪。东风吹梦到清都。今年雪比前年别。

　　重酿宫醪,双钩官贴,伴翁一笑成三绝。夜深何用对青藜,窗前一片蓬莱月。

　　周密二十岁左右以恩荫入仕,获得士农工商中"士"的资格。随后他又参加吏部铨试,即专门针对恩荫士人的考试,位列第十三。岳父杨伯嵒身在临安,致书给周晋贺喜:"第十三传衣钵,已兆前闻;若九万抟扶摇,更期远到。"①这里引用和凝、范质等名人以第十三名登第的故事,及李白"大鹏一日同风起,扶摇直上九万里"的诗句来勉励周密。巧的是,杨伯嵒当年考试的名次也恰好是第十三名。

　　恩荫制度是宋代官员选拔的一大途径,就是朝廷赠予官僚士大夫家子弟免试做官的名额,普通官员通常可以获得一两个名额,高级官员更多,不仅可以恩荫儿孙,甚至连门客、仆人也有机会均沾。恩荫实则是魏晋九品中正制的变相延续。虽然科举制是宋代入仕

---

①　上海古籍出版社.宋元笔记小说大观(六)[M].上海:上海古籍出版社,2001:5753.

的主渠道,但恩荫所占的比例也不小。南宋宁宗时期,吏部的四选名单中,有三万八千七百七十名官员,其中恩荫而来的有两万一千八百八十二人,占全部官员的 56.4%[①];南宋理宗时大臣刘克庄上书言:近年来吏部登记的官员一万三千名,有一万左右是靠恩荫来的,比例高达 77%[②]。恩荫标准过宽、人数冗滥是南宋后期吏治腐败、国势衰颓的重要原因之一。虽然也出了刘克庄、周密这样的文才,但毕竟屈指可数。

二

宝祐四年(1256 年),周晋去世。周密安葬好父亲后,辗转前往临安,拜名士杨缵为师。周密的妻子是杨缵的侄女。杨缵,号紫霞翁,是宁宗皇后的侄孙,属于外戚家族,但不沾染政治,在词学和音乐方面有很高的造诣,周密、陈允平、张枢、张炎等都曾拜入他的门下。杨缵和周密亦师亦友,感情深厚。周密对杨缵十分崇拜,曾说:"往时,余客紫霞翁之门。翁知音妙天下,而琴尤精诣。自制曲数百解,皆平淡清越,灏然太古之遗音也。"[③]

杨缵的地位和艺术修养使他成为临安文人群体的核心。他和张炎的父亲张枢结词社于西湖,号称西湖吟社。张炎说:"近代杨守

①　何忠礼.南宋史稿[M].杭州:杭州大学出版社,1999:535—536.

②　詹淑海.刘克庄评传[M].福建:海峡文艺出版社,2017:28.

③　周密.齐东野语[M].张茂鹏,点校.北京:中华书局,2012:339.

斋(杨缵)精于琴,故深知音律……与之游者,周草窗、施梅川、徐雪江、奚秋崖、李商隐,每一聚首,必分题赋曲。"①结社是南宋词人的一大风气——吟社定期集会,成员商榷音律,研讨词技,创作词篇。景定五年(1264年)夏,杨缵在西湖边的杨氏环碧园举办避暑词会。琴尊笔研,短葛练巾。歌妓在旁鼓琴,演唱新近的词作。曲调素雅,宛如天籁。又饮酒放歌,探题赋词。酒酣,众人下舟采莲。杨缵让人在荷花瓣上写出词牌名和主题,大家随机抽取,命题赋词。

周密抽到咏荷叶的词牌,填了一首《采绿吟》:

移棹叙空明,苹风度、琼丝霜管清脆。咫尺把幽香,怅岸隔红衣。对沧洲、心与鸥闲,吟情渺、莲叶共分题。停杯久,凉月渐生,烟合翠微。

西湖是南宋经济繁荣、生活安逸的缩影。文及翁在《贺新郎·西湖》中赞叹道:"一勺西湖水。渡江来,百年歌舞,百年醋醉。"南宋王朝立都杭州,倾力打造以西湖为中心的城市美景。"时承平日久,乐与民同,凡游观买卖,皆无所禁。画楫轻舫,旁午如织。"②周密的《武林旧事·西湖游幸》记载了这样一则有趣的故事——一日,宋高宗乘船游览西湖,经过断桥,桥旁有一家小酒肆,颇雅洁。一扇屏风上有人写着《风入松》一词:

一春长费买花钱,日日醉湖边。玉骢惯识西湖路,骄嘶过、沽酒

---

① 唐圭璋.词话丛编[M].北京:中华书局,1986:267.
② 周密.武林旧事[M].北京:光明日报出版社,2016:52.

楼前。红杏香中箫鼓,绿杨影里秋千。

暖风十里丽人天,花压鬓云偏。画船载取春归去,馀情付、湖水湖烟。明日重携残酒,来寻陌上花钿。

高宗伫立品读,称赞良久,问何人所作,左右答道:"是太学生俞国宝酒后所为。"高宗笑道:"此词甚好,只是末句未免带了儒生的酸气。"于是令人把"明日重携残酒"改为"明日重扶残醉"。虽只改了两个字,但意趣无疑上了一层,皇家的闲雅风范一望而知。这对杨缵、周密等人的影响颇大。

吟社友人张钜作了十首《应天长》,描绘西湖绝景,他对众人夸耀说:"再没人能够超过我这十首词了。"周密年轻气盛,回应道:"我的词艺也不比你差,你能写十首,难道我就写不出来吗?"当天周密回家闭门创作,绞尽脑汁,冥搜六日而成。拿给张钜品鉴,众人佩服不已。杨缵在旁说:"文字确实精丽,但不知音律是否和谐?拿给我来看。"于是杨缵拿回去协定改正,反复推敲,又花了几个月才大功告成,交与周密。周密心悦诚服地说:"词不难作,难于改;语不难工,而难于协。"

周密的十首《木兰花慢》西湖组词中,最有名的两首是:

觅梅花信息,拥吟袖,暮鞭寒。自放鹤人归,月香水影,诗冷孤山。等闲。泮寒晛暖,看融城、御水到人间。瓦陇竹根更好,柳边小驻游鞍。

琅玕。半倚云湾。孤棹晚,载诗还。是醉魂醒处,画桥第二,查月初三。东阑。有人步玉,怪冰泥、沁湿锦鸳斑。还见晴波涨绿,谢池梦草相关。

——《木兰花慢·断桥残雪》

恰芳菲梦醒，漾残月、转湘帘。正翠崦收钟，彤墀放仗，台榭轻烟。东园。夜游乍散，听金壶、逗晓歇花签。宫柳微开露眼，小莺寂妒春眠。

冰奁。黛浅红鲜。临晓鉴、竞晨妍。怕误却佳期，宿妆旋整，忙上雕鞯。都缘探芳起早，看堤边、早有已开船。蕙帐残香泪蜡，有人病酒恹恹。

——《木兰花慢·苏堤春晓》

这两首词写得华丽精致，每一个字都经过反复斟酌。"是醉魂醒处，画桥第二，夜月初三"，以及"宫柳微开露眼，小莺寂妒春眠"，闲情雅致扑面而来，富丽堂皇的贵族气息浓厚。词本是一种市井文学，生发于勾栏瓦舍中的歌妓之口，夹杂着大量香艳俚俗之语。自北宋以来，词人们就不断对词进行雅化，提高词的艺术品位，使之能与诗歌并驾齐驱。到了南宋中后期，姜夔、杨缵等人把求雅当作填词的最大追求，把音律提至前所未有的高度。杨缵指导周密说："作词有五要，分别为择腔、择律、填词按谱、随律押韵、立新意。"①杨缵还考正百余首古曲，把有"郑卫之音"之嫌的曲子尽皆删除。南宋词人在总结北宋亡国教训时，把北宋末期低俗萎靡的曲风归为原因之一。杨缵是西湖吟社的核心人物，他的词学主张代表着整个吟社的创作倾向。

---

①　唐圭璋.词话丛编［M］.北京：中华书局.1986：267.

吟社成员陈允平也和了十首咏西湖词,其中有《秋霁·平湖秋月》:

千顷玻璃,远送目斜阳,渐下林阑。题叶人归,采菱舟散,望中水天一色。碾空桂魄。玉绳低转云无迹。有素鸥,闲伴夜深,呼棹过环碧。

相思万里,顿隔婵媛,几回琼台,同驻鸾翼。对西风、凭谁问取,人间那得有今夕。应笑广寒宫殿窄。露冷烟淡,还看数点残星,两行新雁,倚楼横笛。

另有《齐天乐·南屏晚钟》:

赤阑桥畔斜阳外,临江暮山凝紫。戏鼓才停,渔榔乍歇,一片芙蓉秋水。余霞散绮。正银钥停关,画般催舣。鱼板敲残,数声初入万松里。

坡翁诗梦未老,翠微楼上月,曾共谁倚。御苑烟花,宫斜露草,几度西风弹指。黄昏尽也,有眠月闲僧,醉香游子。鹫岭啼猿,唤人吟思起。

陈允平的这两首词显然不如周密的辞采漂亮,情绪也比较平淡消沉,清代词学家陈廷焯说他"忠厚和平",应是他内向的性格所致。周密苦心创作的另一首和韵词《曲游春》,描绘了春天西湖的热闹景象:

禁苑东风外,飏暖丝晴絮,春思如织。燕约莺期,恼芳情偏在,翠深红隙。漠漠香尘隔,沸十里、乱弦丛笛。看画船、尽入西泠,闲却半湖春色。

　　柳陌，新烟凝碧，映帘底宫眉，堤上游勒。轻暝笼寒，怕梨云梦冷，杏香愁幂。歌管酬寒食，奈蝶怨、良宵岑寂。正满湖、碎月摇花，怎生去得？

　　周密在《武林旧事》中写道："西湖天下景，朝昏晴雨，四序总宜；杭人亦无时不游，而春游特盛焉。"的确，全词犹如一幅生动的风俗长卷，从清晨到深夜，把西湖内外游人潮涌、彩舟交织、弦管响彻的繁华富庶写得惟妙惟肖。宗白华先生评价道："周草窗的'看画船、尽入西泠，闲却半湖春色'，也能以空虚衬托实景，墨气所射，四表无穷。"①

　　这首词写得确乎浓烈艳丽，美如梦境，但仔细琢磨，又好像没有什么重点和内涵，如同一本过度后期的摄影集，场景腾挪变化，只让人觉得炫目，这是周密早期词作的一个弊病：过分强调字句精工和协律，却轻视了内容。

　　二十世纪六十年代初，美国学者高居翰（James Cahill）说："南宋文化的另一引人注目的倾向，是极度的唯美主义，也就是那时期对超级精致的追求。"②宋代以前的中国文化是一种向外扩张的文化，但到了两宋之际，却开始全面向内收缩，就好像一棵成年的大树，虽然仍在生长，但大小和外形不再变化，内部却渐趋精致；另一方面，南宋词受到辛弃疾"无意不可入，无事不可言"的风格影响，但后来

　　① 宗白华.美学散步［M］.上海：上海人民出版社.1981：70.
　　② JAMES C.The Art of Southern Sung China. New York：Asian House，1962，pp.8 - 9.

者难以达到辛词的高度,以致豪放词易变为浅显粗俗的叫嚣,杨缵、周密等正是针对这股风气而为之矫正的。

周密的一首《长亭怨慢》,是重回衢州啸咏堂追忆父亲时所作,真情流露,就见不到应社词里那种刻意雕琢的痕迹了:

> 记千竹、万荷深处。绿净池台,翠凉亭宇。醉墨题香,闲箫横玉尽吟趣。胜流星聚。知几诵、燕台句。零落碧云空,叹转眼、岁华如许。
>
> 凝伫。望涓涓一水,梦到隔花窗户。十年旧事,尽消得、庾郎愁赋。燕楼鹤表半飘零,算惟有、盟鸥堪语。谩倚遍河桥,一片凉云吹雨。

上阕用清秀之笔,绘制出一幅文人墨客休闲雅集的长卷,意味悠长,此为追忆往昔。"零落碧云空"三句陡然一转,返回现实,充满悲剧色彩。父亲与友人举觞吟咏的亭台,如今变得池冷台荒,一片凄凉。

下阕用"凝伫"二字承接,表示自己沉浸在对过去的追忆中。"望涓涓一水,梦到隔花窗户",视角聚焦于细节处,以小见大。"十年旧事,尽消得、庾郎愁赋。"庾郎,即庾信,南北朝时人,因去国离乡曾作《愁赋》,后人以庾郎愁赋来表达念旧之情。杜甫诗云:"庾信生平最萧瑟,暮年诗赋动江关。""燕楼鹤表",用徐州燕子楼和丁令威化鹤归故乡的典故,深化怀旧情绪。"谩倚遍河桥,一片凉云吹雨。""谩"即空,以写景收束,意味深长。这首词字句、章法、情感都无可挑剔,是周密年轻时的上乘词作。

三

周密取得士人身份后,在临安府尹马光祖门下任幕僚,这是他的第一份工作。马光祖是一位才识兼具的好官。他在临安主管福利救济,并兴办学校、礼遇贤才,"以常例公用器皿钱二十万缗支犒军民,减租税,养鳏寡孤疾无告之人"。

临安发生饥荒,朝廷下诏赈恤贫民,但集市上买不到粮食。理宗之弟荣王屯粮自肥,借机抬高物价。马光祖前去交涉,一连三日往谒才得见,他对荣王厉声说:"天下孰不知大王子为储君,大王不于此时收人心乎?"①荣王借口说府里无粮。马光祖取怀中文书,一一陈说某庄某仓贮粮若干,荣王语塞,只好命人发粮三十万斤。马光祖此举救活饥民甚多。②

由此可见南宋贫富差距之大。宋代实行土地私有制,"田制不立""不抑兼并",政府对土地买卖、流转不予干涉,官僚豪贵便凭借政治特权,肆意搜刮兼并自耕农的土地。端平元年(1234 年),刘克庄即称土地兼并"自开辟以来未之有也"。淳祐六年(1246 年),谢方叔上表说:"豪强兼并之患,至今日而极。今百姓膏腴皆归贵势之家,租米有及百万石者。"③土地兼并是专制王朝的顽疾,越到后期越严重,容易导致国穷民困,危机四伏。

---

① 宋理宗无子,立荣王子孟启为储君,就是后来的宋度宗。
② 脱脱,等.宋史[M].北京:中华书局,1977:12487.
③ 脱脱,等.宋史[M].北京:中华书局,1977:4179—4180.

对于社会现状,周密心知肚明,他作为一个读书人,决不甘心碌碌无为,但他此时仅是一个没有品级的幕僚,才能无从施展。幕府的工作清闲,他便和词友相聚游玩。周密生长于水乡,对水有难以割舍的依恋。他在一首《齐天乐》词序中写道:

丁卯七月既望,余偕同志放舟邀凉于三汇之交,远修太白采石、坡仙赤壁数百年故事,游兴甚逸……越明年秋,复寻前盟于白荷凉月间。风露浩然,毛发森爽,遂命苍头奴横小笛于舵尾,作悠扬杳渺之声,使人真有乘查飞举想也。举白尽醉,继以浩歌。

周密与赵孟坚是忘年交,赵是宗室子弟,也是一名文学爱好者。赵孟坚曾获五字未损本《兰亭序》帖,欢喜异常,乘船夜归,遇到大风,打翻了船只,满舱的行李落入水中,赵孟坚却只管护着这本字帖,对从人说:"《兰亭》在此,余不足介吾意也。"周密和赵孟坚买舟湖上,各自带上平生最得意的诗词书画作品,以相赏评。时近黄昏,湖面上笼罩着一层薄雾,小船飘到湖中的孤岛旁,树叶随风飘到身上。他俩已半醉,敞开衣衫,扔掉帽子,把酒洒在头上,歌唱《离骚》,旁若无人。湖上另有船数十艘,都惊骇叹绝,以为并非凡人。①

① 上海古籍出版社.宋元笔记小说大观(五)[M].上海:上海古籍出版社,2001:5673.

四

　　说起南宋最后二十年,贾似道是一个绕不开的人物。贾似道字师宪,台州人,淳祐、宝祐年间为京湖制置使,担当封疆大吏,独当一面,负责长江中下游的防务。开庆年间他率援军在鄂州抗击蒙古军,以击退蒙军之功进入朝廷中枢,升为宰辅,实现了多少人羡慕的"出将入相"。贾似道独自秉政长达十六年,权倾朝野。

　　贾似道也曾是一位文艺青年,诗词字画均有所成就。宰辅位置坐稳后,贾似道把主要精力放在了游山玩水和文物收藏上。他自夸道:"似道留心书画,家藏名迹多至千卷,其宣和绍兴秘府故物,往往乞请得之。"①他收藏的名人字帖、画作都是稀世珍品,包括李白《醉中帖》《乘兴贴》,杜甫《秋日夔府咏怀一百韵》、白居易《丰年贴》、欧阳修《赠苏子美诗》、曹霸《玉花骢图》、张志和《渔父词图》,诸如此类。

　　上有所好,下必甚焉。大批趋炎附势之徒主动为贾似道投送,挖空心思,强取豪夺,甚至挖人坟墓,盗取随葬玉石。周密家本来藏有米芾亲笔《天衣禅师第二碑》,被贾似道之子贾德生强行夺走。当时周密任礼部和剂局,管理朝廷祭祀物品,属贾似道管辖,"不怕官只怕管",应是敢怒不敢言。

---

　　① 张丑.清河书画舫[M]//商务印书馆四库全书出版工作委员会编委会.文津阁四库全书.北京:商务印书馆,2005:332.

吴思先生在《血酬定律》一书中提到，封建社会里上级官吏对下级或民众持有"合法伤害权"，即高高在上者在其职权范围内，能够以冠冕堂皇的理由，打击伤害下级或民众，后者无力反抗。当时贾似道正强推公田法，闹得朝野沸腾，便派周密前往反对声最大的毗陵县督办，此举有推周密顶缸之嫌。

推行公田法是南宋后期的一件大事。贾似道的初衷是损有余而补不足，企图将世家大族手里的部分土地收归国有，以缓解尖锐的社会矛盾，减轻下层百姓的负担，填补国库的财政窟窿，支撑前线战事。他率先作出表率，将自己在浙西的一万亩私田充公，而后推广到整个江南地区。公田法的出发点是好的，但当时南宋的各级官僚已经腐朽不堪，地方势力盘根错节，无论中央颁布什么政策，一到地方就会走样，变成地方官敛财的新手段。比如官员接受贿赂，不把勋贵家的超出份额的土地计算在内，却把普通百姓的田地指定为公田，用极为低廉的办法收归官府。为了媚上，他们又在数字上做手脚，夸大征收公田的面积。周密到毗陵县后，发现了这些问题，他本着良知把当地的不合理的公田退回去十分之三。此举得罪了地方豪强，也令贾似道大为不满。周密惶恐不安，以为朝廷必将降罪于己。恰好此时他的母亲病重，连忙借机辞去职务，回到吴兴。

不久母亲去世，周密守丧三年，得以避开朝廷里纷繁的人事斗争。咸淳三年（1267年）底，杨缵也去世了。杨缵极具个人魅力，乐曲修养臻于化境，是周密词学路上的引路人。周密作词《大酺·春阴怀旧》悼念他，中有"风露高寒，飞下紫霞箫。一雁远将千万恨，怀渺渺，剪愁云，风外飘"之句，哽咽难言，心酸凄凉。宋代悼亡词最有名的莫过于苏东坡的《江城子·十年生死两茫茫》，它令无数人感动。但苏东坡惯用写诗的手法写词，《江城子》确是感情浓烈真挚，读出来却是诗味。词的抒情特点注定了要多用比兴手法。

周密又写了一首诗《重过东园怀知己》："自分此生无鲍叔，敢期后世有扬雄。西州门外羊昙老，泪染斜阳湿晚红。"把杨缵比作春秋时齐国贤才鲍叔牙。鲍叔牙不仅是良臣，还是伯乐，意谓世间再也无人赏识自己。东园是杨缵的园林，是西湖吟社词友聚会的场所之一，这里不仅留下了杨缵的音容相貌，也印记了周密的青春年华。

他把大部分时间用来读书，曾写《秋夜读书》诗："剪烛听秋雨，新凉入简编。心能无一事，意可到千年。治乱无今古，扶持有圣贤。邻翁应笑我，漏断未成眠。"这里的"圣贤"，应是指贾似道，暗讽其把持朝政，驱逐贤良，他只好在家赋闲读书。

不久，马光祖改任两浙转运使，又起用周密入幕府。马光祖强调办公不徇私情，专门在府衙大门内贴了一张榜文，要求僚属秉公办事，不许为人请托，进衙门办事须先搜身，杜绝金银礼品。但有一个叫薛方叔的下级官员，顶风而上，把一卷书画藏于袖中，进见时献给马光祖。马展画沉默犹豫，半晌，只得收下。[①] 周密后来问薛方叔，薛告诉他是替一位朝廷贵人送的，用处不言而喻。周密不禁感叹，以马公的刚正尚不能免俗，其他官员就更不用说了。南宋官场的腐败习气，由此可知。

---

① 上海古籍出版社.宋元笔记小说大观（六）[M].上海：上海古籍出版社，2001：5891.

　　周密曾任职的和剂惠民药局本为一家国营慈善机构,为老百姓免费看病、提供处方,药价也比市场价低三分之一,遇到灾害瘟疫等非常时期,则分文不取。但南宋后期药局被贪官污吏把持,弊端百出,药品以次充好,偷工减料。药局的好药总是被有权有势的人监守自盗、中饱私囊,急需医治的老百姓却得不到分毫。周密无奈地说:"朝廷莫之知,亦不能革也。"①

　　周密大概患有严重的脚癣,行走不便,没多久便又辞职返乡养病。他从小体弱,病痛不断,好在家底殷实,不至于因病致贫。养病期间,词友李彭老、李莱老迁至余不溪隐居,写信邀他前来诗酒相娱。大年初三,天降瑞雪,周密欣然前去拜访二李,他在《三犯渡江云·冰溪空岁晚》这首词的小序中写道:

　　丁卯岁未除三日,乘兴棹雪访李商隐、周隐于馀不之滨。主人喜余至,拥裘曳杖,相从于山巅水涯、松云竹雪之间。酒酣,促膝笑语,尽出笈中画、囊中诗以娱客。醉归船窗,竑然夜鼓半矣。归途再雪,万山玉立相映发,冰镜晃耀,照人毛发,洒洒清入肝鬲,凛然不自支,疑行清虚府中,奇绝境也。揭来故山,恍然隔岁,慨然怀思,何异神游梦适。因窃自念人间世不乏清景,往往汩汩尘事,不暇领会,抑亦造物者故为是靳靳乎? 不然,戴溪之雪,赤壁之月,非有至高难行之举,何千载之下,寥寥无继之者耶? 因赋此解,以寄余怀。

---

　　① 上海古籍出版社. 宋元笔记小说大观 六[M].上海:上海古籍出版社,2001:5842.

这篇词序无异于一篇精美清丽的游记散文,近代学者吴梅认为有如郦道元的《水经注》或柳宗元的山水游记。词序前半段叙事写雪景,后半段抒情,笔力深厚,真挚动人。朋友的隐居生活让周密心生向往,奇绝的雪景让他想到雪夜访戴、赤壁夜游,两则故事的主人公均为品质冰雪、超凡脱俗之人。他不由得感叹尘事烦扰,官场龌龊,令他心绪不宁,错过了多少造物之美。

再来看词作:

冰溪空岁晚,苍茫雁影,浅水落寒沙。那回乘夜兴,云雪孤舟,曾访故人家。千林未绿,芳信暖、玉照霜华,共凭高,联诗唤酒,暝色夺昏鸦。

堪嗟。渐鸣玉佩,山护云衣,又扁舟东下。想故园、天寒倚竹,袖薄笼纱。诗筒已是经年别,早暖律、春动香葭。愁寄远,溪边自折梅花。

这首词明显取法姜夔,追求意趣的淳雅,有一种清新纤秀之美,韵致悠闲、情调幽寂。"乘夜兴,云雪孤舟",用王子猷雪夜访戴的典故;"天寒倚竹",出自杜甫《佳人》诗句。典故与精美的字词自然相融,毫不突兀,周济评论周密的词作时说:"公谨敲金戛玉,嚼雪盥花,新妙无与为匹。"①

① 唐圭璋.词话丛编(第二册)[M].北京:中华书局,1986:1634.

五

南宋的全面危机在宋宁宗时期就出现了。韩侂胄主导的开禧北伐以惨败告终，南宋被迫与金国签署了更为屈辱的《嘉定和议》，不仅赔偿了巨额的军费，增加了岁币，致使国库百年积存化为乌有，湖北、四川等核心区域的经济也受到严重破坏。旱灾、蝗虫、水患、瘟疫等灾害连年不断，各地流民四起，哀鸿遍野。

宋理宗继位后，危机继续扩大。端平年间，宋、蒙联合灭掉金国（1234年）。事后，宋军企图趁机收回被金占去的开封、洛阳、归德三京故地，轻率地发动对蒙战争，蒙军反击，宋军全线溃败，十几万军民死亡，粮食损失百万石以上，江淮战区的兵器和后勤物资全部被夺走。此后，南宋与蒙古交恶，宋、蒙展开了长达四十五年的激烈的攻防战。

连年战争破坏了各地的社会经济，也如一只怪兽不断吞噬国库里的财富。端平年间，刘克庄、李鸣复等大臣上书宋理宗，说如今开支繁浩，财政赤字超过收入一倍，国库已空，而民力衰竭，农税、商税已重到不可复加的地步。

面对严重的财政危机，朝廷别无他法，只有滥发纸币，加大搜刮民间财富。五十多年前的孝宗时期，纸币会子的总额是二千万贯，到了开禧年间，增至一亿四千万，理宗绍定年间，又增加至二亿九千万,到理宗后期的淳祐年间,已到六亿五千万,增长了三十多倍。① 恶性通货膨胀无异于饮鸩止渴,无怪乎大臣袁甫哀叹:"危亡之祸,近在旦夕。"

咸淳三年(1267 年),宋、蒙战事再起。蒙古定国号为"大元",举倾国之兵进攻南宋重镇襄阳。贾似道却向宋度宗闹辞职,度宗不准,贾再辞,再不准,直至度宗亲赴其家才作罢,君臣两人就像演一出双簧,对国事边事置之不问。《宋史》作者把贾似道列入《奸臣传》,认为他是南宋灭亡的罪魁祸首。平心而论,贾似道虽然有过失,却并不是秦桧那种阴险残忍、卖国无耻之人,他上任后的一系列施政,即公田法、打算法、发行银关等,多少还是为南宋王朝续了命的。但贾似道确实不是首相之才,也失去了年轻时勇于任事的气概,在需要他力挽狂澜的时候,他却拿不出有效应对的办法,派去救援襄阳的将领范文虎是一个阿谀奉承、贪生怕死之辈,这一点还不如明朝的严嵩。加之他长期秉政,南宋灭亡的黑锅只能由他来背了。

词人是当时的文化精英,他们对国家、对时局其实是很清楚的。大厦将倾之际,他们却无能为力,只能诗酒郊游转移注意力,沉溺在自己的小天地里。周密年轻时有过的报国理想,到此也被消磨得差不多了。咸淳七年(1271 年)的夏天,此时距离南宋灭亡只有五年时间,词友赵菊坡邀请他到湖州苏湾游玩,品茗作画。周密欣然前往,倚亭登览,俯瞰太湖,只见浮玉山、碧浪池等,皆横陈于眼前。不一

---

① 漆侠.宋代经济史(下册)[M].上海:上海人民出版社,1988:1082—1083.

会儿,下起了小雨,湖上渺如烟云,洞庭山、缥缈峰若隐若现,如同王羲之的画作一般。慨然怀古,临赏无穷,不觉物我两忘。

咸淳九年(1273年)二月,樊城、襄阳相继被元军攻破,守将吕文焕投降,南宋长江防线门户洞开,形势急转直下。当年春天,江南各地无故平地长出了白毛,临安尤其多,好似一根根银线,直挺挺的,用力都扯不断。有不少穷苦百姓竟然把白毛采集起来吃掉。[①] 让人不由地联系到,西晋灭亡前,晋成帝咸康年(335年)春夏之交,京城的地上也长满了白毛。当时有一个叫孙盛的人说:"地上长白毛,是老百姓疲敝的象征,天下怕是不会太平了。"另一位学者干宝则直言不讳地说:"天下怕是要大乱啊!"果然没过多久,西晋就被匈奴人灭亡,从此中原陷入了五胡十六国的空前混乱时期。

咸淳十年(1274年)初,临安城外的天目山发生崩塌,时人无不惊骇。七月,荒淫无度的宋度宗去世,继位的小皇帝赵㬎只有四岁,由年近七旬的太皇太后谢氏主政。七月二十七日夜里,临安突降大雷雨。各种亡国之象令周密惊悸,他彻夜不眠,写诗道:"屋老欲摧压,危栗心惴惴。敬此天动威,起坐不敢寐。"八月,大雨持续不断,湖州附近的安吉州终于爆发洪灾,全州房屋被毁,人畜死亡无数,十几万人无家可归,地方官员不抚恤救灾,却依旧风急火燎地催收租税,朝廷大员还在粉饰太平。恰逢贾似道之母去世,大小官员都忙着到贾府吊唁,无人理会灾情。周密时任户部丰储仓监,目睹了这一幕惨状,悲愤难平,写诗道:

---

① 刘一清.钱塘遗事校笺考原.王瑞来,校笺.北京:中华书局,2016:204.

死者沉湘魂莫招，生者无家归不得。

呼天不闻地不知，县官不恤将告谁。

与其饥死在沟壑，不若漂死随蛟螭。

何人发廪讲荒政，笺天急救生民命。

拯溺谁无孟氏心，裹饭空怜子桑病。

恭惟在位皆圣贤，等闲炼石能补天。

转移风俗在俄顷，不歌苦雨歌丰年。

　　水灾未已，兵祸连绵。当年十二月，元军南进，攻陷鄂州。贾似道再也不能稳坐家中，只好硬着头皮整军备战，他模仿诸葛亮上《出师表》，辞别太后、小皇帝，抽调各路残兵奔赴丁家湾前线。德祐元年（1275年）二月，贾似道亲率水军十三万与元军在鲁港遭遇，但他不敢应战，如十几年前鄂州城下那样故伎重演，出高价与元军议和。两军约定各退三十里，没想到退军之日，突然刮起了西北风，驻扎江北的元军战船不退反进，排山倒海而来，宋军以为议和失败，军心大乱，溃不成军，一败涂地。贾似道仅以身免，逃往扬州。元军占领建康。

　　至此，南宋亡国之势，已无可挽回。

　　德祐二年（1276年）正月，元军破独松关，突至临安城下。临安

城内乱作一团,百官逃遁,谢太后召官员上朝,只来了六个人,朝堂为之一空。谢太后先提出向元朝称侄,被元军统帅伯颜一口回绝。又说称侄孙成不成? 被伯颜怼回来:当初赵匡胤平定南唐时,说"卧榻之侧,岂容他人酣睡?"今日之事,除了纳土归降外,别说称侄孙,当孙子都没用。

有人告诉谢太后,伯颜在江南有一个旧相好,名为赵孟桂,只要她好言劝说,伯颜就会退兵。谢太后病急乱投医,托人带了大量金银去找赵孟桂。谁知此人收了金银之后,消失得无影无踪。这才知道那是个趁火打劫的骗子。①

临安城被元军围困,粮道不通,米价腾贵,一斗米要卖二十五缗。几天之后,米粮耗尽,糟糠也卖到了天价。又过了几天,临安城彻底断粮,城中到处是饥民,饿死者十之六七。曾经繁华一时的杭州城成了人间地狱。

二月十九日,元军进屯临安北关门外,临安百姓门上各贴"好投拜"三字。当天,南宋叛将吕文焕、范文虎带了九个人入城,直入皇宫大内,见谢太后,极言归顺之事,威胁从快抉择,否则后果不堪设想。国势危急,将士离心,事已至此,谢太后不得不命人奉表及传国玉玺,送至元军统帅伯颜,乞降活命。接着,谢太后颁布诏令:"南北讲和,罢京城内外民兵。"遣散各路勤王的宋军,要求各地方官员纳土归降,等待元朝官员接收。周密在前一年底刚刚调任义乌县令,

---

① 上海古籍出版社.宋元笔记小说大观(六)[M].上海:上海古籍出版社,2001:5756.

好不容易担任了地方上的一把手,准备清理积弊,积极作为一番,没想到朝廷这么快就让他拱手投降。周密收到诏令后,失望之余,明白大势已去,当天就挂冠回乡。

他路过会稽,跟词友王沂孙见了面。两人交谈良久,互有词作,执手泪别。他们感叹年华已逝,不知何日还能再会。蒙古人马上要来了,前途凶多吉少,周密觉得还是尽早回归田园,学陶渊明那样隐居,趁好风明月之时,到柳下荷田,载酒浮舟,赋咏其间。可覆巢之下,安有完卵?吴兴是南宋大族聚居地,多有良田豪宅,这一块肥肉元廷岂能放过?景炎元年(1276年)正月,元军抵达安吉州扣关,知州赵良淳自知不敌,上吊身亡,元军闯入各家门庭中抢劫财物,然后纵火焚烧,大火数日不绝。周密家惨遭兵灾,昔日雕梁画栋的园林被烈火夷为平地。

周密的祖传家产荡然无存,尤其是几代人的藏书全部化为乌有,其中不乏世间孤本。他在日记中唏嘘感伤:"世间凡物未有聚而不散者,而书为甚。余小子遭时多故,不善保藏,善和之书,一旦扫地。因考今昔,有感斯文,为之流涕。"①多年以后他回忆起来,依然感痛不已,在给儿子周铸的信中说,周家世代以藏书为业,书籍散佚是他最大的罪过,周氏子孙要以他为戒。对于读书人来说,金银田产都是其次,最惨痛的损失莫过于书籍的丢失损毁。周密祖籍山东历城,和李清照是老乡。李清照南渡之时,丈夫殁于建康城,书籍、

---

① 上海古籍出版社.宋元笔记小说大观(五)[M].上海:上海古籍出版社,2001:5575—5576.

文物丢失无算,她在《金石录后序》中沉痛地说:"昔萧绎江陵陷没,不惜国亡,而毁裂书画。杨广江都倾覆,不悲身死,而复取图书。岂人性之所著,死生不能忘之欤?或者天意以余菲薄,不足以享此尤物耶。抑亦死者有知,犹斤斤爱惜,不肯留在人间耶。何得之艰而失之易也?"①

周密不得不离开吴兴去杭州,依附在妻族杨家,杨家虽已败落,但在杭州还有几间房子。岳父杨伯嵒已亡,伯嵒之子杨大受邀请周密前去寄住。此时周密已四十六岁了,遭此变乱,心力交瘁,自感时日无多。他临行前去周氏祖墓拜别,写了一首《荒冢》:"荒冢漫漫长野蒿,老狐啼雨树萧萧。子孙已尽山移主,空剩残碑补断桥。"

至元十五年(1278年),为了彻底磨灭南宋人的反抗意志、打击汉族人的自尊心,元廷指示番僧杨琏真伽发掘南宋皇陵,致使南宋六代帝后尸骨无存。这些人连骸骨也不放过,他们把宋理宗的头颅砍下,涂成红色,送到番邦作饮器,把其余的尸骨混在猪牛骨头中,埋入地下,上面建塔镇压。同时元军继续整兵南下,平定福建、广东等地。至元十六年(1279年)二月,大破宋军于广东崖山,宋将张世杰败亡,左丞相陆秀夫背负末帝跳海自尽。至此,元朝消灭了南宋最后的残余势力。

汉人的江山第一次全面沦陷于北方蛮族之手,对于南宋文人群体而言是一次史无前例的心理创伤。靖康之变时,宋朝皇帝和军队还在,半壁河山仍存,还有收复失地的希望;今日之局却是神州陆

---

① 陈引驰.你应该熟读的中国古文[M].上海:上海文艺出版社,2018:176—177.

沉,山陵变色,再无翻身的可能。中国的士大夫阶层素来有所谓"华夷之辨",孔子说:"微管仲,吾其被发左衽矣。"宋代大儒程颐说:"礼一失则为夷狄,再失则为禽兽。"虽然他们对少数民族不无偏见歧视,但中原的文化教育、知识水平确实远远领先于北方的游牧政权。南宋是理学大兴的时代,在这一点上就更明显。

周密身在杭州,心随宋室。这场前所未有的家国浩劫,让他觉得天都塌了下来。南宋朝廷虽然暗弱昏庸、咎由自取,但南宋皇帝对周家还是不错的。宋高宗南渡时,周密的曾祖父周秘带着族人一路追随,九死一生赶到临安,令高宗深为感动,授予周秘御史中丞之职,指定吴兴为周家的定居地。周家历代与皇室宗亲有交往,周密年轻时很可能入宫见过太后、皇帝。如今三宫被俘、皇陵被盗、末帝遇难,这一连串惨剧传到周密的耳中,如同亲人被祸,锥心刺骨。他的文风也为之一变,正如王国维评论李煜词时指出:"词至李后主而眼界始大,感慨遂深,遂变伶工之词而为士大夫之词。"①周密的词也有了明显蜕变,他在亡国一年后,写下了一首《一萼红·登蓬莱阁有感》:

步深幽。正云黄天淡,雪意未全休。鉴曲寒沙,茂林烟草,俯仰千古悠悠。岁华晚、飘零渐远,谁念我、同载五湖舟?磴古松斜,崖阴苔老,一片清愁。

回首天涯归梦,几魂飞西浦,泪洒东州。故国山川,故园心眼,还似王粲登楼。最负他、秦鬟妆镜,好江山、何事此时游!为唤狂吟

---

①　王国维.人间词话[M].北京:中国文联出版社,2018:30.

老监,共赋消忧。

这首词是周密的代表作,也是千古名篇。亡国的凄苦、人世的沧桑,在登阁远眺之中层层传递而出。"正天黄云淡",天空阴云密布;"雪意未全休",雪还没有下完,江南的下雪天是阴冷的,心情也无比阴郁。"鉴曲寒沙,茂林烟草,俯仰千古悠悠","鉴曲"是唐诗人贺知章告老时曾获赐鉴湖剡之曲;"茂林"取自王羲之《兰亭集序》中"茂林修竹"。苏东坡词里说"故国神游,多情应笑我,早生华发",眼下自己却是"岁华晚、飘零渐远",更多了一份沉痛。"谁念我、同载五湖舟?"他向往范蠡扁舟游迹,可天涯凝望,一派萧疏惨淡之景,哪能放下过去?

几度梦回故国,泪洒东州,何处才是归宿?今日登阁北望,心情颇像创作《登楼赋》的王粲,只觉故国山川已非畴昔,进而迸发出"最负他、秦鬟妆镜,好江山、何事此时游"的最强音。"秦鬟妆镜"用来指代壮丽的山川湖泊。"为唤狂吟老监",也是指贺知章,他曾任秘书监,又号"四明狂客"。末句"共赋消忧"与上阕结尾"一片清愁"相呼应,形成完璧。

周密早期词中的富贵气、婉媚气、飘逸气已经不见了,取而代之的是一股隐忍之痛和凄美悲凉。"国家不幸诗家幸",异族入侵造成的恐怖气氛,让他吞声欲涕,又不敢明白发声反抗,于是逐渐形成了一种欲言又止的新的词风。清代常州词派开创者张惠言说:"其缘情造端,兴于微言,以相感动。极命风谣里巷男女哀乐,以道贤人君子,幽约怨悱,不能自言之情。低徊要眇,以喻其致。"①

　　杨缵去世后,周密成为西湖吟社实际的掌门人。国家虽亡,诗词礼乐不能亡。至元十六年(1279年)发陵事件不久,周密召集王沂孙、李彭老、张炎、仇远、唐玉、王易简、吕同老、陈恕可等十四人于绍兴的蓬莱阁,借用龙涎香、白莲、莼、蝉、蟹之题,分韵填词,曲折地表达心中的怨恨悲痛,用文字反抗元朝暴政。

　　周密作了《齐天乐·蝉》:

　　槐薰忽送清商怨,依稀正闻还歇。故苑愁深,危弦调苦,前梦蜕痕枯叶。伤情念别。是几度斜阳,几回残月。转眼西风,一襟幽恨向谁说。

　　轻鬟犹记动影,翠蛾应妒我,双鬓如雪。枝冷频移,叶疏犹抱,孤负好秋时节。凄凄切切。渐迤逦黄昏,砌蛩相接。露洗余悲,暮烟声更咽。

　　这是周密咏物词中的代表作,与王沂孙的名篇《齐天乐·蝉》作于同时。"槐薰忽送清商怨,依稀正闻还歇。"槐树间,柔和的薰风中忽然传来幽怨的曲声,那是蝉正在树荫里鸣唱,但并非盛夏时节的连续喧哗,而是哽咽断续之声。"故苑愁深,危弦调苦,前梦蜕痕枯叶。"从蝉的凄婉中,想象旧日的宫苑,如蝉蜕和枯叶一般,化为累累尘土。"转眼西风,一襟幽恨向谁说。"世间最苦莫过于心里的痛楚无人倾诉,无人会意。

---

　　① 唐圭璋.词话丛编(第二册)[M].北京:中华书局,2012:1617.

"轻鬓犹记动影,翠蛾应妒我,双鬓如雪。""轻鬓"是指蝉的两片眉毛像美女的鬓发,原本美丽动感,遭翠蛾的嫉妒,但如今却如雪一样白,意谓年华已逝,青春难再。"枝冷频移,叶疏犹抱,孤负好秋时节。"外在的环境已改变,预示了蝉的生命也快要终结。"凄凄切切。渐逦迤黄昏,砌蛩相接。"写蟋蟀声在黄昏时响起,与蝉声交相应和,嘶声和蛐蛐声混成一片,哀愁更进一步。"露洗余悲,暮烟声更咽。"夜晚降临了,秋天的露水浸泡着蝉的余悲,雾气升华,蝉声已被消磨殆尽。

至元十八年(1281年)冬天,王沂孙来到杭州凭吊故国。周密陪他游玩西湖,赴聚景园寻梅花。聚景园曾是宋孝宗晚年养生之所,堂匾皆由孝宗亲笔所书。嘉泰年间,宋宁宗和成肃太后也曾来巡游。岁久荒芜,残垣断壁,仅剩下一座厅堂和两座小亭子,还有满园的红梅。两人感慨万分。周密说:"我前一段时间在病中,吟社的事务不得不放下。每晚我躺在床上,看见小窗淡月之下横着的梅枝,好似见你于空谷之中。我今年快满五十岁了,感觉过往四十九年都是虚度光阴。我此生已无他念,只求清净度日,闭门著书,传于后人。"他作了一首《法曲献仙音·吊雪香亭梅》:

松雪飘寒,岭云吹冻,红破数椒春浅。衬舞台荒,浣妆池冷,凄凉市朝轻换。叹花与人凋谢,依依岁华晚。

共凄黯。问东风、几番吹梦,应惯识、当年翠屏金辇。一片古今愁,但废绿、平烟空远。无语销魂,对斜阳、衰草泪满。又西泠残笛,低送数声春怨。

王沂孙以《法曲献仙音·聚景亭梅》次韵：

层绿峨峨，纤琼皎皎，倒压波浪清浅。过眼年华，动人幽意，相逢几番春换。记唤酒寻芳处，盈盈褪妆晚。

已消黯，况凄凉近来离思，应忘却明月，夜深归辇。荏苒一枝春，恨东风人似天远。纵有残花，洒征衣、铅泪都满。但殷勤折取，自遣一襟幽怨。

咏梅词作自从南宋南渡以来蔚为大观，名作频出，此前的作品多歌咏梅花的超逸高洁之态，而此时的周、王之作则多了几分凛然之气。西湖边的一花一草，都曾是赏心乐事，但时过境迁，如今家国残破，处处令他们触目伤情。王沂孙返越前，周密又填了一首《三姝媚·送圣与还越》，篇尾写"立尽斜阳无语，空江岁晚"，与此处"无语销魂，对斜阳、衰草泪满"相呼应，均营造出一种沉痛而无可明言的哀婉氛围。周密《梅花引》云："玉成痕。麝成尘。露冷鲛房，清泪霰珠零。"将吹落的梅花幻化成点点珠泪，用一种唯美的意境表达了山残水剩之中的遗民心态。

七

周密在杭州所居住的地方叫癸辛街，他晚年就定居于此，潜心著作。之前他寄住在杨家清和洪福桥，但至元十九年（1282 年）都因一场大火化为焦土。他擅长填词赋诗，但现在把更多精力花费在编

史书上。周密著史,参考了南宋史学家李焘的方法,先造十个木橱柜,每个橱柜里装有二十个抽屉,每一个抽屉以一个甲子为时间跨度,凡此六十年内的事件,都放入一个抽屉中,分月日先后,井然有序,编写时条目清晰、事件翔实。因此周密的著述条例清晰、记述翔实、文笔优美,可信度很高。

周密在南宋亡国后笔耕不辍,一生著书三十多种,保留至今的也有十余种。《武林旧事》就是他的一本随笔散文集。武林,即南宋的都城杭州,旧事当然是南宋往事。此外还有《齐东野语》《癸辛杂识》《浩然斋雅谈》《澄怀录》等笔记小说,保存了南宋的城市景观、民俗风物、文坛掌故以及名人轶事,如陆游与唐婉的沈园之恨、台州营妓严蕊受朱熹诬告等事,都亏周密记录下来,还原了多个重要的历史事件细节,可以补正史之不足。

私著前朝史事,在当时是非常犯忌讳的,要冒很大风险。一旦被告发,轻则抄家,重则诛灭三族。即使不被元朝廷查出,这样的书也没有谁敢销售发行。但周密秉承着"亡史之罪,甚于亡国"的精神,义无反顾地投入到了写作之中。

周密反思南宋败亡教训,认为除了贾似道误国之外,理学的泛滥也是一大祸根。南宋理宗推崇朱熹,扶持理学,延揽了一帮不切实际的理学人士。这些人读书仅限于《四书》《近思录》《太极图》之类,却自诩立身如司马光、文章气节如苏东坡,说起问题来头头是道,却又拿不出解决办法,整天夸夸其谈,为了反对他人而反对。他人若治财赋,理学家们斥之为敛财;若欲加强国防,则被视为穷兵黩武;若谁勤政,则被骂为俗吏扰民。大敌当前,理学家依然在大谈道德性理,相互攻讦。元军麾至,这些人不是投降,就是逃跑,沦为笑柄。

《癸辛杂识》中记载了太学生叶李在南宋贾似道当道时,敢于直言相谏,被贾报复,贬到漳州。元朝建立后,他很快变节,投入忽必烈的怀抱,被任命为右丞相。南宋省元李溯泉为了讨好叶李,写信称自己为"门生中奉大夫福建道宣慰使班",不敢称自己的姓,因讳叶李的名。周密在此篇后感叹:朝廷上下都是这样的一帮人,宋安得不亡?①

此外,周密还编有他人和自己创作的词集《绝妙好词》和《萍洲渔笛谱》;《草窗韵语》是诗歌集;《志雅堂杂钞》录有图画碑帖、诸玩、宝器、医药、阴阳算术、仙佛、书史等方面的知识;《云烟过眼录》则记载当时各家所藏奇珍古玩及评论书画。

至元二十三年(1286年)春,南宋灭亡十周年,周密再次聚集徐天祐、王沂孙、戴表元等十四人在杨氏池堂举办《乐府补题》词会。每人填词赋诗之后,戴表元作了一篇《杨氏池堂燕集诗序》。他们把这次聚会比作东晋时王羲之、谢安等人举行的兰亭集会。当天杭州雷雨大作,自晨到夜不停,道路上积水成河,但众人仍如约而至。现实无法改变,他们只能用笔墨来共叙友情,追悼故人,感叹兴亡,怀念故国。《世说新语》里记录有类似的故事——过江诸人,每至美日,辄相邀新亭,借卉饮宴。周侯中坐而叹曰:"风景不殊,正自有山

---

① 上海古籍出版社.宋元笔记小说大观(六)[M].上海:上海古籍出版社,2001:5810.

河之异!"皆相视流泪。唯王丞相愀然变色曰:"当共戮力王室,克复
神州,何至作楚囚相对!"我们不能苛责周密等遗民没有如文天祥、
谢枋得、邓剡等举兵反抗、为国尽忠。有多大的能力做多大的努力。
这些人就是一群手无缚鸡之力的秀才,他们在南宋时或为富贵雅
士,或为豪门清客,或为江湖游士,没有一人担任朝廷大员,眼下他
们也只能"楚囚相对"了。

　　但罗宗强先生说:"影响中国古代士人心态的很重要的一个方
面,是政局的变化。……多数的士人出仕入仕,因之政局的变化也
就与他们息息相关。家国情怀似乎是中国士人的一种根性。"[1]正是
这种值得后人承袭的根性使周密等遗民不顾安危地聚集在一起,以
血泪歌吟、追忆前朝,借兴托以抒品格,感风物以寄凄怨,创造出大
量不朽的词作,归根结底都是孤傲不屈的灵魂的写照。

　　元朝的统治逐渐稳固下来,元世祖忽必烈下诏延揽前朝文人。
忽必烈与前面的几位大汗如成吉思汗、窝阔台、蒙哥比较起来,对汉
文化比较热情,显得要开明一些。至元二十三年,南宋宗室赵孟頫
经不起元朝廷的再三诱惑,终于前往大都,受到忽必烈的亲切接见,
被授予显职;宋理宗驸马杨镇,随"三宫"北上后即投降,被元朝任命
为中书左丞,后来任职江西;陈允平因生计无着,被迫北上求官;张
炎大概也在此时被元朝皇帝征调至大都抄写《金字经》;王沂孙不久
也接受了元朝庆元路学正的职务。

　　周密早已决心做宋朝的衣冠遗民,抵制了元朝的征召。他在自

---

　　①　罗宗强.玄学与魏晋士人心态[M].天津:天津教育出版社,2005:295.

己的著作中写到一位张太医,虽然太后、皇帝被俘远去大都,但张太医始终以"尚义介靖,不徇流俗",在家中做一小阁楼,内供奉理宗和谢太后的牌位,每日行叩拜之礼;他的岳父家有一位门人,名沈垚,每至杨沂中忌日,必设牌位焚香祷告,有人问起,他说:"杨和王于我家数代有恩,人不能忘本。"①周密感叹:这些斗升小民尚且知道报恩守义,自己身为前朝士大夫,更不可变节。

　　词友们的相继离散让周密伤感莫名。他想起杨髠发陵、末帝蹈海之后,大家曾同仇敌忾,表示与元朝不共戴天,可事情过去没几年,一些人就变心了。自己虽为词社盟主,但以后想再把他们聚到一起几乎不可能,词社也许就这样散了。秋风又起,枫丹月素,令客居杭州的周密感到岁月催人老,孤寂难熬。他在自度曲《玉京秋》词中把自己称为"长安独客",其词为:

　　烟水阔。高林弄残照,晚蜩凄切。碧砧度韵,银床飘叶。衣湿桐阴露冷,采凉花、时赋秋雪。叹轻别。一襟幽事,砌蛩能说。

　　客思吟商还怯。怨歌长、琼壶暗缺。翠扇恩疏,红衣香褪,翻成消歇。玉骨西风,恨最恨、闲却新凉时节。楚箫咽。谁倚西楼淡月。

　　《玉京秋》宫调属夹钟羽,词咏调名本意,使用入声韵部"月",声气短促,能很好地表达词人的孤独、悲切之情。起笔"烟水阔。高林弄残照,晚蜩凄切"好似一幅淡雅的水墨画,笼罩在一派伤感的氛围

---

　　① 上海古籍出版社.宋元笔记小说大观(六)[M].上海:上海古籍出版社,2001:5813.

中。天色将晚,蝉叫是断断续续、虚弱无力的。"碧砧度韵,银床飘叶",进一步写出秋天的萧瑟。"衣湿桐阴露冷,采凉花、时赋秋雪。"站在梧桐树下,不知不觉衣服被露水沾湿。"一襟幽事,砌蛩能说。"台阶缝中的蟋蟀在秋夜里如泣如诉地低吟,好似替我传出满怀的幽怨。

"客思吟商还怯。怨歌长、琼壶暗缺。"真是长歌当哭,吐露出内心的不平之气。"翠扇恩疏,红衣香褪,翻成消歇"化用白居易诗"红颜未老恩先断",世间的美好都是短暂的,痛苦却是长久的。接下来的"玉骨西风",表明自己高洁的品质,不会因外界环境而变化。"楚箫咽。谁倚西楼淡月。"想象在凄清的箫声中,有一位佳人独自倚楼望月,构思奇绝,余味无穷。

陈允平到了大都,没有接受元朝任命,一年之后返回了杭州。周密曾给他寄了一首词《高阳台·送陈君衡被召》,其中有"东风渐绿西湖柳,雁已还、人未南归"之语,委婉地劝他不要在北地为官,早日归来。陈允平经过了激烈的思想交锋,最终还是以气节南归。

陈允平有一首《望江南》,颇能说明他当时的彷徨心态:

烟漠漠,湖外绿杨堤。满地落花春雨后,一帘飞絮夕阳西。梁燕落香泥。

流水恨,和泪入桃蹊。鹦鹉洲边鹦鹉恨,杜鹃枝上杜鹃啼。归思越凄凄。

南宋故相马廷鸾也在杭州,闭门谢客,读书教子(其子马端临著有史学名著《文献通考》①），周密前往拜会他。马廷鸾受胃病折磨多年，周密自年轻时就对他多有照顾。南宋亡国的前一年，马廷鸾正好因病卸任，朝廷以吴坚代他为宰相。而后朝廷决定投降，吴坚被任为祈请使出使元营，随即被俘虏至大都，至今没有回杭州。祸兮福所倚！周密感叹，如果马廷鸾在位，谢太后一定会把献降书的任务交给他，他很可能也被元人带走，再也回不来。马廷鸾在给周密的和韵诗中写道："我生欠一死，不死当语谁。"与周密互相勉励。他在周密的诗集上作序，写道："文士弄笔墨于枯槎断崖之间，骚客苦吟于衰草斜阳外，乐之极者伤之尤者乎。"②表达与周密同气连声之意。

元贞元年（1295 年）冬，赵孟𫖯从济南路总管府事职位上卸任，返回家乡吴兴，经过杭州探望周密。周密原籍山东，但从来没有去过老家，赵孟𫖯便作了一幅《鹊华秋色图》相赠，把在山东见到的山川景色画入图中。这幅画真迹现藏于台北故宫博物院。

赵孟𫖯身为赵宋子弟却为元朝做官，词社旧友对他深感失望。郑思肖宣布与他绝交，赵孟𫖯几次前往拜访，郑均拒而不见。郑思肖，原名之因，宋亡后改名思肖，因"肖"是宋朝国姓"赵"的组成部分。他日常坐卧都要向南背北，表示不忘故国。赵孟𫖯的族兄赵孟坚，对他更是深恶痛绝。赵孟𫖯去拜见他，只许从后门进入，刚一入

---

① 《文献通考》记载了从上古到南宋宁宗时期的历代典章制度，分为田赋、钱币、户口、职役、征榷、金粟、土贡、国用、选举、学校、职官等二十四考，共三百四十八卷。《文献通考》和杜佑《通典》、郑樵《通志》被合称为"三通"。

② 夏承焘.唐宋词人年谱[M].北京:商务印书馆,2013:324.

座,就被孟坚嘲讽一番赶了出来,并教仆人泼水清洗赵孟頫的座位。

赵孟頫在大都时,以文士侍奉忽必烈左右。一日,忽必烈命他写诗嘲讽变节的南宋状元宰相留梦炎。赵孟頫写道:"状元曾受宋朝恩,目击权奸不敢言。往事已非那可说,好将忠孝报皇元。"留梦炎闻之,又羞又愧。其实忽必烈何尝不是指桑骂槐,赵孟頫心里也清楚。元朝丞相桑哥骄横跋扈,治下极严,赵孟頫曾因开会稍迟,遭桑哥鞭挞。但周密却给予赵孟頫热情的接待,并未向这位投靠元朝的小同乡横眉冷对,知道他有迫不得已的苦衷。赵孟頫感激地说:"平生知我者,无过周公谨。"

由此可以看出周密温厚的性格,他并非那种顽固捍卫纲常伦理的卫道士。赵孟頫后来再次去大都,官至翰林学士,但内心依然渴望回到江南。他在寄给周密的诗中说:"三年漫仕尚书郎,梦寐无时不故乡。输与钱唐周老子,浩然斋里坐焚香。"(《部中暮归寄周公谨》)"周老子"自然是指周密,"浩然斋"是周密的住所名。周密看似处事中庸,实际上思想很纯粹,标准就是"文化传承"。只要你也是读书人,愿意把汉民族的文化接力棒传下去,不管你入朝做官,还是归隐山林,我都可以与你交往。

周密晚年除了与词友团聚外,也常寻僧访道。他曾与友人钱菊泉到天庆道观拜访道士褚伯秀、王磐隐,一起游宝莲山韩侂胄故园。山四环皆秀石,中间有一泉水涓涓流出,疑为阅古泉。又曾与杨凝式出游石壁寺,与僧人净端坐谈。

元大德二年(1298年)周密最后一次与词友相聚,大家共观王羲之《思想帖》真迹。此后他病重卧床,再没有留下外出和会客的记载。几年后,周密自感不起,他对儿子交代后事说:"我这一生一事未成,荒废岁月。我们家久受国恩,我却偷生后死,无面目见先人于地下。如今只用饰巾治棺,或土葬、或火葬,随缘而已,把我归附于吴兴祖坟之侧即可。"又叮嘱儿孙们,不要忘记藏书耕读,"我家有书种,谨守毋或坠。诗成付吾儿,永以诏来世"。(《藏书示儿》)

周密去世后,张炎作《思佳客·题周草窗〈武林旧事〉》悼念他:

梦里蒲腾说梦华。莺莺燕燕已天涯。蕉中覆处应无鹿,汉上从来不见花。

今古事,古今嗟。西湖流水响琵琶。铜驼烟雨栖芳草,休向江南问故家。

周密大张炎十六岁,两人同出杨缵门下,精于词章,有共同的审美情趣。张炎的学问比不上他,但填词的技艺比他更高,尤其追求词的清空雅致。周密的词风也是求雅的,但与张炎不同,他喜欢不停地转换场景,色彩密丽,意象丰富,这一点很像南宋晚期的大词人吴文英。[①] 吴文英字梦窗,周密字草窗,后人把他们俩并称为"二窗"。周密作过一首《朝中措·茉莉拟梦窗》:

彩绳朱乘驾涛云。亲见许飞琼。多定梅魂才返,香瘢半揹秋痕。

枕函钗缕,熏篝芳焙,儿女心情。尚有第三花在,不妨留待凉生。

---

① 对吴文英词的评价参见附录四。

元朝人王行见过周密的画像,题词道:"宋运既徂……杭有弁阳周草窗先生,皆以无所责守而志节不屈著称。今获瞻草窗先生像于长洲沈氏,草窗豪伟秀逸,有飘飘迈俗之气,观其自赞之辞,可概见焉。二先生(另一人为郑所南)姿韵虽殊,要皆介然特立,足以增亡国之光者矣。"①

周密曾得到书法家王献之的《保母志》拓片,召词友前来观赏,和鲜于枢、仇远、白珽、藤文原、王易简、王沂孙等诸人题诗。周密有诗作《跋晋王大令保母帖》:

> 王郎擅风流,笔墨美无度。
>
> 残砖与断刻,亦有神物护。
>
> 埋光八百载,复出疑有数。
>
> 伟哉羲献迹,并见山阴路。
>
> 抗衡丙舍帖,突过黄初赋。
>
> 景师与阳朔,滥漫不足数。
>
> 要须中山石,乃可与之伍。
>
> 十行百馀字,一一生媚妩。
>
> 家鸡与野鹜,此论吾不取。
>
> 佳处将无同,閟妙未易语。
>
> 我贫乃嗜此,字字若可煮。
>
> 不知何物媪,托此传万古。
>
> 却怪玉匣书,反累昭陵土。

① 夏承焘.唐宋词人年谱[M].北京:商务印书馆,2013:335.

这首诗的真迹保留了下来,是周密唯一传世的书法作品。全诗用正楷写成,端庄挺拔,刚中带柔,可见周密的风骨性情。周密的书法技艺主要来自父亲周晋。周密自我调侃:年轻时学柳公权不成,学欧阳询又不成,皆因笔墨不够精致所致①。

---

① 上海古籍出版社.宋元笔记小说大观(六)[M].上海:上海古籍出版社,2001:5727.

刘辰翁

一

　　南宋后期,文坛上活跃着两个中心:一个是杨缵、张枢、周密等人的临安群体,另一个是江万里、刘辰翁、文天祥等人组成的江西群体。江西也属江南泽国,但民风却跟苏浙大为不同,属于淳厚质朴而兼具剽悍刚勇的气质。《宋史·地理志》载江南西路云:"其俗性悍而急,丧葬而不中礼,尤好争讼,其气尚使然也。"①江西的文人,从北宋到南宋,如欧阳修、胡铨、杨万里、江万里、文天祥,均具有文章节义、激扬奋发的风尚,积极入世,希图挽救宋廷的萎靡不振,这与临安群体的钟情山水、词风的雅丽柔婉形成了鲜明对比。

---

① 　脱脱,等.宋史[M].北京:中华书局,1977:2192.

　　刘辰翁是江西庐陵人，生于绍定五年（1232年），和文天祥、邓剡是同乡兼同学。刘辰翁十岁丧父，母亲将他抚养成人。十一岁时，刘辰翁拜师欧阳守道，入白鹭洲书院学习。欧阳守道是宋末江西的一位理学名士，受吉州知州江万里之托，出任白鹭洲书院山长。南宋书院特别兴盛，有官立的，有私立的，以研习儒家经典为主，最有名的莫过于理学大师朱熹主持的庐山白鹿洞书院。白鹭洲书院是吉州的最高学府，位于庐陵城北的赣江中的沙洲上。书院周围树木参天，绿水环绕，有数千只白鹭飞翔嬉戏。书院附近有亭台，登台远眺，可见江天宽广，孤帆远影，令人心旷神怡，确是求学的好地方。

　　欧阳守道学识渊博，德行正直，讲课纵横古今，关心朝政现实，直刺国家社稷痛处，把自己的满腔热血和爱国志节传递给学生。南宋后期社会风气败坏，各类教育大多变成考生追求科举应第的应试途径。很多士人言行不一，口中大谈道德理想，心里想的却是如何升官发财。欧阳守道犹如教育界的一股清流，强调学生的修身养性，他常对学生引用孟子的话："大人者，不失赤子之心者。"刘辰翁、文天祥、邓剡等人后来的作为贡献，实跟欧阳守道的教诲分不开。

　　刘辰翁出生的当年，蒙古遣使约南宋联合攻打金国。十三世纪初，蒙古汗国逐渐强大。南宋宁宗嘉定四年（1211年），蒙古首次对金用兵。嘉定八年（1215年），金国都城中都被蒙古攻破，被迫迁都开封。成吉思汗及其子孙经过二十余年的对金征伐，已占领金国绝大部分国土。宋理宗绍定六年（1233年），宋、蒙联军合围金哀宗于蔡州城。端平元年（1234年），蔡州城破，金国灭亡。

　　有人曾批评南宋朝廷目光短浅，不懂唇亡齿寒的道理，再犯北

宋末联金灭辽的战略错误,其实不然。蒙古起初攻金时,金却"作死"掉头攻击南宋,指望失于蒙古的土地能从南宋补偿回来。绍定五年(1232年),蒙、金三峰山决战,蒙古大败金军,金国精兵良将尽失,奄奄一息。金哀宗向南宋求和,请求支援,说实话这时候金连当"唇"的资格都没有了。无论南宋联蒙与否,金都是死路一条。

金亡以后,南宋与蒙古全面接壤,面临更为严重的军事威胁。

此时南宋在位的是宋理宗。从端平元年(1234)到淳祐十二年(1252),理宗在政治、经济、军事、文化等各方面采取了一系列改革措施,史称"端平更化",令死气沉沉的国势发生了一些积极的变化。这一时期的理宗励精求治、用人得当,朝政较为稳定。在宋、蒙前线,他起用名将孟珙、余玠等,多次击退蒙古军的入侵,保证了四川和长江沿线的安全。刘辰翁的青少年时代得以在比较安定的环境中度过。

二

然而好景不长,宝祐年间,理宗逐渐怠于政事,幸用奸佞,大兴土木,求神问道,穷奢极欲,对外戚、宗室滥施赏赐。虽年过五旬,依然好女色。他宠信阎贵妃,为她建功德院,赏赐山园田亩不算,还为此拆掉不少临安城内的名胜。时人讽刺道:"净慈、灵隐、三天竺,不及阎妃两片皮。"他原本有嫔妃六百人,此时增加至一千人,可他并不满足,一年元宵节,理宗居然让内侍把临安城内的妓女偷带入宫。

人进入老年后,明白余生不多,就会抓紧时间享乐,理宗也不例外。可南宋的君主专制程度较北宋更深,最高统治者的倒行逆施,会对国家造成极为严重的影响。时理宗任用镇江人丁大全为宰相。丁大全把持朝政,专权结党,排斥异己,内结阎贵妃,外与马天骥专恣用事。宝祐六年(1258年),蒙军南下攻宋,丁大全竟然隐而不报。朝野上下岌岌可危,有人在朝门上题写了"阎马丁董,国势将亡"八个字,无奈朝廷上大半都是丁大全的党羽,丁大全毫不在乎。南宋的衰亡趋势日益加深。

同年,刘辰翁在庐陵参加乡试,一举通过,夺得头名,也就是俗称的解元。但丁大全得知刘辰翁考卷中有"严君子小人朋党辨",大为光火,认为他在影射自己,下令将其除名,不为录用。古人讲究"学而优则仕",对于刘辰翁这样毫无根基的人来说,读书中举是唯一的出路,谁知刚一起步,即遭挫败。这是刘辰翁人生遇到的第一次重大打击。

千里马常有,而伯乐不常有。好在刘辰翁及时地遇到了伯乐,命运发生转机。景定元年(1260年),刘辰翁被已官至国子监祭酒的江万里招至临安,补录为太学生。太学是南宋最高的国立学府,太学生不仅能优免学费,还可以享受部分税役的特权,更重要的是,成为太学生相当于获得贡生资格,可以获得朝廷的直接任官。即便不任官,经过在太学的培养,科举登第也相对容易,起点大大高于普通考生。

宋朝南渡以后,临安成为全国的经济文化中心,商业高度发达,风景美丽如画。北宋词人柳永在《望海潮》中写道:"东南形胜,三吴

都会,钱塘自古繁华。"临安是当时首屈一指的大都市,居住有上百万人口,而当时欧洲最大的城市人口也不过数万。临安人喜欢踏青游春,享受西湖景色和游船美食,一般从元宵节后就开始,持续到三春之末。刘辰翁在太学求学,也被临安的春景感染,写过一首《虞美人》:

> 黄帘绿幕窗垂雾。表立如承露。夕郎偷看御街灯。归奔河边残点、乱如星。
>
> 开园蒋李游春雨。蛱蝶穿人舞。如今烟草锁春晴。并与苏堤葛岭、不堪行。

还有一首《浣溪沙·春日即事》:

> 远远游蜂不记家。数行新柳自啼鸦。寻思旧事即天涯。
> 睡起有恨和画卷,燕归无语傍人斜。晚风吹落小瓶花。

这两首词表面借女子口吻表达良人之思,实则传达出渴望被朝廷提拔,为国效力之意。春天蕴含着无限的生机和期待。春,成为他的大部分词作的主题。

景定三年(1262年),刘辰翁在临安考中进士。但进入殿试时,他耿直的毛病又犯了。他在考卷中为在"湖州之变"中死去的济王鸣不平,又一次触怒了宰辅,列名时被宋理宗降为丙第。宋代科举殿试排名共分五甲,一甲为前三名,就是大家熟知的状元、榜眼、探花,然后是二甲若干名,称"同进士及第",然后是三甲、四甲,称"赐进士出身",五甲,称"同进士出身",人数不等。刘辰翁的丙第应该位于第三至五甲的行列中。

济王赵竑本是宋宁宗指定的皇位继承人,但权相史弥远篡改宁宗遗诏,使赵竑废居湖州,改立宗室旁支子弟乌孙继位,就是宋理宗。宝庆元年(1225年),济王在湖州被一群江湖人士劫持。朝廷以为济王聚众谋逆,史弥远派兵镇压,将济王捕获,逼其自尽,天下冤之。此事关系到宋理宗皇位的合法性,极为敏感。刘辰翁廷对时却称济王为忠良,应予平反,可见其胆识。好在宋理宗没有追究,算是宽大处理。

宣布名次的那天,宋理宗亲临集英殿,拆开录取封卷依次唱名。第一名授承事郎(从八品),第二名、第三名授文林郎(正九品)。然后举行酒宴,按礼赐前三名酒食,其余进士各赐泡饭。此外,每人还会得到一件绿锦袍、一块笏板和一件黄衬衫。①

刘辰翁直言无忌的处事作风也反映在他的词作中,使词作显得硬朗朴实。正所谓文如其人,当时周密等人经常在临安组织吟社,探花品月,洒洒填词,词作多飘逸雅致。周密曾偕词友放舟邀凉于三汇之交,远修太白采石、坡仙赤壁数百年故事,周密作《齐天乐》一首:

清溪数点芙蓉雨,苹飙泛凉吟艓。洗玉空明,浮珠沉灂,人静籁沉波息。仙潢咫尺。想翠宇琼楼,有人相忆。天上人间,未知今夕是何夕。

此生此夜此景,自仙翁去后,清致谁识?散发吟商,簪花弄水,谁伴凉宵横笛?流年暗惜。怕一夕西风,井梧吹碧。底事闲愁,醉

---

① 周密.武林旧事[M].北京:光明日报出版社,2016:34.

歌浮大白。

刘辰翁与西湖吟社并无交集，但他也与友人王朋益夜舟文江之上，效仿苏东坡赤壁游乐，享受月白风清，作过一首《乳燕飞》：

赤壁之游乐。但古今、风清月白，更无坡作。矫首中洲公何许，共我横江孤鹤。把手笑、孙刘寂寞。颇有使君如今否，看青山、似我多前却。几见我、伴清酌。

江心旧岂非城郭。抚千年、桑田海水，神游非昨。对影三人成六客，更倚归舟夜泊。尚听得、江城愁角。渺渺美人分南浦，耿余怀、感泪伤离索。天正北，绕飞鹊。

周密出身官宦世家，"朋友圈"也尽是皇亲国戚，享受着无比丰厚的物质条件，词作《齐天乐》中的"洗玉""浮珠""仙潢""翠宇"满是富贵奢华气，却也透露出他厌倦名利、向往自由的出世思想。刘辰翁家境贫寒，自小受理学氛围熏陶，词中少有华丽的辞藻，而用"把手笑、孙刘寂寞""抚千年、桑田海水"等语，表达出爽朗快意、时不我待的入世情怀。

刘辰翁登第之前，江万里就罢官归乡里。刘辰翁自知不容于宰相贾似道，便以母亲年迈为由，很快也回到了江西，出任赣州濂溪书院山长。他已获得功名，可免除沉重的赋税徭役，专心教书育人。两年后，朝廷又启用江万里任福州知州、兼福建安抚使。江万里便调刘辰翁入其幕府。后一年，江万里入朝执政，招刘辰翁为临安府教授。师徒之间感情深厚，刘辰翁对江万里敬若父辈。

刘辰翁第二次客居临安,少不了与应酬往来。他与友人泛湖游西湖边的寿乐园,本意同赏菊花,不料园内海棠添色,便于觥筹交错间填了一首咏物之作《声声慢》:

西风坠绿。唤起春娇,嫣然困倚修竹。落帽人来,花艳乍惊郎目。相思尚带旧子,甚凄凉、未忺妆束。吟鬓底,伴寒香一朵,并簪黄菊。

却待金盘华屋。园林静、多情怎禁幽独。蛱蝶应愁,明日落红难触。那堪雁霜渐重,怕黄昏、欲睡未足。翠袖冷,且莫辞、花下秉烛。

上阕咏菊。"西风坠绿",表明时节在秋季。菊花代表着顽强的生命力,高风亮节。"嫣然困倚修竹",化用杜甫咏佳人的"日暮倚修竹",借菊喻人,这是咏物词里的常规手法。下阕突出写海棠。"金盘华屋"出自苏轼《咏海棠》诗:"自然富贵出天资,不待金盘荐华屋。""蛱蝶应愁,明日落红难触"是说海棠风姿卓绝,但冬季即将到来,红艳难再;"且莫辞、花下秉烛"用苏轼诗句"只恐夜深花睡去,故烧高烛照红妆"抒发对海棠的珍惜之情。自陶渊明"采菊东篱下",菊花就被誉为"花中隐士",而海棠象征着对家乡的思念。刘辰翁将两种花合在一首词中歌咏,内心所虑再明显不过了。

朝堂上贾似道独掌大权,继位的宋度宗智力低下,没有治国能力,非常敬畏依赖他。咸淳三年(1267 年),蒙古兵围攻南宋襄阳城,吹响了灭亡南宋的号角,贾似道却向度宗闹辞职。度宗不准,贾似道执意辞职,度宗无奈,跑到贾似道面前,准备向他下拜。江万里在

旁,连忙扶起了皇帝,说:"自古没有君主给臣下下拜的道理。陛下不可拜,贾公也不要说辞职了。"贾似道嘴里对江万里表示敬佩,心里却恼恨。加之度宗赴讲筵,经常问到经史疑义及古人姓名,贾似道答不上来,江万里常从旁代答,更是令贾难堪。于是,贾似道找了一个借口,又罢免了江万里,刘辰翁也连同被黜。他在这个位置上只任了半年,再次回归庐陵。这是刘辰翁生平受到的第二次重大打击。

有宋一朝,党争激烈。北宋时新党、旧党之争,导致国家元气大伤。南宋的党争有过之而无不及。贾似道当权后,为应对南宋的财政危机,采取了一系列敛财手段,朝野各方对他意见很大。贾似道为了自保,玩弄权术,排除异己。刘辰翁作为江万里的弟子,也成了党争的牺牲品。

刘辰翁《金缕曲》一词直刺贾似道:

绝北寒声动。渺黄昏、叶满长安,云迷章贡。最苦周公千年后,正与莽新同梦。五十国、纷纷入中。摇飐都人歌郿坞,问何如、昨日崧高颂。胪九锡,竟谁风。

当初共道擎天重。奈天教、垓下风寒,滹沱兵冻。寂寞放翁南园记,带得园柑进奉。怅回首、何人修凤。寄语权门趋炎者,这朝廷、不是邦昌宋。真与赝,可能共。

前几句以昏黄迷离的景致映射朝局的腐败混乱。"最苦周公千年后,正与莽新同梦"甚为辛辣。时人阿谀贾似道,把他比作周公,而刘辰翁讽刺贾似道分明就是乱西汉的王莽。贾似道推行公田法,王莽当年也施行过土地改制,均激起了极大的民怨。后几句继续把贾似道丑化为东汉末年军阀董卓,一手遮天,擅行废立,遭人唾骂。

"当初共道擎天重。奈天教、垓下风寒,溽沱兵冻。"贾似道年轻时在鄂州前线成功阻击过南侵的元军,宋理宗把他视为国家再造的功臣,有"擎天柱"之称;"垓下""溽沱",用项羽四面楚歌和汉光武帝刘秀被困溽沱河事,言贾似道江郎才尽,对南宋的败亡束手无策。

末尾"寄语权门趋炎者,这朝廷、不是邦昌宋"痛斥对贾似道趋炎附势的人,不要把南宋当成汉奸张邦昌建立的"大楚"政权。北宋靖康之变后,金军俘虏徽、钦二帝,扶持宋臣张邦昌为帝。

这首词情绪激烈,几乎是指着贾似道鼻子破口大骂了。在刘辰翁看来,一切政治事件、社会生活,凡是诗文所表现的,都可以入词。其实把贾似道放在长达四十五年的宋、蒙战争的大背景下来看,他的许多作为也属于迫不得已。打仗要消耗大量的钱粮,可南宋国库长期空虚,税收远远满足不了军费开支。都说宋朝很富裕,GDP 占当时世界的一半以上,可实际的情况却是国家没有钱,老百姓也一穷二白,财富集中在各地的利益集团手中,贫富差距惊人。贾似道推行公田法,意图缓解南宋后期严重的土地兼并,从大地主手中刮出部分土地充公,再招募农民耕种,收入用于前线战事;打算法是针对军队腐败推出的措施,即对各军区的将领进行财务审计。但由于南宋官僚体系早已腐朽,加之急功近利,贾似道的施政无一不走向了反面。江万里、刘辰翁等都深受理学影响,以道德气节自诩,"存天理、去人欲",用来修身是好,但对于国家的危机却拿不出有效的办法,这就很像明朝后期的东林党。

刘辰翁回乡后,正值壮年,闲散无聊,与和朋友共度中秋时,曾口占一首《水调歌头》,以述仕途沉沦的失落,以及对清平世界的向往:

明月几万里,与子共中秋。古今良夜如此,寂寂几时留。何处胡笳三弄,尚有南楼余兴,风起木飕飕。白石四山立,玉露下平洲。

醉青州,歌赤壁,赋黄楼。人间安得十客,谭笑发中流。看取横江皓彩,犹似沈河白璧,光气彻天浮。举首快哉去,灯火见神州。

这首词起篇用白描手法,直抒胸臆。"何处胡笳三弄,尚有南楼余兴,风起木飕飕。"表达对友人的欣赏,及对现实的忧虑。"举首快哉去"等语,模仿苏东坡痕迹明显,但刘辰翁过于表露,缺乏感情深度。苏东坡的《念奴娇·赤壁怀古》《水调歌头·明月几时有》均是气象博大、胸襟广阔的神作,前无古人后无来者,时人晁无咎赞叹:"居士词,人多谓不谐音律。然横放杰出,自是曲子内缚不住者。"①就是说,苏东坡是如李白一样的天才,超凡脱俗,汪洋恣肆,不

---

① 苏东坡并非专业词人,常以交游闲暇之际填词。随性为之,确能创作出一些惊世骇俗之作,但过于随意了,就不免沦为粗率叫嚣,比如人们熟知的《江城子·密州出猎》:

老夫聊发少年狂,左牵黄,右擎苍,锦帽貂裘,千骑卷平冈。为报倾城随太守,亲射虎,看孙郎。

酒酣胸胆尚开张。鬓微霜,又何妨!持节云中,何日遣冯唐?会挽雕弓如满月,西北望,射天狼。

王国维在《人间词话》中说:"词之为体,要眇宜修,能言诗之所不能言,而不能尽言诗之所能言。"是说填词应字美、句美、境美,如《离骚》中描写的香草美人那样,形式美和内在美兼具。但《江城子·密州出猎》无疑说得太直接、太饱满了,失去了回味联想的空间。

能以格律法度来要求。王国维在《人间词话》里也说："东坡之词旷，稼轩之词豪。无二人之胸襟而学词，犹东施之效捧心也。"①意指苏轼、辛弃疾是学不来的。倒不是他们的文字技艺高不可攀，而是他们的品格、胸襟、气魄、神韵，一般词人学无可学。刻意仿效苏东坡，是大部分南宋末词人早期作品的通病。有一位作家曾说："当生活把你肆意掠夺一番之后，才会把文学馈赠给你。"南宋亡国那一年的中秋节，经受着江山易主之痛的刘辰翁又一次作词《烛影摇红（丙子中秋泛月）》：

> 明月如冰，乱云飞下斜河去。旋呼艇子载箫声，风景还如故。袅袅余怀何许。听尊前、呜呜似诉。近年潮信，万里阴晴，和天无据。
>
> 有客秋风，去时留下金盘露。少年终夜奏胡笳，谁料归无路。同是江南倦旅。对婵娟；君歌我舞。醉中休问，明月明年，人在何处。

这是一首国殇之词。第一句"明月如冰"，摄人心魄。以往文人们常用明月如霜、明月如镜来形容，以冰喻月，使全词笼罩在冰冻寒冷的境界中，临安城破后的时代悲凉已无须多言。接着"乱云飞下斜河去"，一个"乱"字，反映了作者在时代剧变中所遭受的心理创伤是何等强烈。"旋呼艇子载箫声，风景还如故。"旧江山旧风景，但主

---

　　① 陈振濂先生说："苏轼《东坡乐府》中艳媚的冗词并非没有，但人们无视它的存在，却取那些刚健、沉郁、高旷的词作——这取此不取彼，当然也就要有个说明。"（陈振濂.宋词流派的美学研究[M].上海：上海书画出版社，2018：205.）

人却变成了异族,写物是人非之痛。"袅袅余怀何许。听尊前、呜呜似诉。""袅袅"出自屈原《湘夫人》中"袅袅兮秋风,洞庭波兮木叶下",意谓此时心情与屈原诗篇中的爱国情绪相一致。"近年潮信,万里阴晴,和天无据。"近年来潮汐变化无常,难以捉摸,是说亡国前后的乱象丛生。

下阕承接上意,"有客秋风,去时留下金盘露",在萧瑟秋风中,作者迎来了改朝换代的悲剧。"金盘露"指汉武帝为了求仙,建造了十二个铜人,铜人头顶着承接玉露的金盘,到三国时被魏明帝拆除。"少年终夜奏胡笳,谁料归无路"用典东汉末年蔡文姬被俘至匈奴,作《胡笳十八拍》之哀曲。"归无路"是感叹蔡文姬后来被曹操赎回中原,但眼下南宋却毫无复国的希望,自己和子孙都坐定了亡国奴的命运。"同是江南倦旅。对婵娟;君歌我舞。"苏东坡词中有"但愿人长久,千里共婵娟",然而此时,四十五岁的刘辰翁感到身心俱疲,只能与明月对饮,派遣凄凉之情。最后三句沉痛地表达了前途渺茫、身世迷茫的悲哀。

三

襄阳位于汉水之滨,自古就有"南船北马、七省通衢"之称,是从中原进入湖北、湖南、江西等地的咽喉要道。宋理宗统治晚期,被贾似道的打算法逼得狼狈不堪的南宋大将刘整率部投降蒙古,向忽必烈献策先攻取襄阳,然后顺水而下攻打鄂州,从长江中游撕开南宋的江防体系。忽必烈采纳了他的建议,于咸淳三年(1267年)举大军进攻襄阳。

窝阔台汗死后,蒙古汗国就分裂了,西边都是自己的蒙古兄弟,不能打,留在漠北草原上的黄金家族要扩张版图,能选的就只有南下攻宋一条路。蒙哥汗时分兵南下,一路绕道云南,攻灭了大理国,实现了对南宋的战略包围。蒙哥汗亲率主力攻打四川,只不过运气不好,督战时被宋军守城炮火击中,死在钓鱼城外。忽必烈即位后,卷土重来。

宋、元双方在襄阳鏖战,死伤无数,南宋所派援军均被击败(一些诗文上说,贾似道隐瞒军情不报,不发援兵,是不符合史实的)。咸淳九年(1273年)正月,元军一举焚毁襄阳和樊城之间的浮桥,切断了两地支援联络,攻陷樊城,樊城守将牛富战死。襄阳城被困六年,内无粮草,外无援兵,精疲力竭,守将吕文焕每次巡城,都不禁望南而哭。二月,元军调"回回炮"轰塌襄阳城东南角,吕文焕见大势已去,只得竖起降旗。另一名守将范天顺耻于降元,自杀身亡。

咸淳十年(1274年),元军攻破襄阳后,水陆并进,继续南下,攻拔鄂州,沿途宋朝官员望风而降。此时已七十六岁的江万里在湖南任安抚使,料国事已不可为,便再次辞官归隐饶州。他在芝山南麓凿池,并建一亭,取名"止水",表明自己澄净坦荡的胸怀。德祐元年(1275年),饶州被元军攻破,知州唐震被杀。江万里拒绝逃亡,执门人陈伟器的手,悲痛地说:"宋国运衰败,大势不可支撑,我虽退隐山林,但誓与国家共存亡。"从容投水自尽,以身殉国。江万里的弟弟江万顷被元军捕获,骂不绝口,被元兵肢解而死。

刘辰翁得知老师的死讯,伤心至极。他在《归来庵记》这篇悼文中,把江万里比作自投汨罗江的屈原,沉痛地写道:"父前而弟后兮熙春载临,忽相顾以流涕兮又痛哭而不可禁,彼紫芝之垂绝兮遗我哀音。"他冒着生命危险,到饶州找到江万里的尸体,打算将其送回江的家乡都昌,却因为元军分掠江西各地而不得不中断。

刘辰翁追随江万里逾三十年,情若父子。他铭记老师的教诲,秉承老师的爱国意志。德祐元年(1275年),贾似道垮台,新任宰相陈宜中荐举他到临安史馆任职。这是一个纯文职,可能刘辰翁觉得国难之时,应做更大的贡献,于是辞而不赴。当年十月,朝廷又授他太学博士一职,其时元兵已进逼临安,江西至临安的通道被截断,无法成行。年底,文天祥于江西组织兵马,起兵勤王,刘辰翁加入了他的幕府,参赞军务。但这支匆忙招募起来的部队很快被元军击败,刘辰翁逃至吉水县郊的虎溪避祸。这是他遇到的第三次重大打击。

大约此时,刘辰翁作了一首《踏莎行·雨中观海棠》:

命薄佳人,情钟我辈。海棠开后心如碎。斜风细雨不曾晴,倚阑滴尽胭脂泪。

恨不能开,开时又背。春寒只了房栊闭。待他晴后得君来,无言掩帐羞憔悴。

开篇以薄命红颜来比喻雨中落第的海棠花,表达对海棠飘零的惋惜之情。"倚阑滴尽胭脂泪",雨水滴落在海棠花瓣上,染成了胭脂色,好像海棠花流下的眼泪。下阕遗憾海棠花没有遇到一个好时节,开花时无晴有雨,赏花人被连续的雨水和春寒关在了房内,无缘欣赏海棠的姿色。等到晴天赏花人再来时,经过风雨摧残的海棠花却早已失去了风采,变得憔悴。

这首词以哀婉缠绵之语,咏叹对美好花朵遭受摧残的惆怅,可与南宋将亡的暗淡现实相联系。但作者只是一个手无寸铁的文人,只能眼睁睁地看着一幕幕悲剧发生。刘辰翁的咏物词轻灵隽秀,情景兼容,与周密、王沂孙等人曲折深幽的咏物词有很大的区别。

时局不断恶化。忽必烈不给南宋喘息的机会,命元军继续沿长江而下。德祐元年(1275 年)二月,元军在鲁港大败贾似道亲率的十三万大军,给南宋王朝以致命一击。年底三路元军齐抵临安城下,要求南宋小朝廷立即缴械投降。第二年二月,元宵节当天,主政的谢太后含泪遣使向元军统帅伯颜献上降书和传国玉玺。虽然临安城破前夕,张世杰、陆秀夫等拥着宋度宗的两个年幼的儿子益王、广王出走福州,建立了行朝政府,未来还将在福建、广东等地抵抗三年,但事实上,南宋政权已经结束了。

相对而论,南宋的覆灭并不算丢人。当时元政权空前强大,蒙古骑兵的铁蹄已蹂躏了亚欧大部分土地,灭亡了四十个国家,征服了二百七十个民族,领土从朝鲜半岛一路延伸到东欧的波兰和匈牙利,而南宋是抵抗时间最长、抵抗到最后的一个国家,其间还杀死过蒙古的一位大汗,但是对于刘辰翁等文人而言依然是巨大的耻辱。因为元代宋,并非简单的改朝换代,而意味着儒家千百年来强调的"华夷之辨"全面失守,悠久的华夏文明被野蛮落后的草原部落全面征服,用天塌地陷来形容也不为过。这是刘辰翁人生中遭受的第四次也是最沉重的一次打击。

他用一首《柳梢青·春感》来描述元军入临安，蒙古骑兵在街上巡逻的肃杀景象：

铁马蒙毡，银花洒泪，春入愁城。笛里番腔，街头戏鼓，不是歌声。

那堪独坐青灯。想故国、高台月明。辇下风光，山中岁月，海上心情。

上阕写军事管制下的临安城，虽至元宵，却全然不见昔日繁华喧闹。元宵节曾是南宋最热闹的节日，各处灯展、烟花、庙会、游乐令人目不暇接，皇宫也派人在西湖上点船灯，如星辰银河一般。辛弃疾《青玉案》极为生动地描绘了临安城闹元宵的场景："东风夜放花千树。更吹落、星如雨。宝马雕车香满路。凤箫声动，玉壶光转，一夜鱼龙舞。"而此时却是"银花洒泪，春入愁城"，一派悲惨世界的景象。"笛里番腔，街头戏鼓，不是歌声。"取而代之的是元兵粗豪的歌声和北方特有的笛声，临安城成了异族的乐园，熟悉的街道是如此的陌生。

下阕开头以虚涵概括之笔吐露心中的悲愤，"青灯""故国""高台"，苍凉至极。结尾用"山中岁月，海上心情"，表白虽然自己避难山中，无法为国家出力，但寄希望于陈宜中、张世杰等拥立幼主于沿海，继续举着宋朝旗帜抗击元军入侵，日后能重振旗鼓，恢复南宋江山。这首词的篇幅不长，却沉郁苍凉、意蕴转折，把元军的骄横、对故国的怀念，以及对抗元将士的期待都浓缩其中。

元军控制临安城后，于当年三月挟持六岁的宋恭帝赵㬎和他的生母全太后北上拜降,随行的宗室宫人有数千人。谢太皇太后正在病中,不能同行,暂留临安。但几个月后,由于元朝催促,也不得不抱病北上。三月十二日一早,赵㬎和全太后等坐在小轿内,被拥进刀枪林立的元军大营,随即朝大都开拔。沿途的临安市民睹了这一场面,不少人痛哭失声。原本灿烂的春光此时已被无尽的泪水浸湿。

在外乡避祸的刘辰翁听闻后,作了一首《沁园春·送春》:

春,汝归欤? 风雨蔽江,烟尘暗天。况雁门厄塞,龙沙渺莽,东连吴会,西至秦川。芳草迷津,飞花拥道,小为蓬壶借百年。江南好,问夫君何事,不少留连?

江南正是堪怜! 但满眼杨花化白毡。看兔葵燕麦,华清宫里;蜂黄蝶粉,凝碧池边。我已无家,君归何里? 中路徘徊七宝鞭。风回处,寄一声珍重,两地潸然!

这首词延续了辛弃疾《摸鱼儿》一词的惜春主题。[1] 辛词开篇是"更能消、几番风雨,匆匆春又归去",表现出一股百转千回的无奈情绪,而刘辰翁用问句开篇,"春,汝归欤?"同样表现出浓烈的无奈。这里把春当作一位知心好友,当然也是代指南宋王朝,可以看作是对小皇帝被俘、遣送北方的哀叹。这是一个反问句,言外之意是:"你不要走啊!"为什么呢? 因为"风雨蔽江,烟尘暗天",自然条件十分恶劣,这样的天气怎么能离开呢?

———————————

① 详见附录一。

"况雁门厄塞,龙沙渺莽,东连吴会,西至秦川。""况"是一个领字,用于加强语气、承上启下。意思是大片国土都在一片昏暗之中,你能去哪里呢? 这也是暗示大好河山已尽入异族之手,没有希望了。"芳草迷津,飞花拥道,小为蓬壶借百年"是指临安的景色如此美好,就像蓬莱仙岛一样,这是一片理想的栖身之地,为何还要离开呢? 这是南宋词特有的勾勒笔法,就是围绕一个主题,从不同角度来描摹。笔力稍弱者,就会写得累赘烦琐。"江南好,问夫君何事,不少留连?"化用白居易《忆江南》词深化情感,继续用反问语气,江南这么美好,为什么不留下来呢? 呼应前文,同时引出下阕,流畅自然。

"江南正是堪怜!"换头即是沉痛悲概之语。"满眼杨花化白毡"化用杜甫"满眼杨花铺白毡"诗句,说杨花均已凋谢,积在水面或角落。"看兔葵燕麦,华清宫里;蜂黄蝶粉,凝碧池边。"再美好的春光也拦不住时间的脚步,渐渐凋落。"我已无家,君归何里?"是全词的核心。国家亡了,我该去哪里? 天下之大,无以为家。而你将去往何处呢?

"中路徘徊七宝鞭",春到底留不住了,她还是带着七宝鞭走了。"风回处,寄一声珍重,两地潸然!"如今只能面对现实,向春道一声珍重,今后只能天涯相思,回忆相伴,潸然泪下。

这首词写得哽咽悲恸,吞声情切,字字入心。况周颐评道:"须溪词风格遒上似稼轩,情辞跌宕似遗山,有时意笔俱化,纯任天愧,竟能略似坡公。往往独到之处,能以中锋达意,以中声赴节。"①意思

---

① 唐圭璋.词话丛编(第五册)[M].北京:中华书局,1986:4451—4452.

是,刘辰翁的直率爽利和辛弃疾相似;情绪字句跌宕起伏,又类似元好问。有的作品意笔俱佳,纯洁质朴、浑然天成,甚至有苏东坡的感觉。他自己也说:"词至东坡,倾荡磊落,如诗如文,天地奇观,岂与群儿雌声学语较工拙。"而其独到之处,能够明白了当,直达主题,豪放爽利,体现出鲜明的民族气节。

在国破山河之际,刘辰翁有意识地以词存史,这是须溪词的一个显著特点,他在词作里忠实地记录了临安陷落、宫人被掳、悲情北上等重大历史时刻。以往这个功能是由诗歌承担的,词长于抒情,不容易叙事。因此刘辰翁主张词要写得痛快磊落,用不着兜圈子。确实,相比《乐府补题》,刘辰翁的咏物词更直接,更强烈,更激动人心,这和他棱角分明的性格是分不开的。

一年后,刘辰翁带着儿子刘将孙返回临安,再次抒写送春主题,作《兰陵王·丙子送春》:

送春去。春去人间无路。秋千外,芳草连天,谁遣风沙暗南浦。依依甚意绪。漫忆海门飞絮。乱鸦过,斗转城荒,不见来时试灯处。

春去。最谁苦。但箭雁沉边,梁燕无主。杜鹃声里长门暮。想玉树凋土,泪盘如露。咸阳送客屡回顾。斜日未能度。

春去。尚来否。正江令恨别,庾信愁赋。二人皆北去。苏堤尽日风和雨。叹神游故国,花记前度。人生流落,顾孺子,共夜语。

这首词悲恸婉转、感人至深,陈廷焯评价说:"题是送春,词是悲宋,曲折说来,有多少眼泪。"《兰陵王》词分三叠,蝉联而下,层层深入。刘辰翁从国难写至自己人生流落,"春去人间无路""谁遣风沙

暗南浦""乱鸦过,斗转城荒""梁燕无主""神游故国"等用语中,鲜明的爱憎昭然可见,达到很强的悲剧效果。

四

元南下攻伐汉地,手段异常残酷。宋理宗端平三年(1236年),元军占领四川大部,凡铁骑所到之处,即行屠城,"蜀人死伤殆尽,千百不存一二"。德祐二年(1276年),元军占领临安、俘获南宋三宫后,并没有收起屠刀,反而在镇巢、兴化、婺州、潮州等地屠城,并驱赶数万汉族人到北方做奴隶。元初文网方张,元朝刑法规定:"诸乱制词曲,为讥议者流。""诸妄撰词曲,诬人以犯上恶言者,处死。"他们对人数众多的汉族人极为提防。刘辰翁作《月诗》:"霓裳声里一颠,如今是第几轮? 赤壁黄楼都在,古今多少愁人!"借咏月寄托兴亡之感,不料被小人告发,锒铛入狱,几近丧命。浙江词人陈允平也因诗词被仇家举发,被投入牢狱。在这样的恐怖气氛中,文人们噤若寒蝉,只能默默吞下被人告密、笔墨招祸的苦果。

刘辰翁出狱后失去了经济来源,一度四处漂泊,忍受饥饿的折磨。他感叹自己出生时为下弦月,也许生来注定要受贫困之苦。他有时几天都吃不上一顿饭,冬天虽有火炉取暖,却无食饱腹。年末,他说最大的愿望是来年能吃饱饭,喝点小酒。饥饿是尊严最大的敌人。在元朝统治下,文人的地位低微极了,连最基本的生活都无法保证。刘辰翁的友人赵文,同出于文天祥幕府,此时不得不屈从命运,出任元朝官员。他自责地说:"沧桑以后,独不能深自晦匿,以迟暮馀年,重餐元禄,出处之际,实不能无愧于诸人。"另一友人戴表元本想找地方隐居,却为形势所迫,不得不出任元朝婺州教授。

正如丁楹先生所说:"他们(南宋遗民)大多经历了一个被现实生活生生撕毁的过去,生活在一个剧变的时代,面临着自己无法把握的未来,他们不再是社会的座上宾,而是时代的流民隶役,是在时事巨变中无法把握自己命运的流亡者。他们大多经历了那种隐忍剧痛、恐惧压抑、仕隐困惑的悲剧性心灵体验,他们的悲伤比起以往的词人来更深重而无告。"①

至元十六年(1279年),南宋行朝覆灭于崖山,陆秀夫背负末帝投海身亡的消息传来,南宋遗民的最后一丝希望绝灭,刘辰翁内心的痛苦如雪上加霜。他反复吟咏李清照词作《永遇乐》,为之涕泪纵横:李清照在北宋沦陷之时,为避兵灾南逃,途中丈夫赵明诚病死。她千辛万苦,只身抵达江南会稽,毕生积蓄的文物字画又被人偷去大半。家破人亡的李清照,词风变得悲壮凄美。如今刘辰翁读来,更感同身受,便依其声,和韵另作一首《永遇乐》:

> 璧月初晴,黛云远淡,春事谁主。禁苑娇寒,湖堤倦暖,前度遽如许。香尘暗陌,华灯明昼,长是懒携手去。谁知道,断烟禁夜,满城似愁风雨。

> 宣和旧日,临安南渡,芳景犹自如故。细帨流离,风鬓三五,能

---

① 丁楹.南宋遗民词人研究[M].南京:凤凰出版社,2011:91.

赋词最苦。江南无路,鄜州今夜,此苦又谁知否。空相对,残釭无寐,满村社鼓。

这首词也采用今昔对比的手法,写临安的剧变,营造黍离之悲。上阕写南宋时临安的繁华秀美,"禁苑娇寒,湖堤倦暖""香尘暗陌,华灯明昼"。美国学者费正清曾写道:"自中唐到宋末(八到十三世纪)期间,中国是世界上最先进的社会。物质上的进步可自一系列惊人的发明知其端倪。"①当时临安的市场上,珠玉珍异及花果时新、海鲜、野味、奇器,无所不有。朝天门、清河坊、中瓦前、灞头、官巷口、棚心、众安桥等地,人烟浩穰,甚至出现了夜市刚结束早市又告兴起的景象。因此作者在这里以李清照的口吻说"长是懒携手去",根本就不愿回去。结尾处重笔,"谁知道,断烟禁夜",元军入城,如巨轮碾压,美好时光戛然而止,只能"满城似愁风雨"。

下阕回忆北宋宣和年间旧事,张择端《清明上河图》即完成于此时。忽而金兵卷地杀来,几十万宋军作鸟兽散,李清照夫妻只得弃家远遁,追随落魄皇帝狼狈南渡。"缃帙流离,风鬟三五,能赋词最苦。"赵明诚到建康中暑而亡,李清照无依无靠,孑然一身,她在《临江仙·庭院深深深几许》中写道:"春归秣陵树,人老建康城。"刘辰翁在这里不禁哀叹"江南无路,鄜州今夜,此苦又谁知否",化用杜甫《月夜》:"今夜鄜州月,闺中只独看。遥怜小儿女,未解忆长安。""空相对,残釭无寐,满村社鼓。"进一步抒发对伴侣的相思和亡国的遗恨。

---

① 费正清.美国与中国[M].张理京,译.北京:世界知识出版社,2003:30.

刘辰翁在《永遇乐》词序中说："虽辞情不及,而悲苦过之。"缪钺先生评道："在南宋遗民痛伤亡国的词作中,刘辰翁是用中锋重笔,通首情意贯彻,不似张炎词之旁敲侧击,随时流露;他的词中虽然也常用比兴,以古事借喻,但并不像王沂孙词的深隐曲折。"①

五

至元十七年(1280年),刘辰翁得知江万里养子江镐的消息,便前去与他相会,然后将江万里的遗体送回都昌老家安葬。刘辰翁为老师作墓志铭,把他所筑的石山庵改名为"归来庵",取屈原《招魂》里"魂兮归来"之意。又应白鹭洲书院山长之请,作《鹭洲书院江文忠公祠堂记》。他说："老师魂归故里,我了却生平心愿矣。"此后,他返回庐陵家中,潜心著作,同时招收弟子,传授毕生所学。

不久之后,邓剡被俘,获归庐陵。邓剡一路追随南宋末帝,被任命为礼部侍郎。崖山海战时,他坠海未死,被元兵捞起,绑缚至广州羁押,又同兵败被执的文天祥一道送至建康。文天祥去大都,邓剡因病留在建康,后被元朝释放。刘辰翁写了一首《洞仙歌·寿中甫》给他,表达敬佩勉励之情:

也曾海上,啖如瓜大枣。海上归来相公老。画堂深、满引明月清风,家山好、一笑尘生蓬岛。

---

① 缪钺,叶嘉莹.灵谿词说正续编[M].北京:北京大学出版社,2015:402.

六年春易过,赢得清阴,到处持杯借芳草。看明年此日,人在黄金台上,早整顿、乾坤事了。但细数斋年几人存,更宰相高年,几人能到?

邓剡与刘辰翁不仅是同学,还是同科进士,两人均短暂加入过文天祥的幕府,可算战友。邓剡作《唐多令》回应,感慨多舛的命运和离乱之苦:

雨过水明霞。潮回岸带沙。叶声寒、飞透窗纱。堪恨西风吹世换,更吹我、落天涯。

寂寞古豪华。乌衣日又斜。说兴亡、燕入谁家。惟有南来无数雁,和明月、宿芦花。

岁月轮回,世事变幻。刘辰翁五十岁以后对现实已不抱希望,他寻求精神寄托,倾向于佛教,对佛理有了更深的参悟。江西本是宋代佛教最兴旺的地区之一,寺院数量众多,香火旺盛。刘辰翁在一所寺庙题记中写道:"万古,一寂也。为寂,则万古也。寂、灭为乐,不在乎灭,不灭是谓善寂。"寺庙大多位于清净幽远的山林之中,让饱受漂泊沦落之苦的刘辰翁感到稍许解脱。他有时和僧人一起出行,登吉州华盖山。他在一篇《吉州能仁寺重修记》中说:"尽天地皆佛心,则皆能仁也。"又常与邓剡相约,前往吉州城北的饮螺山灵泉寺参禅。钱锺书先生说过,刘辰翁论诗与严羽一样,是以禅论诗。可见佛教对他的影响之深。

晚年的刘辰翁虽然置身方外,但在他的诗文中,留下了不少与元朝地方官交往的内容。有的官员是降元的南宋文人，如周天骥、马煦，有的则是蒙古人。周密《癸辛杂识》中也有相关记载可为印证。尤其是至元二十七年，他为元朝江西主政的官员蒙古岱写悼词，其中有"公来何暮，公逝何速。呜呼哀哉，江西无福"①，阿谀奉承，实在令人无语。许多前辈学者对此避而不谈，比如明代的杨慎和黄宗羲、清代的厉鹗、现代的俞陛云等，都只说他宋亡后隐居不仕。然而，要客观地评价一个人物，是不应该回避这些事实的。真正的隐居应如"樱桃进士"蒋捷那样，遁迹于竹海群山之间，自食其力，不问世事，不交俗友，不与任何新朝官员往来。刘辰翁在诗词中沉痛地表达了对故国的哀思，如他六十岁时作诗《读杜拾遗百忧集行有感》说"我亦一饭不忘君"，却又频繁跟元朝官员接触，接受他们的钱粮馈赠，为他们写粉饰太平的文章。毫无疑问，这是他人生的一大污点。人性的复杂，可见一斑。

刘辰翁为什么言行不一？具体原因已难以知晓，我们只能猜测，他当时文名显赫，是江西文人的领袖，元朝官员便用各种手段拉拢他。刘辰翁曾因诗歌坐牢，大概已成惊弓之鸟，害怕不与元官配合而再遭祸患。他的江西同乡谢枋得因为屡次拒绝元廷征召，被元朝官员抓到大都，绝食而亡。有一位作家曾说："您看这棵苹果树，它因为自己结的果实太多太重而折断了；对于一个读书人，知识积累得太多也意味着悲剧。"刘辰翁想逃而不能逃，想隐而不能隐，确是一种莫大的悲哀。

---

① 刘辰翁.刘辰翁词校注[M].吴企明，校注.上海：上海古籍出版社，2015：566.

他有一首《浪淘沙·秋夜感怀》描述了这样的心情：

无叶著秋声。凉鬖堪惊。满城明月半窗横。惟有老人心似醉，未晓偏醒。

起舞故无成。此恨难平。正襟危坐二三更。除却故人曹孟德，更与谁争。

上阕借秋声叙述心声，"惟有老人心似醉"，是说自己风烛残年之际，心怀忐忑。下阕说"此恨难平"，是为了故国难平？还是因为别的原由？可能他自己都说不清。"除却故人曹孟德"，这里把曹操称为故人，值得玩味。曹操留下过"老骥伏枥，志在千里"的名句，但他也是一位奸雄，形象并非完美，刘辰翁把自己和曹操相提并论，大概有遭到内心谴责的惭愧之意。不过，刘辰翁毕竟没有做元朝的官，仍不失为宋末一位杰出的遗民词人。

刘辰翁之子刘将孙，生于宝祐五年（1257 年），宋亡时年二十三岁，也能填词，他有一首《忆旧游》：

正落花时节，憔悴东风，绿满愁痕。悄客梦惊呼伴侣，断鸿有约，回泊归云。江空共道惘怅，夜雨隔篷闻。尽世外纵横，人间恩怨，细酌重论。

叹他乡异县，渺旧雨新知，历落情真。匆匆那忍别，料当君思我，我亦思君。人生自非麋鹿，无计久同群。此去重销魂，黄昏细雨人闭门。

风格与其父相似。借凄婉悲怆的惜春、送春之语，抒发故国覆灭、人生流离之痛。刘将孙在元朝出任福建延平教官、临汀书院山长,经历有似王沂孙、戴表元、仇远等人,可以视为文人变节,但毕竟做的是学官,并非行政要员,而且元朝统治者对书院的教学内容并不横加干涉,山长可自行安排教学课程。因此,出任学官可以看作是一种灰色的隐逸途径。刘将孙们目的是挽救华夏传统,把汉族文明传承下去,仍然值得后人肯定。

王沂孙

一

宋词有三个发展高峰,第一个是北宋哲宗至徽宗时期,第二个是南宋孝宗时期,第三个则是南宋亡国前后,标志之一就是咏物词达到前所未有的高度。所谓咏物词,是指借助花鸟虫鱼等的外观、品貌,赋予它们人格精神,注入作者自身的经历和情怀,抒发对家国和人生的感叹的词。临安城破、三宫北迁之后,周密等南宋遗民曾五次举行词社,以龙涎香、白莲、莼、蟹、蝉为题填词,寄托家国无依、身世沧桑之感。《红楼梦》中林黛玉、薛宝钗等也在大观园中先后组织了五次诗社,分别以白海棠、菊、梅、桃花、柳絮等为题限韵作诗填词,很难说两者只是一种巧合。

王沂孙是南宋咏物词的大家,他留下的六十四首词作中,有三十四首为咏物词,包括新月、秋声、雪、柳、牡丹、水仙、红叶、荷、梅、海棠、莲、蝉等，无不沉郁雅丽，缠绵忠爱。清代词学家陈廷焯誉他"词品最高，味最厚，意境最深，力量最重"①，堪称"词中老杜"。是否过誉且不论，但一个人只有热爱大自然，经常观察动植物，了解它们的生活习性，才能创作出惟妙惟肖、深情隽永的咏物作品。辛弃疾曾说"一松一竹真朋友，山鸟山花好弟兄"，懂得与周边环境同声共气、互相欣赏的人，人品都不会太差。

然而王沂孙的人品曾遭到广泛质疑和非议，主要原因在于他顶不住生活的压力，出任了元朝庆元路学正。胡适先生在自己编著的《词选》中直言不讳地说："王沂孙曾做过元朝的官，算不得什么遗民遗老。"王沂孙是否真的为元朝人做事？由于长期找不到第一手文件，有不少人为他辩护。二十世纪八十年代，叶嘉莹先生带着这份疑问，专程到日本东京文库中查阅《延祐四明志》原本，在这本书卷二《职官考上》果然有王沂孙之名。

由此王沂孙"变节"之行可以坐实，但尚有可商榷之处。元朝学正一职创立于至元二十八年（1291 年），"令江南诸路学及各县学内设立小学，选老成之士教之。路设教授、学正、学录各一员"②。就是说王沂孙直到南宋灭亡十五六年之后才出来当官，而且时间并不长，四年之后他就主动辞官回到故乡会稽，闭门读书写作，不再接受征召。从他的词作来看，大部分是怀念故国之题或与周密等的唱和之作，他在心态上并不认可元朝，依然属于南宋遗民。与之类似的

---

① 陈廷焯.白雨斋词话[M].彭玉平,导读.上海：上海古籍出版社,2011:41.
② 宋濂,等.元史(卷一百一十四·列传第一)[M].北京：中华书局,1976:2033.

是近代大学者王国维,清亡之后,他接受清逊帝授予的南书房行走一职,同时还在清华大学教书,但他始终以清皇室的遗老自居,后来的沉湖,也被许多人视为为清帝殉国之举。

客观而论,南宋灭亡后,许多文人失去了生活来源,每天面对吃不饱穿不暖的困窘,即使不为自己,也得为家人子女考虑,不可能人人都去做江万里、文天祥那样的烈士,也不可能真的如伯夷、叔齐采薇首阳。短暂出仕,以解燃眉之急,改善一下家庭生活条件,也算尽一点为人夫为人父的责任,这是不应苛责的。我们应该看到,王沂孙辞官之后,多次写信给周密等词友,陈述愧疚,希求谅解,说明他的心态和南宋遗民是一致的。

元朝中断科举长达三十五年,大批江南学子荒废诗书,终日惶惶。王沂孙在此时利用自己的号召力,发挥文化上的特长,聚拢人心,端正学风,使笔墨文章不被埋没,令华夏文明不至于就此断绝,是值得肯定的。而且学正并非行政官员,没有生杀予夺的治民权力,也不是高官显贵,不应把他和出任元朝翰林学士和监察御史的南宋状元留梦炎、王龙泽相提并论。

王沂孙和周密、张炎是同时代的人,但他的生平活动,我们所知甚少,只知道他是浙江绍兴人,大概生于宋理宗嘉熙年间,比周密小四五岁,比张炎大十岁左右,可能卒于元至治年间(1321—1323 年)。王沂孙应该也出生于贵族官宦之家,前半生悠游岁月,流连山水,与西湖吟社的成员有频繁的唱和之作,后半生遭遇国家破灭的不幸,沉沦乡间,诗词为寄。

二

胡适先生是新文化运动的一员干将、一面旗帜,他倡导文学革命,不遗余力地推广白话文,认为古文陈旧腐朽、没有生气,应该彻底抛弃,以新的文学取代之。在这种激进的文艺主张下,他对宋词的评判可想而知。他把宋词分为"歌者之词""诗者之词"和"词匠之词"三个阶段,认为南宋后期的词人,自姜夔以下,全部可归为"词匠",意谓没有真情,没有意境,只是在玩文字游戏,没有文学的价值。他对王沂孙有这样的评价:"其实我们细看今本《碧山词》,实在不足取。咏物诸词,至多不过是晦涩的灯谜,没有文学的价值。"①现代词学家胡云翼也说:"王沂孙的作品所表达的,尽是一片实际难以捉摸的哀怨,一片消极绝望的哀怨。说他工于咏物未尝不可;要说有托意的话,看来总是表达不明确(只好让词话家去猜谜),反映没有力量,不过是一点微弱的呻吟罢了。"②

一百年过去了,今天我们可以抱着平常心来讨论这些看法。胡适等人所在的时代是半封建半殖民地的时代,中国被列强宰割,面临着亡国的危险,需要奋发图强,振兴国势,以启蒙来挽救危局。南宋始终面临着严重外患,最后被蒙古所灭,成为华夏历史上的一大耻辱,因此南宋后期那些哀叹国家不幸、身世悲苦的词作,尤其是婉

---

① 叶嘉莹,高献红.王沂孙词新释辑评[M].北京:中国书店,2006:353.
② 叶嘉莹,高献红.王沂孙词新释辑评[M].北京:中国书店,2006:354.

约词,自然被胡适等认为是"亡国之音",应该将其扔进故纸堆。谢桃坊先生评论说:"从胡适、胡云翼以来对豪放词的赞赏和对婉约词的贬抑的词史观点,是与中国现代社会动乱不安和反传统思潮所形成的文化背景分不开的。"①

南宋晚期词是否真的如此不堪?恐怕不宜一概而论。清代学者赵翼写诗道:"国家不幸诗家幸,赋到沧桑句便工。"法国诗人缪塞在《五月之夜》中咏道:"最优美的诗篇是最绝望的,有些不朽篇章浸满着眼泪。"南宋的倾覆,是所有文人们从来没有面对过的残酷事实。宋代是文人们待遇的最高峰,取而代之的元朝却是最歧视文人的时代。许多伟大的文学作品,正是在巨大的心理落差之中诞生的。我们来看王沂孙的《无闷·雪意》:

阴积龙荒,寒度雁门,西北高楼独倚。怅短景无多,乱山如此。欲唤飞琼起舞,怕搅碎、纷纷银河水。冻云一片,藏花护玉,未教轻坠。

清致。悄无似。有照水一枝,已挽春意。误几度凭栏,莫愁凝睇。应是梨花梦好,未肯放、东风来人世。待翠管、吹破苍茫,看取玉壶天地。

以雪为主题的词作多见,这首词却是描绘大雪将至的景象。雪前通常是一派沉闷萧条、肃杀哀凉,没有什么亮点,一般人很难写出彩,但王沂孙却独具匠心。这首词可分为二层,第一层为铺垫,描写

---

① 谢桃坊.胡云翼词学观点的历史反思[J],上海师范大学学报.1990;98—102.

实际景色,"阴积龙荒,寒度雁门,西北高楼独倚",点明了雪即将落在西北苍茫之地,境界阔大,而南宋国土大片沦丧,雁门关早已被外族占去。陆游曾写"心在天山,身老沧洲",可见王沂孙虽是江南文士,却也具有报国雄心。"怅短景无多",实写冬日昼短夜长,暗中表达了人生短暂、功业未彰的遗憾。"乱山如此",比喻时局的动荡和心情的杂乱。李后主词中叹道:"剪不断,理还乱。"面对着这样阴冷暗淡的景象,作者心乱如麻,多希望一场大雪能掩盖现实中的烦忧,带来一个全新的世界。

接着进入第二层,憧憬飘雪时的美景。作者在这里用"飞琼起舞""搅碎银河水"来描绘大雪纷飞,毫不费力。可雪始终未至,"冻云一片,藏花护玉,未教轻坠",表露出一种犹抱琵琶半遮面的含蓄。

下阕开头用"清致"形容雪前氛围,极为妥当,且承上启下,引出"照水一支"的梅花。有梅无雪,诚为憾事,从梅的角度展现对雪的渴望。"误几度凭栏,莫愁凝睇。"作者笔锋一转,写出人与梅一样,眼巴巴地盼着瑞雪落下。寒梅傲雪,自古以来就是坚韧优雅品格的象征。雪迟迟未至,作者又设想"应是梨花梦好,未肯放、东风来人世",把雪比作洁白的梨花,正做着轻曼雅洁的美梦,因而不肯教东风吹拂。经过层层推进,作者对雪的期待已难以抑制。"待翠管、吹破苍茫,看取玉壶天地。"用绿玉长笛,吹开冻云,使雪花如絮飞舞,飘落苍茫大地,让世界凝结在一个晶莹洁白的玉壶之中。

这首词立意高雅,文简意永,跌宕起伏,缥缈幻丽,词尾达到情绪的高潮,犹如响起一声豪迈激昂的呼唤,气贯云天,回味无穷,表达出一种人定胜天的坚强信念。这哪里是绝望之音?又如何只是

王沂孙

"词匠之词"？

王沂孙生逢南宋末世，命运多舛，有些人想当然地认为他处于悲观绝望之中。台北故宫博物院中藏有王沂孙的一幅真迹，这是王沂孙和周密等人一同欣赏王献之《保母帖》拓片时创作的一首诗。全诗用小楷写成，字体端正圆润，玉立俊秀，无干瘪匍匐之气，可以想见其人的品格。

再看他的另一首词《摸鱼儿》：

洗芳林、夜来风雨。匆匆还送春去。方才送得春归了，那又送君南浦。君听取。怕此承、春归也过吴中路。君行到处。便快折湖边，千条翠柳，为我系春住。

春还住。休索吟春伴侣。残花今已尘土。姑苏台下烟波远，西子近来何许。能唤否。又恐怕、残春到了无凭据。烦君妙语。更为我将春，连花带柳，写入翠笺句。

送春，本是一个大众化的主题，王沂孙这首词却写得新颖奇巧。春天是一年中最美好的季节，却经不住一夜风雨。留春不住，只得送春归去。送春之时，正值友人离别之际。江淹在《别赋》中写道："春草碧色，春水渌波，送君南浦，伤如之何！"春光易逝，离人难系，千百年来多少人为之神伤？于是作者嘱咐友人，你与春天殊途同归，都会经过吴中，你到吴中时，快到湖边，折下翠柳枝叶，就当为我系住了春色。这里取义王观小令《卜算子》中的句子："若到江南赶上春，千万和春住。"

下阕以一声"春还住"起，深情而无奈，紧接着用春秋时吴国和西施的典故,点明再美好的时光佳人也化作了烟波尘土。但作者仍不甘心,一句"能唤否",陡起波澜。"又恐怕"是领字,紧接上意,忧心春到无凭。欲待留春,只有"烦君妙语"。为我把花朵、柳枝,连同春天,一并打包写入翠色信笺之中,报予我知。这样将惜春与思友融化无痕,堪称绝妙。

这首词感情真挚而浓烈,意有转折却连贯,文字空灵,下笔活泼,只有心灵富足、稳健达观的人方能写出。以往的宋词选本往往只选择了王沂孙的几首咏物名作,忽略了他这类清新秀美之作。就像当年我们读书时听音乐,很多人只听专辑里的主打歌,便给歌手下了评判,对于专辑里其他的乐曲却置之不理,这样就难免形成偏见。所以,我们要对一位词人作出全面评价,不能只读选本,而必须把他的词集拿来详读。

三

咏物实是中国传统文学中的一大特色,为西方诗歌史上所缺乏。我们从小都会背诵"鹅鹅鹅,曲项向天歌",稍大一些也都知道"硕鼠硕鼠,无食我黍"。美学上把这种表达称为"比德",就是以自然景物的特征来比附、象征人的道德情怀。最早的咏物诗是屈原《楚辞》中的《橘颂》,即写橘树的生态和习性,运用类比联想,将它与人的精神、品格联系起来,给予热烈的赞美。借物言志,以物写人。朱光潜先生说:"物的形象是人的情趣的返照。物的意蕴深浅和人

的性分密切相关。深人所见于物者亦深,浅人所见于物者亦浅。比如一朵含露的花,在这个人看来只是一朵平常的花,在那个人看或以为它含泪凝愁,在另一个人看或以为它能象征人生和宇宙的妙谛。一朵花如此,一切事物也是如此。因为我把自己的意蕴和情趣移于物,物才能呈现我所见到的形象。"①

咏物诗词在唐宋蔚为大观,刘禹锡、李商隐等皆多有咏物名作,如李商隐名作《牡丹》:

> 锦帏初卷卫夫人,绣被犹堆越鄂君。
>
> 垂手乱翻雕玉佩,招腰争舞郁金裙。
>
> 石家蜡烛何曾剪,荀令香炉可待熏。
>
> 我是梦中传彩笔,欲书花叶寄朝云。

这首诗只有八句,却用了六则典故,频繁用典是咏物诗词的一大特点。第一句的"卫夫人",指春秋时期卫灵公夫人南子,以艳丽著称。第二句中用鄂君举绣被拥越人的典故。据《说苑·善说篇》记载,鄂君子晳泛舟河中,划桨的越人唱歌表示对鄂君的爱戴,鄂君为歌所动,扬起长袖,举绣被覆之。第三、四句并未用典,是形容牡丹迎风摇曳的姿态。第五句用晋代石崇家的蜡烛作比。石崇豪奢喜炫耀,厨房不用柴火,而用蜡烛烧饭,这里用来比拟牡丹的华贵。第六句用东汉名臣荀彧的故事:荀彧喜香味,用香熏衣,所到之处接连几天香味不绝。第七句用江淹的故事,比牡丹比作五色笔。第八

---

①　凌继尧.美学十五讲(第二版)[M].北京:北京大学出版社,2014:118.

句用巫山神女的典故。楚王曾为神女立庙，名为朝云。这两句的意思是自己梦中得到了那支五色笔，要在牡丹的花瓣上题写最美的诗句，寄到神女的手上。

宋代是词的黄金期，起初词只是勾栏酒肆中交给歌女演唱的曲子，是一种纯娱乐形式，没有太多深意。北宋中期以后，词人将民胞物与的情怀融入词作中，丰富了词的主题，扩大了词的境界，咏物题材的词作也不断出现。

如贺铸咏叹荷花的《踏莎行》：

杨柳回塘，鸳鸯别浦。绿萍涨断莲舟路。断无蜂蝶慕幽香，红衣脱尽芳心苦。

返照迎潮，行云带雨。依依似与骚人语。当年不肯嫁春风，无端却被秋风误。

如李清照《多丽·咏白菊》：

小楼寒，夜长帘幕低垂。恨萧萧、无情风雨，夜来揉损琼肌。也不似、贵妃醉脸，也不似、孙寿愁眉。韩令偷香，徐娘傅粉，莫将比拟未新奇。细看取、屈平陶令，风韵正相宜。微风起，清芬酝藉，不减酴醾。

渐秋阑、雪清玉瘦，向人无限依依。似愁凝、汉皋解佩，似泪洒、纨扇题诗。朗月清风，浓烟暗雨，天教憔悴度芳姿。纵爱惜、不知从此，留得几多时。人情好，何须更忆，泽畔东篱。

以及陆游《卜算子·咏梅》：

驿外断桥边，寂寞开无主。已是黄昏独自愁，更著风和雨。

无意苦争春，一任群芳妒。零落成泥碾作尘，只有香如故。

这三首咏物词都采用拟人手法，以第一人称的视角描写荷花、菊花、梅花的姿态和精神，是一种自我观照。物即是人，人即是物。清代文学家李重华说："咏物诗有两法，一是将自身放顿在里面，一是将自身站在旁边。"诗如是，词亦然。这两首咏物词显然属于前者。

咏物词在北宋中期以后发生了一些变化，不再拘泥于描摹物的外观和赞美物的性格，而是用赋笔的方式，借物起兴，多重角度，写物的前后左右，把物的命运遭遇放置在家国不幸、生不逢时的背景下，透露出一股忧虑感或无奈感。号称宋词咏物第一的苏东坡叹咏杨花的《水龙吟·次韵章质夫杨花词》，就体现出这种变化：

似花还似非花，也无人惜从教坠。抛家傍路，思量却是，无情有思。萦损柔肠，困酣娇眼，欲开还闭。梦随风万里，寻郎去处，又还被、莺呼起。

不恨此花飞尽，恨西园、落红难缀。晓来雨过，遗踪何在？一池萍碎。春色三分，二分尘土，一分流水。细看来，不是杨花，点点是离人泪。

第一句"似花还似非花"，总领全篇，意味深长，杨花虽然有花之名，却与别花大为不同。紧接着说"也无人惜从教坠"，即无人怜惜，任凭花衰，飘零坠地，一语双关，让人很容易联想到自己的命运。接下来"抛家傍路，思量却是，无情有思"，像杨花一样四处漂泊的游子，看似无情，其实他们并非不牵挂故乡和家人。"萦损柔肠，困酣娇眼，欲开还闭。"这是换意，从柳树的角度来描写，好像纪录片中的分镜头。柳枝细长柔软，好像柔肠一样，这里是化用白居易《杨柳枝》诗中的句子："人言柳叶似愁眉，更有愁肠如柳枝。""娇眼"是指柳叶细长，好似美人的眼睛，想要睁开却又合上，真是奇思妙想！歇拍"梦随风万里，寻郎去处，又还被、莺呼起"，镜头又转移了，这是写思妇正堕入梦中，梦境与杨花一样，随风而逝，万里天涯，却不承想梦被黄莺惊醒，好梦难成。这里化用的是唐诗人金昌绪《春怨》中的句子："打起黄莺儿，不教枝上啼，啼时惊妾梦，不得到辽东。"

换头后，写道："不恨此花飞尽，恨西园、落红难缀。"角度又换到了杨花，而且从杨花纷飞写到了百花的零落。"晓来雨过，遗踪何在？一池萍碎。春色三分，二分尘土，一分流水。"对百花而言，一旦落下，香消玉殒，遗踪难寻。杨花则不同，它飘入水中，浮于水面，随水流入池塘化为浮萍，依然与思妇相伴。最后"细看来，不是杨花，点点是离人泪"，犹如运用长焦镜头，瞄准杨花的细节，却不是杨花，而是眼泪。真是画龙点睛之笔！这个"泪"，是游子之泪，还是思妇之泪，抑或是惜春伤春之人的泪？在这如梦如幻的词境中，杨花的品格得到了升华。

苏东坡这首咏物词本来是和韵之词，却写得婉转灵动，情思奇妙，感情浓郁，把章质夫的首韵之作牢牢踩在了脚下。因此王国维评价说："东坡《水龙吟·咏杨花》和韵而似原唱，章质夫词，原唱而

似和韵,才之不可强也如是。"①

咏物词的佳作还有南宋史达祖的《双双燕·咏燕》:

> 过春社了,度帘幕中间,去年尘冷。差池欲住,试入旧巢相并。
> 还相雕梁藻井。又软语、商量不定。飘然快拂花梢,翠尾分开红影。
> 芳径。芹泥雨润。爱贴地争飞,竞夸轻俊。红楼归晚,看足柳
> 昏花暝。应自栖香正稳。便忘了、天涯芳信。愁损翠黛双蛾,日日
> 画阑独凭。

这首词是咏燕的名篇,全篇不着"燕"字,而句句写燕,极妍尽态,神形毕肖。上片写燕子飞来,重回旧巢的愉快场景,"又软语、商量不定",写尽了燕侣的亲昵,堪称神来之笔;下片写燕子在春光中嬉戏,夜幕降临时回巢栖息的情景,即"红楼归晚,看足柳昏花暝",趣味十足。最后用春燕双宿双飞衬出思妇盼归之情,达到物我合一的最高境界。

王沂孙咏物词集前人之大成,不同之处是在工巧精修的基础上,寄托了深厚的家国之情,把对故国的怀念隐藏在字里行间,若即若离,沉郁沧桑,耐人回味。吴熊和先生在《唐宋词通论》中说:"与史达祖徒为轻圆妥帖不同,王沂孙的咏物词重在寄托。"王沂孙前半生处于南宋末期,虽非官场中人,却也富足悠闲,中年之后不得不面对山陵变色、异族统治的悲剧,这种变迁使他的咏物词中不可避免地带有悲剧色彩,但并非全是颓废沉沦之音,如这首《水龙吟·落叶》:

---

① 王国维.人间词话[M].北京:中国文联出版社,2018:87.

晓霜初着青林，望中故国凄凉早。萧萧渐积，纷纷犹坠，门荒径悄。渭水风生，洞庭波起，几番秋杪。想重涯半没，千峰尽出，山中路、无人到。

前度题红杳杳。溯宫沟、暗流空绕。啼螀未歇，飞鸿欲过，此时怀抱。乱影翻窗，碎声敲砌，愁人多少。望吾庐甚处，只应今夜，满庭谁扫。

春去秋来，花开叶落，本是自然法则，而作者把这一普通现象与故国情怀联系起来，仿佛天地万物皆因我而悲。落叶发生在秋天，宋玉《九辩》中叹道："悲哉秋之为气也！萧瑟兮草木摇落而变衰。"第一句"晓霜初着青林，望中故国凄凉早"，渲染出秋的氛围，拂晓的寒霜令树林中的青叶渐渐变黄，举目远眺故国，心中止不住的凄凉，显露出对宋朝灭亡的痛惜和对家园的怀念。"萧萧渐积，纷纷犹坠，门荒径悄"，"萧萧""纷纷"，一拟声，一状形。落叶随风飘落，堆积成群，掩盖了门前小径，了无人踪，烘托出静谧的环境。

然而，作者的眼光没有局限于眼前这片小天地，而是荡开笔墨，写道："渭水风生，洞庭波起。""渭水"之句，出自贾岛"秋风吹渭水，落叶满长安"，"洞庭"无疑来自屈原"袅袅兮秋风，洞庭波兮木叶下"。长安在北，洞庭在南，言秋无处不在。和前一句相比，好像从一个微观近景扩展到了宏观视角，伤感之情逐步扩展。接着想象落叶之后的重涯、千峰、山中路，虽是美景，却无人前往欣赏。王沂孙曾作一首《淡黄柳》相赠周密，其中有"料青禽、一梦春无几，后夜相思，素蟾低照，谁扫花阴共酌？"感叹好景不再，今后恐怕只能独自徘

徊花前月下，忍受无限的孤寂。

下阕"前度题红杳杳。溯宫沟、暗流空绕"，用了唐代举人卢渥的典故。卢渥上京赶考时，偶然路过皇宫外，看到宫外的水沟中堆积着红叶，其中几片红叶上题有几句诗。卢渥便命仆人把带诗的红叶收藏在自己的行李箱中。后来唐宣宗将宫女赏赐给官员，卢渥已为官范阳，也获得一名宫女。这位宫女见到了卢渥收藏的红叶，不禁叹息良久，红叶上的诗句正出自她之手。作者用此典，是说前度红叶题诗的美好已成旧事，再无踪影，所留下的只有流水绕宫墙，一个"空"字写出了心中的遗恨。这几句暗示出南宋亡国宫嫔的命运，吴梅先生曾评点说："凄凉哀怨，其为王清惠辈作乎？"

"啼蛩未歇，飞鸿欲过，此时怀抱"三句，继续渲染落叶的周边环境。寒蝉凄切，飞鸿远去，而我该何去何从？"乱影翻窗，碎声敲砌"，形容落叶敲打窗户的声影，与上阕的"纷纷"相呼应，以"碎"字形容落叶之声，极为传神。

"望吾庐甚处，只应今夜，满庭谁扫。"这里的"吾庐"，并不是确指自己的家，而是表达出对自身前途的迷惘。面对渐积的枯叶，遥望祖国山河，一股黍离之悲油然而生。往年秋风落叶之时，尚有自己庭前洒扫，而今我的家园又在何处呢？

这首词通过落叶来寄托、影射作者幽微隐秘的内心世界，意在笔先，意在言外，历来得到了各路词家的高度赞赏。陶尔夫、刘敬圻在《南宋词史》中评价这首词说，作者紧紧围绕落叶来组织全篇，但同时他自己也进入了词的意境，不时发出一两声长叹。词中用藏而不露或藏头露尾或众宾拱主的手法渲染气氛，句句写落叶，字字写落叶,但"落叶"二字却始终藏而不露,写法上使宾主、虚实、藏露、隐显相互交叉渗透,极尽变化之能事,终于创造出一曲哀婉雄浑的"落叶之歌"。[①]

四

华夏文明是世界上唯一一个没有被中断的文明。不论是魏晋南北朝的大分裂时期,还是北宋被金灭亡,南宋被元征服,以及后来明朝被清朝取代,汉民族虽然被少数民族统治,但汉民族的文化却征服了这些征服者,成为国家的主流意识形态。有一种比较流行的观点,认为传统的汉文化其实早就腐朽衰败了,能够延续到今天,多亏少数民族不断地为之"输血",引入了新的基因,焕发出新的活力。我们不能同意这种为暴政翻案的观点。

历史上北方少数民族政权在入主中原之前,大多处于游牧渔猎状态,社会发展形态还处于原始社会末期或奴隶制社会阶段,没有发展出成熟的文明,很多民族连文字都没创造出来。文明没有优劣之分,但文明的发展有先后之别。少数民族在征服中原的过程中,大多以抢劫淫掠、血腥屠杀为手段。统一天下之后,又编织繁密的文网,以言论治罪,打压迫害知识分子。元朝十五帝,没有一个能识汉字,他们鄙视汉文化,将汉人分十等,将儒生的地位置于娼妓之

---

① 陶尔夫,刘敬圻.南宋词史(下)[M].哈尔滨:北方文学出版社,2014:374.

后,中断科举三十多年,整个元朝科举取士不足宋朝的 1%。以汉民族为主体的文化能够顽强地生存下来,很大程度上在于南宋遗民们的薪火相传,他们背负着沉重的使命感,以数十年如一日含辛茹苦、忍辱负重的坚持,或闭门著书,或教徒授业,终于没有使文明断层,是功不可没的。

历史都是胜利者书写的,失败方自然百口莫辩。比如南宋权相贾似道,由于推行公田法、打算法等敛财政策被千夫所指,但我们应该看到,贾似道的出发点是为了填补财政窟窿,应付繁浩的军费开支,延续南宋的国运,主要问题出在执行层面,才使之变为各方利益集团新的剥削途径。而战争的另一方元世祖忽必烈,先后任命的理财宰相阿合马和桑哥,对北方汉地百姓施行的搜刮聚敛,比贾似道更残酷十倍,他们直接没收财产,让汉人净身出户,变成"驱口"(奴隶),那是真正的横征暴敛,敲骨吸髓。所不同的是,贾似道输了,他们赢了。胜利者是不受审判的。

1279 年,元军水军围剿南宋流亡朝廷。张世杰兵败崖山,陆秀夫背负少帝跳海身亡,南宋的残余势力被消灭。忽必烈见统一已成,任命西域僧人杨琏真迦为江淮诸路释教总摄。杨琏真迦是帝师八思巴的弟子。忽必烈对八思巴极为尊崇,不仅他自己,他的皇后、嫔妃、公主等,也对其顶礼膜拜。杨琏真迦依仗元朝皇帝的宠信,为非作歹,鱼肉百姓,多方刮财。他的胃口越来越大,终于盯上了位于会稽县的南宋诸帝皇陵。

至元二十一年(1284 年),杨琏真迦在元世祖和宰相桑哥的默许下,悍然率人发掘南宋六陵,盗取陵中财宝。六陵即宋高宗永思陵、孝宗永阜陵、光宗永崇陵、宁宗永茂陵、理宗永穆陵、度宗永绍陵。宋理宗的尸身保存完好，栩栩如生，为了盗取理宗腹内的水银，这伙人将理宗倒挂在树枝上长达三天三夜，让水银从口中流出。与此同时，十余座后、妃随葬陵墓也被打开，尸骸遍地。杨琏真迦等为了磨灭南宋故民的反抗意气，还将陵墓夷为平地，以猪牛骨混杂其间，草草掩埋，上建镇南塔一座。

在元军强大的武力威胁之下，江南百姓敢怒不敢言。入夜之后，山陵周边的哭声连绵不绝，数月方休。江南忠义之士罗铣、唐珏、林景熙、郑朴翁、王英孙等人，变卖家产，偷偷收集帝后碎骨重新安葬，植冬青树以记之。元人的暴行对南宋百姓造成了极大的精神伤害，在人们心中种下了仇恨的种子，六十年后张士诚、朱元璋等在江南一带举兵反元，一呼百应，不能不说与盗掘南宋皇陵事件有关。

王沂孙生长于会稽，很可能目睹了发生在身边的惨剧，其悲痛可想而知。发陵事件后，周密即召王沂孙、仇远、唐珏、李彭老、王易简、吕同老、陈恕可等词友十四人在绍兴秘密集会。唐珏详诉遗骨下落，大家焚香恸哭，分题填词。因为担心文字获罪，不敢明言，周密等便以咏物题材抒发遗恨、寄托哀思。民国词学家顾随先生同胡适一样也颇不满南宋词，认为这些作者"总觉不肯以真面目示人，总不肯把心坦白赤裸给人看，总是绕弯子，遮掩。其实毫无此种必要。他们的遮掩，遮掩什么？是实在写得没什么看头儿，没什么听头儿，

所以不得不遮掩装饰"①，这就未免太苛责古人了。且不说宋亡之初刀镬如林的时代背景，既然是咏物作品，当然要用比兴手法，用典故暗喻，总不能直着嗓子叫嚷开骂："我悲伤啊，我仇恨啊，我十万分地痛恨元朝人吧！"

且看王沂孙名作《齐天乐·蝉》：

一襟余恨宫魂断，年年翠阴庭树。乍咽凉柯，还移暗叶，重把离愁深诉。西窗过雨。怪瑶佩流空，玉筝调柱。镜暗妆残，为谁娇鬓尚如许。

铜仙铅泪似洗，叹携盘去远，难贮零露。病翼惊秋，枯形阅世，消得斜阳几度？余音更苦。甚独抱清高，顿成凄楚？谩想熏风，柳丝千万缕。

清代词学家况周颐说："咏物语须沉着。以性灵语咏物，以沉着之笔达出，斯为无上上乘。"②这首词第一句"一襟余恨宫魂断"是用典，传说齐国王后失宠，怨忿而亡，魂魄化为蝉，登庭树，凄伤鸣唱，余恨不绝，此后民间就将蝉比作齐后。宋词进入南宋后，走上了一条频繁用典的路数，有利有弊。张炎说"词要清空，不要质实"，就是说写词要避免过多引用典故，否则会让词整体变得凝重晦涩。但《齐天乐·蝉》的用典却恰到好处地把对故国的哀思幽怨引了出来。

"年年翠阴庭树"，写蝉鸣的环境。蝉哀凉悲歌，而草木却青青

① 顾随.顾随讲宋词［M］.叶嘉莹，笔记，高献红，顾之京，整理.石家庄：河北教育出版社，2018：134.

② 况周颐.蕙风词话［M］.孙克强，导读.上海：上海古籍出版社.2009：153.

如此，李商隐在《蝉》一诗中写道："本以高难饱，徒劳恨费声。五更疏欲断，一树碧无情。"一个有恨，一个无情，反衬内心情感的热烈与无奈。

接下来"乍咽""还移""重把"三个动词，起伏连绵，从时间上和空间上进一步渲染了蝉声的凄婉，寄托出作者的亡国哀痛。"西窗过雨"，运用了李商隐诗中"巴山夜雨"的典故，阐发了孤寂的心情和对恋人深切的思念。

"怪瑶佩流空，玉筝调柱"，比喻蝉声如玉佩叮咚，又似玉筝弹奏，以唯美的笔法形容蝉鸣，别具一格。"为谁娇鬓尚如许"，将蝉头上的两片毛发比喻为美女的鬓发，大有众芳芜秽、美人迟暮的感伤，前人认为这句是写给被俘宫女王清惠的。

下阕"铜仙铅泪"，用三国时魏明帝拆除西汉长安建章宫遗留的铜人的典故。据说魏明帝大兴土木，建造洛阳宫殿，派人拆除汉武帝的建章宫，宫内有承露铜人数个，铜人竟然潸然泪下。这里与上阕"宫魂断"相呼应，有理脉可寻。而传说蝉是靠餐风饮露为生，如今承露铜盘被移走，蝉的食物断绝，该如何生存下去呢？"病翼惊秋，枯形阅世，消得斜阳几度？"蝉的生命已进入倒计时，或隐喻南宋国势，或联想到北上被俘的宫女们。"余音更苦。甚独抱清高，顿成凄楚？"将悲苦再推进一层。"顿"字写出了骤然之意，惊叹世事变化之迅，从云端跌入泥池，犹如人生的起落。最后两句"谩想熏风，柳丝千万缕"追忆春末夏初的美好时节，空余惆怅。过去越是甜蜜，现实越感凄凉。暗喻南宋的盛况已一去不返。

钱基博先生评此词："此托蝉以喻王昭仪改装女冠也。曰'乍咽

凉柯,还移暗叶',言宋亡而北徙也。'镜暗妆残,为谁娇鬓尚如许',言国破身虏,不欲为容也。'余音更苦。甚独抱清高,顿成凄楚?谩想熏风,柳丝千万缕',则矢坚贞以自洁,而不欲为杨柳之随风作舞,趋炎想熏矣。"①认为这首词托蝉咏事,实有所指。

周密、王易简、吕同老、唐艺孙等也同时作了《齐天乐·蝉》。

周密:

槐薰忽送清商怨,依稀正闻还歇。故苑愁深,危弦调苦,前梦蜕痕枯叶。伤情念别。是几度斜阳,几回残月。转眼西风,一襟幽恨向谁说。

轻鬟犹记动影,翠蛾应妒我,双鬓如雪。枝冷频移,叶疏犹抱,孤负好秋时节。凄凄切切。渐迤逦黄昏,砌蛩相接。露洗余悲,暮烟声更咽。

王易简:

翠云深锁齐姬恨,纤柯暗翻冰羽。锦瑟重调,绡衣乍著,聊饮人间风露。相逢甚处。记槐影初凉,柳阴新雨。听尽残声,为谁惊起又飞去。

商量秋信最早。晚来吟未彻,却是凄楚。断韵还连,余悲似咽,欲和愁边佳句。幽期谁语。怕寒叶凋零,蜕痕尘土。古木斜晖,向人怀抱苦。

仇远:

夕阳门巷荒城曲,清间早鸣秋树。薄翦绡衣,凉生鬓影,独饮天

① 钱基博.中国文学史(中册)[M].上海:上海古籍出版社,2011:673.

边风露。朝朝暮暮。奈一度凄吟,一番凄楚。尚有残声,蓦然飞过别枝去。

齐宫往事谩省,行人犹与说,当时齐女。雨歇空山,月笼古柳,仿佛旧曾听处。离情正苦。甚懒拂笺,倦拈琴谱。满地霜红,浅莎寻蜕羽。

吕同老:

绿阴初蔽林塘路,凄凄乍流清韵。倦咽高槐,惊嘶别柳,还忆当时曾听。西窗梦醒。叹弦绝重调,珥空难整。绰约冰绡,夜深谁念露华冷。

不知身世易老,一声声断续,频报秋信。坠叶山明,疏枝月月,惆怅齐姬薄幸。余音未尽。早枯翼飞仙,暗嗟残景。见洗冰奁,怕翻双翠鬓。

唐艺孙:

柳风微扇闲池阁,深林翠阴人静。渐理琴丝,谁调金奏,凄咽流空清韵。虹明雨润。正乍集庭柯,凭阑新听。午梦惊回,有人娇困酒初醒。

西轩晚凉又嫩。向枝头占得,银露行顷。蜕翦花轻,羽翻纸薄,老去易惊秋信。残声送暝。恨秦树斜阳,暗催光景。淡月疏桐,半窗留鬓影。

这组《齐天乐》咏蝉词,都是以秋日中的寒蝉为托,寄托了对故国的沉痛哀思,摆脱了从前那种应社炫技、风流玩赏的浮华词风,是屈原《离骚》精神的继承和再现,是一组爱国主义词篇。清代学者厉

鹗专门写诗《论词绝句》称赞这组咏蝉词:"头白遗民涕不禁,补题风物在山阴。残蝉身世香莼兴,一片冬青冢畔心。"

王沂孙在这次词会上还作了另一首咏物名作《天香·龙涎香》:

孤峤蟠烟,层涛蜕月,骊宫夜采铅水。讯远槎风,梦深薇露,化作断魂心字。红瓷候火,还乍识、冰环玉指。一缕萦帘翠影,依稀海天云气。

几回殢娇半醉。翦春灯、夜寒花碎。更好故溪飞雪,小窗深闭。荀令如今顿老,总忘却、樽前旧风味。谩惜余熏,空篝素被。

这首词被编入《乐府补题》之首,也列于王沂孙《花外集》第一篇,可见其重要性。凡讨论宋代咏物词的都不会绕开它,其中叶嘉莹先生所析最为深细入微。龙涎香的实质是抹香鲸科动物肠内的分泌物,抹香鲸在遇到刺激性异物(如鱿鱼、章鱼的喙骨)后,肠道中的油脂和分泌物会将异物包裹,经过生物酸的侵蚀和微生物分解,随消化系统或经呕吐排出体外。龙涎香起初为浅黑色,在海水的作用下,渐渐变为灰色、浅灰色,最后成为白色。白色的龙涎香品质最好,它要经过百年以上海水的浸泡,将杂质全漂出来,才能成为龙涎香中的上品。龙涎香的香气似麝香之优美,微带壤香,有些像海藻、木香、苔香,有特殊甜气和极其持久的留香底韵,是一种很复杂的香气组合。气势虽不强,但微妙柔润,留香时间比麝香长二十至三十倍,可达数月之久,是最好的定香剂。龙涎香意味着龙的唾沫,极为名贵,价格等同于同体积黄金,自古为皇室和豪贵专用。王沂孙以"龙涎香"为咏物题目,可能是暗指腹含水银却被倒挂摧残的宋理宗,抑或挽悼蹈海身亡的南宋末帝。

宋代的熏香,与点茶、插花、听曲、制瓷一样,都是一种高雅情趣和精神享受,有一套完善的形式和程序。这首词分为了采香、制香、焚香、忆香和惜香五个环节,许多现代人觉得王沂孙的词晦涩难懂,除了缺乏历史典故,也是对香文化的不了解所致。

"孤峤蟠烟,层涛蜕月,骊宫夜采铅水。"是指在月明涛声之中,渔民们乘船前往龙宫采集龙涎。这里是想象,在一座孤绝海外的高峻尖峭的山上,云起烟雾像蟠龙一样盘旋萦绕,茫茫大海的层层波涛上月光闪烁,仿佛蛟龙蜕皮。龙涎刚产生之际是浅黑色,如同铅,所以被称为"铅水"。王国维十分反对词用替代字,他说:"梦窗以下,则用代字更多。其所以然者,非意不足,则语不妙也。盖意足则不暇代,语妙则不必代。"[1]抨击南宋末期词人以大量的替代字来遮掩语言和思维的贫乏。平心而论,王沂孙等人确实常用替代字,但这首词里不能视为贫乏,而是一种特殊的隐喻,并不过分,明着说不仅不雅,缺失词的反转回环的特质,而且可能招致文祸。

"讯远槎风,梦深薇露,化作断魂心字。"写制香工序。采取龙涎之后,渔民驾船乘海风潮汐返回,回到陆地后,用蔷薇花露研和龙涎,把龙涎制作成心字香盘。蒋捷《一剪梅·舟过吴江》中有"银字笙调,心字香烧"。所谓心字香,是香燃尽之后,香末萦篆成心字,勾勒出一幅唯美的画面。

"红瓷候火,还乍识、冰环玉指。"进入焚香阶段。"红瓷"是存放

---

① 王国维.人间词话[M].北京:中国文联出版社,2018:75.

龙涎香的红瓷小坛；"候火"即等待火烧到合适的温度，把香温热在坛中。"冰环"和"玉指"借女子纤纤玉手，形容香的性状，冰清玉洁。"一缕"二句，意指龙涎香燃起的青烟萦绕于帘幕之间，朦胧了视野，让人仿佛回到了龙涎的海天故乡。

词的下阕由香及人，不再正面描述龙涎香，而是从人的感受侧面抒写龙涎香的美妙。从"几回娇娇半醉"起，是回忆与佳人的闻香往事，那时多么快乐，可惜这样的时光再也回不去了。"更好故溪飞雪，小窗深闭"，是说在寒冷飘雪的腊月，门窗紧闭，在香气弥漫的室内享受天伦之乐。

"荀令如今顿老，总忘却、樽前旧风味。"用东汉名臣荀彧爱香的典故，感叹自己的赏香情怀已逝去。总忘却，实则难忘却，和前句相呼应，在过去和现在之间往复摇曳，悲伤之情呼之欲出。

结句"谩惜余熏，空篝素被"是为惜香。"谩"即为无可奈何，意谓似水流年，往日难再，只能空自怜惜当年残留在被子上的余香。将感时伤世之情以缠绵沉郁之笔写出，余味无穷，耐人沉思。

五

对于王沂孙出任学官一事，施蛰存先生认为："王碧山做过一任庆元路学正，只是一个宁波中学的训导主任而已。虽然名为学官，或教官，毕竟不是行政官，做这样一任官职，就说他是失节文人，未免厚于责人，薄于责己。从古以来，文人在易代之际，出处各有不同,我们对每一个人,都应当略迹原心,区别对待。"①此言不无道理。而且元初的许多学校书院虽然由官方兴办,但元朝官府并没有进行过多的干预,尤其在教学内容方面,学校书院享有充分的自主权,因而学正、山长等仍得以沿用传统的教学模式,以四书五经等儒家经典为主要的讲解内容。实际上,王沂孙本人对于出任学官是充满了愧疚的,将之视为自己一生的污点,他的另一首咏物词《摸鱼儿·莼》就写出了这种感受:

> 玉帘寒、翠痕微断,浮空清影零碎。碧芽也抱春洲怨,双卷小缄芳字。还又似。系罗带相思,几点青钿缀。吴中旧事。怅酪乳争奇,鲈鱼谩好,谁与共秋醉。
>
> 江湖兴,昨夜西风又起。年年轻误归计。如今不怕归无准,却怕故人千里。何况是。正落日垂虹,怎赋登临意。沧浪梦里。纵一舸重游,孤怀暗老,余恨渺烟水。

好友周密对他做官并不认可,但周密性情宽和,古道热肠,能理解王沂孙的难处,写了一首词相赠,回顾从前友谊,称王沂孙为"天涯未归客"②,盼望他早日从元朝官场抽身,一同采菊饮酒。北宋时文人之间有一个很好的传统,大家政见可以不同,但不妨碍私人感

---

① 姚道生.残蝉身世香莼兴:《乐府补题》研究[M].南京:凤凰出版社,2018:218.

② 周密《忆旧游·寄王圣与》:

记移灯蓂雨,换火篝香,去岁今朝。乍见翻疑梦,向梅边携手,笑挽吟桡。依依故人情味,歌舞试春娇。对婉娩年芳,漂零身世,酒趁愁消。

天涯未归客,望锦羽沈沈,翠水迢迢。叹菊荒薇老,负故人猿鹤,旧隐谁招。疏花温撩愁思,无句到寒梢。但梦绕西泠,空江冷月,魂断随潮。

情,比如王安石与苏东坡,彼此诗词交流唱和不断。作为文坛盟主的周密,理应把这种传统延续下来。

我们现在已无从知晓王沂孙出仕的具体原因,但他很快就辞官,回归故里。他把大部分时间花在词艺创作上,偶尔和张炎等好友外出泛舟赏玩,切磋诗词。他创作了一首《醉蓬莱·归故山》,表达心寄故国、甘守寂寞的心情:

扫西风门径,黄叶凋零,白云萧散。柳换枯阴,赋归来何晚。爽气霏霏,翠蛾眉妩,聊慰登临眼。故国如尘,故人如梦,登高还懒。

数点寒英,为谁零落,楚魄难招,暮寒堪揽。步屟荒篱,谁念幽芳远。一室秋灯,一庭秋雨,更一声秋雁。试引芳樽,不知消得,几多依黯。

"一室秋灯,一庭秋雨,更一声秋雁。"深沉哀怨,亡国的酸楚无过于此,这首词确实笼罩在一片绝望凄惨的心境之中,王沂孙此时已是年近七旬的老人,风烛残年,回顾生不逢时的一生,他还能说什么呢?

王沂孙去世后,张炎写了一首《琐窗寒》悼念他:

王碧山又号中仙,越人也。能文工词,琢语峭拔,有白石意度,今绝响矣。余悼之玉笥山,所谓长歌之哀,过于痛哭。

断碧分山,空帘剩月,故人天外。香留酒嫃,蝴蝶一生花里。想如今、醉魂未醒,夜台梦语秋声碎。自中仙去后,词笺赋笔,便无清致。

都是。凄凉意，怅玉箸埋云，锦袍归水，形容憔悴。料应也、孤吟山鬼。那知人、弹折素弦，黄金铸出相思泪。但柳枝、门掩枯阴，候蛩愁暗苇。

词序中说王沂孙"能文工词，琢语峭拔，有白石意度"，南宋末的三大婉约词家——周密、王沂孙、张炎均有姜夔的影子，周密失之于绵密，类似吴文英，张炎欠缺于开阔，不够深沉，而王沂孙兼有两家之长，而无两家之短。"蝴蝶一生花里"形容得十分到位，纵观《碧山词》全集，色彩迷离，意境幽远，如同蝴蝶在花丛中飞舞，给人唯美而飘忽的感觉。

张炎晚年在《词源》中写道："诗难于咏物，词为尤难。体认稍真，则拘而不畅；模写差远，则晦而不明；要须收纵联密，用事合题，一段意思，全在结句，斯为绝妙。"①诗歌，特别是五言律诗、七言律诗，本是戴着镣铐起舞的文字艺术。词和诗一样讲究字数、平仄、格律，而且须合乎音律，配乐演唱，相当于戴上了双重镣铐。而咏物词在这些基础上，还要吻合所咏之物的习性特点，寄托作者的情怀理想，不能太露骨，也不能太晦涩，更是镣铐沉沉，难上加难，没有高超的文字造诣和思想境界难以驾驭。

王沂孙咏物词常见的方法是感物起兴，他所咏叹的大多数是身边常见的物景，如红叶、落叶、苔梅、红梅、梅影、碧桃、牡丹、海棠、石榴、白莲、水仙、橄榄、樱桃、莼、雪花等，借物托义，表达言外之意，包含了家世之感、家国之哀、山河之悲，文笔精美、高雅沉郁、缠绵热

---

① 张炎.词源注[M].夏承焘,校注.北京:人民文学出版社,2018:21.

烈,确实达到了绝妙的程度,堪称一代名家。

比如他咏牡丹:"自真妃舞罢,谪仙赋后,繁华梦、如流水。"

咏海棠:"叹黄州一梦,燕宫绝笔,无人解,看花意。"

咏白莲:"太液荒寒,海山依约,断魂何许。""三十六陂烟雨。旧凄凉、向谁堪诉。如今漫说仙姿自洁,芳心更苦。"

咏萤火虫:"记穿柳生凉,度荷分暝。误我残编,翠囊空叹梦无准。"

咏春水:"沧浪一舸,断魂重唱苹花怨。"

咏新月:"千古盈亏休问。叹慢磨玉斧,难补金镜。"

清代词学家陈廷焯评论道:"诗外有诗,方是好诗。词外有词,方是好词。古人意有所寓,发之于诗词,非徒吟赏风月以自弊惑也。少陵诗云:甫也南北人,早为诗酒污。具此胸次,所以卓绝千古。求之于词,旨有所归,语无泛设者,吾惟服膺碧山。"①将王沂孙与诗圣杜甫相提并论,可见陈氏对他的认可,值得我们认真参考。

① 陈廷焯.白雨斋词话[M].彭玉平,导读.上海:上海古籍出版社,2011:246.

张炎

　　《红楼梦》第五回"贾宝玉神游太虚境"中，警幻仙姑转述宁荣二公的话："吾家自国朝定鼎以来，功名奕世，富贵流传，已历百年，奈运终数尽，不可挽回！我等之子孙虽多，竟无可以继业者。惟嫡孙宝玉一人，禀性乖张，性情怪谲，虽聪明灵慧，略可望成，无奈吾家运数合终，恐无人规引入正……"

　　《红楼梦》只是一部小说，而南宋张氏家族的百年浮沉，却是一部现实版的宁荣二府。宁荣二公靠军功起家，被封为国公；而张家的发迹者张俊，依靠军功和皇帝的宠信，进封清河郡王。宁荣二府坐收庄园租税，生活豪奢。张家则是南宋第一大地主，占有良田一百万亩，每年收租米六十万斛，吃一顿饭就要花上千两银子，荣华富贵，百年不衰；荣国府诗书传家，张家重视教育，出了好几位诗人、学者，并且频繁举办诗会沙龙，俨然是当时的文坛中心。宁荣二府败于末世，毁于问罪抄家；南宋灭亡，张家也没有逃脱被灭族抄家的命运。张炎，这位前半生风流多情、游戏人生的贵公子，正如贾宝玉一般，一夜之间从天堂跌落至地狱，沦为落魄乞丐，在兵荒马乱中苟全性命，被迫漂泊江湖，尝尽了世态炎凉，在凄凉绝望中走完了下半生。

清朝人江宾谷《题山中白云词疏证稿》中有诗感叹张炎遭遇：

落魄王孙可奈何，暮年心事泣山河。

商量未是人间调，一片凄凉不忍歌。

一

在南宋初年秦桧炮制的岳飞冤案中，张俊扮演了令人不齿的帮凶角色。靠着这份政治投机，张俊取得了高宗和秦桧的信任，赏官封爵，大发横财，获得极为丰厚的利益回报。岳飞之孙岳珂说他"占田遍天下，而家积巨万"。张俊贪财，朝野皆知。一天，宋高宗宴请文武大臣，一个戏子对皇帝说："我精通天文，世间贵人都和天上星宿对应，我只需要一文钱对着在座的各位贵人一照，便可知其对应的星相。"高宗同意。戏子装模作样拿着铜钱一一看过，先看皇帝，说这是"帝星"，然后看秦桧，说是"相星"，看到张俊，停了停又看了看，说看不见了，解释道："看不见星相，只见张郡王坐在钱眼里。"众人哄堂大笑。

依靠强取豪夺和贪污受贿，张俊迅速聚敛起巨额的财富，家产

超过了最富庶的绍兴府一年税收的两倍，是南宋当之无愧的首富。高宗反而对他十分放心，因为追求享乐的人，内心大抵只有媚骨，没有硬骨。钱财对皇家来说不算什么，他们担心的是手握重兵、有号召力的将领。张俊家里银子堆积如山，他把这些银子铸成了一个个大银球，每个重达一千两，没事就拿出来欣赏一番，还给银球取名"没奈何"，意思是小偷都搬不走。

有人说，张俊是"靖康之变中最大的获利者"。虽然他是五大三粗的西北军人出身，但为官之道却玩得精熟。皇帝要他干的事，从不含糊；皇帝不许他干的事，绝无二话；皇帝想做而没有做的事，他抢先就做了；皇帝想做而不方便做的事，他也做了，还主动帮皇帝"背锅"。他虽然曾手握重兵，镇守一方，却把自己当成了皇帝的家奴、忠犬。这样的下属，哪个皇帝会不喜欢？

司马迁在《史记·伯夷列传》中感叹：天道有言，好人必有好报。但为何像伯夷、叔齐这样的善人，积仁洁行，却饿死在首阳山；颜回这样的贤才，贫病早亡？反而盗跖这种杀人如麻的江洋大盗却安享富贵，逸乐终身，累世不绝。这难道就是所谓的天道吗？这是多么不公平啊！

然而，在黑暗的专制时代，人际关系是一切政治权力的核心，只要取得最高当权者的信任，就能平步青云，为所欲为。

《红楼梦》里描写"元春省亲"一幕极尽华丽铺张，但比起绍兴二十一年（1151年）宋高宗临幸张府，张俊设宴招待宋高宗、秦桧等的奢侈排场，就是小巫见大巫了。为了安排好这场宴帝家宴，张俊可谓用尽了心思。

接待流程,分为初坐、再坐、正坐、歇坐四轮:

"初坐"就是宋高宗一行人进了门,要坐下喘口气。这个时候上果品,号称"绣花高饤八果垒",分别堆垒着香圆、真柑、石榴、橙子、鹅梨、乳梨、榠楂、花木瓜。这八品水果并不用来食用,只用于观赏。然后宋高宗就假模假式地在张俊的府上举行了一些仪式,号称办公。

洗完手再上桌,叫"再坐",又上菜品六轮,每轮约十一行,总共是六十六行果品。包括十二味干果,荔枝、龙眼、香莲、榧子、榛子、松子、银杏、梨肉、枣圈、莲子肉、林檎旋、大蒸枣,而后捧出的是十盒"缕金香药":脑子花儿、甘草花儿、朱砂圆子、木香丁香、水龙脑、史君子、缩砂花儿、官桂花儿、白术人参、橄榄花儿。

紧接着端出来十二品"雕花蜜煎",有雕花梅球儿、红消儿、雕花笋、蜜冬瓜鱼儿、雕花红团花、木瓜大段儿、雕花金桔、青梅荷叶儿、雕花姜、蜜笋花儿、雕花橙子、木瓜方花儿,从命名不难想见其玲珑剔透的雕花造型。

接下来是十二道"砌香咸酸":香药木瓜、椒梅、香药藤花、砌香樱桃、紫苏奈香、砌香萱花柳儿、砌香葡萄、甘草花儿、姜丝梅、梅肉饼儿、水红姜、杂丝梅饼儿。

接着是十味脯腊、冷盘,有线肉条子、皂角铤子、云梦犯儿、虾腊、肉腊、奶房、旋鲊、金山咸豉、酒醋肉、肉瓜齑。

接着"垂手八盘子",有拣蜂儿、番葡萄、香莲事件念珠、巴榄子、大金桔、新椰子象牙板、小橄榄、榆柑子。

至此,对高宗的第一巡招待告一段落。高宗在张府也有些活

动,如推恩仪式等,兄弟、儿子、孙子与侄子、侄孙都赠官赐爵不等,妻妾、弟妇、女儿、儿媳、孙媳乃至侄媳都分封命妇有差。

高宗再落座后,第二巡款待开始,这叫"正坐"。正式的御筵才开始。正式的御筵有下酒菜十五盏,每一盏是两道菜,总共正菜是三十道,光是吃螃蟹,就有洗手蟹、螃蟹酿橙、螃蟹清羹和蝤蛑签四种吃法。最后是"歇坐",此时上不记入正菜的二十八道小菜,这还只是给宋高宗一个人开的菜单,其他像秦桧父子、随行的各品大员等,每个人都有针对自己不同的菜单。基本上就是君臣各人,每人一桌……①

这场宴席可谓前无古人,后无来者。宋高宗在位三十六年,只去过两个大臣家,而且每家只去过一次,一次是秦桧家,一次就是张俊家,可谓门庭显荣至极。张氏家族这顿酒宴的付出,立即得到了回报,其家属亲眷共计三十人得到了朝廷"推恩",也就是进入了官僚阶层。

二

张俊虽然富可敌国,但发的都是不义之财,他心知肚明。为了洗白这些财富,张氏家族一方面极力讨好皇室,另一方面对佛教表现出极大的虔诚。张家捐献了不少房屋作为寺院,又不断施舍钱财

---

① 周密.武林旧事[M].北京:中华书局,2007:231—241.

建造寺院,还奉献出大量的土地田产。大概是为了洗刷家族罪责,张家的家规规定,女性成员到一定年龄必须出家为尼姑。据说张俊的孙女张真寂就自幼奉敕带发修行,守卫慈福宫香火,张家还专门为她创建新的尼姑庵,好似《红楼梦》中的妙玉,她后来被人称为"妙明惠懿大师"。

与此同时,张家加紧实现由武向文的转型。张俊很清醒,靠军功得来的爵位毕竟难以长久,只有让子孙考取功名,入朝为官,才能永葆家族显贵。于是张俊在家中设置学堂,购买大量图书,给子弟聘请名师严格训练。到张家第三代时,终于培养出一位进士张宗元,张宗元的儿子张镃、张鉴均为文学爱好者。张镃借父祖遗荫,先加官奉议郎,后任大理司直。淳熙五年(1178年),以直秘阁通判婺州(今浙江金华)。淳熙八年(1181年),任临安通判。淳熙十二年(1185年),张镃在南湖(在今杭州城北)北滨购地百亩,构置南湖园林(时称"赛西湖"),声妓服玩之丽甲天下。南湖是一座规模庞大的私家园林,至少含有八处景致,即阆春堂、烟波观、天镜亭、御风桥、鸥渚亭、把菊亭、汛月阙、星木字旁差。张镃闲暇之余,引客携觞,幅巾曳杖,啸歌往来,怡然忘归,其高雅的生活情趣绝非后世的乔家大院等可比。

张镃将自己的大部分时间用来侍弄花园,他也懂得怎样欣赏和享受茶道、饮食、古玩、器物。他在《赏心乐事》中不厌其烦地罗列了一年十二个月的游赏生活,比如正月"湖山寻梅""揽月桥看新柳""安闲堂扫雪";二月"餐霞轩看樱桃花""杏花庄赏杏花";三月"清明踏青郊行";四月"芳草亭斗草""玉照堂尝青梅";五月,"清夏堂

观鱼""水北书院采蘋";六月"西湖泛舟""芙蓉池赏荷花"……①让豪贵生活与文学追求如此契合者,在中国历史上也是屈指可数的。凭借雄厚的经济实力,张镃、张鉴兄弟四处结交名人文士,在家组织文艺沙龙,成为临安文坛的活跃分子,张府俨然成为当时的文联大本营。只要遇上好天气,或正当花艳时节,张氏兄弟必然在家中置酒会客,会聚名士大夫,号称"牡丹会",在上流社会中名噪一时。

一位副部级官员曾赴张家的牡丹会,亲身体验到什么是奢华雅致,天上人间。客人来齐之后,聚坐在客厅内,有专人将帘幕升起,顿时闻到一股异香。侍女们捧着酒水小吃,鱼贯而出;另有十名歌妓,穿着统一的白衣,衣服上印有牡丹图样,佩戴的首饰也是牡丹造型。一时音乐声响起,歌妓中一人唱《照殿红》曲。曲歇,帘幕垂下,众人饮酒论曲,谈笑自若。过了一会儿,帘幕再次拉起,又有十名歌妓出来添酒、演唱,有的衣服变成了紫色,头上簪白花,有的衣服是鹅黄色,头上戴紫花,有的衣服大红色,头上戴黄花。如此,总共上了十轮酒,每上一道酒,歌妓的穿着装饰各不同。烛光香雾,歌吹杂作,天风海曲,客人皆恍然如仙游之中。②

参加牡丹会的大多是文化圈的名流,并非浪得虚名之辈,连杨万里、范成大、陆游、姜夔等都曾是张府的座上客,远在江西的辛弃疾也与张氏兄弟有诗词往来。张镃曾约画家马远作了一幅长卷,描绘在自家园林的社交聚会。画面中心,是张镃正在长案上书写诗

① 周密.武林旧事[M].北京:中华书局,2007:251—254.
② 上海古籍出版社.宋元笔记小说大观(五)[M].上海:上海古籍出版社,2001:5683—5684.

作,来宾和侍女们正环绕观摩。这幅画有幸流传了下来,名为《春游诗会图》,现藏美国密苏里州堪萨斯市纳尔逊艾金斯美术馆。

张氏兄弟固然是膏粱子弟,但礼贤下士,慷慨大方,待人真诚。张镃先后从杨万里、陆游学诗,杨万里推许张镃为后辈俊杰,作诗称赞他:"尤萧范陆四诗翁,此后谁当第一功? 新拜南湖为上将,更差白石作先锋。"江湖词人姜夔与张鉴交情深厚,张鉴曾供养姜夔十年之久。姜夔曾感激地说:

> 嗟乎! 四海之内,知己者不为少矣,而未有能振之于窭困无聊之地者。旧所依倚,惟有张兄干甫,其人甚贤。十年相处,情甚骨肉。而某亦竭诚尽力,忧乐关念。平甫念其困踬场屋,至欲输资以拜爵,某辞谢不愿,又欲割锡山之膏腴以养其山林无用之身。惜乎平甫下世,今惘惘然若有所失。人生百年有几,宾主如某与平甫者复有几,抚事感慨,不能为怀。①

张鉴提出要为他捐钱买官和割送良田,不过,这些美意均被清高自爱的姜夔婉言推辞了。姜夔在张府不仅作一名清客,也与张氏子弟商榷诗文音律。得到这位大词人的长期指点,张氏子孙大多精通音律词法,也承袭了姜夔骚雅的词风。姜夔一生未收徒,但张镃的孙子张枢、曾孙张炎可算他的关门弟子。张炎的作品被人评论为"有姜尧章深婉之风",因此文学史上有"姜张"并称之说。

---

① 姜夔.姜白石词笺注[M].陈书良,笺注.北京:中华书局,2017:3.

三

张枢也是靠恩荫入仕的,为宣词令、合门簿书,详知朝仪典故,属于清要之职,主要"掌朝会、宴幸、供奉、赞相、礼仪之事"。虽无实权,却能保证张枢能如先辈一样过着富贵闲雅的生活,又远离政治,专以诗词音律为事。周密称他"笔墨萧爽,人物酝藉。善音律,音韵谐美,真承平佳公子也"。张枢大概是处女座,他对词曲和谐的要求近乎苛刻,以至于"每作一词,必使歌者按之,稍有不协,随即改正"①。他曾按曲谱填词《瑞鹤仙》,发现有一"扑"字似乎有点不协调,遂改为"守"字。

张枢、张炎父子继续了张镃会客论诗的传统,他们和周密、杨缵共同组织发起西湖吟社,延揽各路文人墨客。张枢还专门营建了"吟台",供词友集会听曲论词所用。一次,周密到张枢家中参加吟社,铺案写下一首词作,张枢连忙吩咐家妓即按新律抚琴演弹,大家则饮酒助兴。一旦曲有误,张枢就令家妓止声,反复斟酌改正,必使之和美流畅。第二天一早,张枢让人把歌词刻在吟台的雕梁画栋之上。张炎晚年回忆说:"昔在先人侍侧,闻杨守斋、毛敏仲、徐南溪诸公,商榷音律,尝知绪余,故生平好为词章,用功四十年。"②

张炎出生于宋理宗淳祐八年(1248 年),为张枢独子,从小锦衣

---

① 唐圭璋.词话丛编[M].北京:中华书局,1986:256.
② 张炎.词源注[M].夏承焘,校注.北京:人民文学出版社,2018:9—10.

玉食,集千万宠爱于一身。张炎是郡王的后代,家里放着几辈子花不完的钱,走到哪里都是贵客临门,前呼后拥,花团锦簇。但张炎和父亲一样,并不热衷于官场蹭蹬,他喜欢的是和词人墨客饮酒赋诗,或与三五好友携壶外出,尽情享受临安的繁华。好友郑思肖在《山中白云词序》中对张炎有这样的一番描绘:"吾识张循王孙玉田辈,喜其三十年汗漫南北数千里,一片空狂怀抱,日日化而为醉。自仰板姜尧章、史邦卿、卢蒲江、吴梦窗诸名胜,互相鼓吹春声于繁华世界,飘飘征情,节节弄拍,嘲明月以虐乐,卖落花而赔笑……自生一种欢乐痛快。"家族的豪贵使他可以整日躺在温柔乡中,尽情施展自己的爱好,这是多少人梦寐以求的生活。

一日,张炎和周密、王沂孙、戴表元等人相约西湖。张炎晚到,正当众人等得不耐烦的时候,只见张炎带着几个随从骑马,从柳荫深处缓缓而来。张炎戴着轻纱小帽,身着宽大的袍服,里面穿着名贵丝绸做成的衣服,从一匹青色的名马上一跃而下。戴表元不禁失声赞叹:"真神仙中人也!"

大家在春色中泛舟西湖,家奴铺开餐几桌椅,端上食果,童仆烫酒,歌妓吹笛。众人嬉笑欢饮,联句对歌。春天的西湖花秀山青,如蓬莱仙境。大词人姜夔一生漂泊,最爱西湖,他在《角招》序中描绘道:"山横春烟,新柳被水,游人容与飞花中。"有一位外地秀才来游西湖,感叹道:"青山四围,中涵绿水,金碧楼台相间,全似着色山水。独东偏无山,乃有鳞鳞万瓦,屋宇充满,此天生地设好处也。"①

---

① 上海古籍出版社.宋元笔记小说大观(六)[M].上海:上海古籍出版社,2001:5829.

张炎等人西湖游赏不是一味奢靡，他们追求品质和风雅，把艺术融入生活情趣之中。午后游人去尽，西湖别有一番清虚景致。

各人已有醉意。周密提议以"春"为题，各填词一首。张炎取过纸笔，略加思索，即写下一篇《南浦·春水》：

波暖绿粼粼，燕飞来，好是苏堤才晓。鱼没浪痕圆，流红去，翻笑东风难扫。荒桥断浦，柳阴撑出扁舟小。回首池塘青欲遍，绝似梦中芳草。

和云流出空山，甚年年净洗，花香不了？新绿乍生时，孤村路，犹忆那回曾到。余情渺渺，茂林觞咏如今悄。前度刘郎归去后，溪上碧桃多少。

写毕，众人齐声叫好。这首词从西湖碧绿的湖水、燕子、苏堤、鱼、湖上的扁舟写起，联想到池塘、芳草、溪水，好像一幅小巧精致的风景画，文辞优美、状物工巧，绘出一幅贤俊觞咏、桃园感怀的场景，张炎在词里把自己和词友们比作晋代游于山阴兰亭的王羲之、谢安等人。"鱼没浪痕圆""荒桥断浦，柳阴撑出扁舟小"，写得真是工巧清雅，是千古名句。这首咏物词超凡脱俗，以至于之前咏春水的词都被人遗忘掉了，此后，张炎便得了一个"张春水"的雅号。

此时张炎年过二十岁，风流倜傥，每次词会少不了召集歌妓相伴。宋代娱乐业空前繁荣，勾栏酒肆比比皆是。《梦粱录·妓乐》中写有"街市有乐人三五为对，擎一二女童舞旋，唱小词，专沿街赶趁。元夕放灯、三春园馆赏玩，及游湖看潮之时，或于酒楼，或花衢柳巷妓馆家祗应"。即使欧阳修、苏轼、辛弃疾、姜夔这样的大才,也留下了不少与歌妓交往的八卦故事。张炎跟临安城里的几位歌妓交往甚密,正如前辈词人柳永、秦观、周邦彦、吴文英等人一样,张炎也曾专门为歌妓写词,如《好事近·赠笑倩》:

> 葱茜满身云,酒晕浅融香颊。水调数声娴雅,把芳心偷说。
> 风吹裙带下阶迟,惊散双蝴蝶。佯捻花枝微笑,溜晴波一瞥。

张炎多情,但词多雅丽清秀,决无柳永笔下"酒力渐浓春思荡,鸳鸯绣被翻红浪"那种露骨艳词。他为好友陆行直家的歌女写过一首《清平乐》,其中有"月落沙平江似练,望尽芦花无雁",字里行间透露出一种清空格调,对身份低下的歌女充满了怜惜,与写"落花人独立,微雨燕双飞"的小晏有相似之处。在当时交往的歌女之中,真正让张炎产生爱慕之情的是苏柳儿。

> 楚腰一捻。羞翦青丝结。力未胜春娇怯怯。暗托莺声细说。愁蹙眉心斗双叶。
>
> 正情切。柔枝未堪折。应不解、管离别。奈如今已入东风睫。望断章台,马蹄何处,闲了黄昏淡月。
>
> ——张炎《淡黄柳·赠苏氏柳儿》

这首词上片描绘了苏柳儿的神仙体态,"楚腰"即细腰,春秋时楚灵王好细腰女子,后来人用楚腰来形容女子身材婀娜;紧接着写春寒尤凛,柳儿娇怯,两道叶眉聚拢眉心,用莺雀一般的声音呜咽。小鸟惧寒时,就会发出啾啾的柔声。有这样细致的描写,大概张炎

正把柳儿搂在怀中。下片叹息无奈分别,"正情切,柔枝未堪折",化用唐诗中的"花开堪折直须折,莫待无花空折枝";"望断章台,马蹄何处,闲了黄昏淡月",写出了张炎不忍分别的惆怅心情。

古代明媒正娶的婚姻,鲜有跟爱情搭边的。那时谈婚论嫁,考虑的是门当户对和生辰八字,决定权在父母长辈,从来不会考虑两个人是否有爱情,大部分夫妻在洞房花烛之前连面都没见过,如李清照和赵明诚这样两情相悦的几乎就是绝配了。宋代没有什么社交工具,人们的交友圈是很狭窄的,张炎能够交往到的异性,除了家中的婢女,大概只有西湖边勾栏瓦舍中的歌女了。宋代歌女的文艺素养很高,她们从小接受诗书礼乐的严格训练,填词和歌唱都能达到专业水平。宋代最有名的歌女李师师,连徽宗皇帝都为之倾倒。她们不仅技艺高超,还能配合专业词人创造出更多作品。大词人姜夔的曲艺创作就需要歌女配合试唱,不断修改完善。苏柳儿能歌能词,又长得花容月貌,张炎对她一见倾心。没有谁不需要爱情。

但他不能把一名歌女娶进门,这是由两人的身份所决定的。张炎贵为郡王后代,也不得不遵循父母的指令。张炎曾为柳儿海誓山盟,只等时机一到,就为她赎身,带着她远走高飞。但世事无常,不久元军攻破临安,南宋江山变色,苏柳儿生死不明,给张炎留下了终身遗憾。十八年后,张炎北上大都,偶然在席间听到了有人弹唱苏柳儿曾赋的歌曲,不禁感慨伤怀,泪下衣衫,吟诵起刘禹锡"春尽絮飞留不住,随风好去落谁家"的诗句。

苏柳儿像柳絮一样飘落尘世,了无痕迹。她是亡于兵灾,还是花落有主,已嫁为人妇?张炎追悔青年时代的犹豫和软弱,想起唐代诗人杜牧的故事。杜牧早年游湖州识一民间女子，年十余岁。杜牧与其母相约过十年来娶，后十四年，杜牧始出为湖州刺史，女子已嫁人三年，生二子。杜牧感叹其事，作绝句《叹花》："自恨寻芳到已迟，往年曾见未开时。如今风摆花狼藉，绿叶成阴子满枝。"张炎思绪潮涌，写下了一首《虞美人·忆柳曲》：

修眉刷翠春痕聚。难剪愁来处。断丝无力绾韶华。也学落红流水、到天涯。

那回错认章台下。却是阳关也。待将新恨趁杨花。不识相思一点、在谁家？

四

后人检讨南宋灭亡的原因，除了政治腐败、军事不振外，外交上的昏庸也不可轻忽。1259 年，蒙、宋鄂州之战，贾似道遣密使面见忽必烈，口头允诺宋廷愿划江为界，岁纳银绢二十万两匹为议和条件，劝忽必烈退兵。中统元年（1260 年）忽必烈派遣郝经作为全权代表出使南宋，打算按贾似道在鄂州城下提出的议和条件，与南宋朝廷谈判。哪知郝经一行人一入宋境就被扣押，被长期软禁起来。南宋君臣完全不顾外交礼节，既不会见郝经，也不答复郝经的请求，更不放郝经回国，好像没有这回事儿一般。郝经及其随从在南宋困守长达十六年。

德祐元年（1275 年），蒙古大军攻克襄阳后，继续挥师南下，连破州

县,临安危在旦夕。忽必烈以为,宋朝败师丧地,几无可用之兵,宋朝君臣如热锅上的蚂蚁,现在派使者前去谈判,索要天价岁币,宋朝皇帝只会满口答应。于是德祐元年(1275年)三月,忽必烈再次派遣亲信礼部尚书廉希贤、工部侍郎严忠范持国书使宋。三月十五日,使者抵达临安城北面的独松关,守备的宋军将领张濡(张炎的祖父),不由分说地把严忠范抓起来杀死,把廉希贤绑起来送到临安报捷,廉希贤到临安后不久受伤死去。两国交兵,不斩来使,况且这边还是命悬一线的弱国。南宋的荒唐做法彻底激怒了忽必烈,南宋失去了最后的一线生机,而张濡的鲁莽也为自己和整个家族招来了灭顶之灾。

身在临安的张炎对紧张局势浑然不知。他依然每天宴请宾客,吟风弄月。德祐二年(1276年),元军攻破独松关,张濡只身狼狈逃回临安,告知详情,家中才知大难临头,一时慌了手脚,急得团团转。三十六计走为上,但张濡和张枢都有官职在身,没有皇帝的许可,他们是无法离开临安城的。为今之计,只能求助于皇上,可皇上正准备将张濡当替罪羊抛出来,宰相陈宜中致书元军统帅说:"前杀廉希贤,乃边将所为,太皇太后及嗣君实不知,当按诛之。愿输币,请罢兵通好。"求助于豪门大族?张家本来就是豪门大族,没有比张家更大的了。唯有张炎是白身,于是张濡拍板,刻不容缓,张炎立即带上一些金银逃离临安城,跑得越远越好。张炎大哭不肯离家,张濡急忙令人把张炎带走,张家的香火得靠他延续。

在元军强大的武力威胁之下,主政的谢太后只得纳降。十二月,谢太后派官员上降表。正月二十四日,元军令南宋派宰相级别的官员北上大都朝见,于是,朝廷以吴坚、贾余庆等五人为祈请使,出城拜见元军统帅。朝廷百官多逃命而去,朝堂为之一空。二月一日,元军统帅率兵入城,首先接管临安各街道,没收军民兵器。十二日,元军索要宫女、内侍、乐官等,皇宫内大批宫女跳莲花池自尽。二十二日,元军将少帝、全太后及宗室、宫女、太学生等千余人俘虏送至大都软禁,只有太皇太后谢氏因年迈暂留在临安。

元军统帅伯颜没有杀太后和皇帝,但不可能放过张家。抄家的这一天终于到来了。二月底,春寒未褪,尘土漫天,群鸦飞舞。元军围住张郡王府,封锁一切出口,看管一切人员,先将张濡五花大绑,押送闹市,凌迟处死,以慰廉希贤之灵;然后把张氏全族分批关押,男丁全部杀死,妇女分给蒙古贵族为奴。张氏家族六代人积累的金银珠玉、古玩家私、书籍字画被查抄一空。当年张俊自夸"没奈何"的巨额家产,至此灰飞烟灭。元世祖下令一部分财物补偿给廉希贤之子,一部分充归国库。清代醇亲王曾感叹富贵人家"财也大,产也大,后来子孙祸也大",大概多少来自张氏家族的教训。

五

张炎逃跑到乡间,隐姓埋名,靠着身上的金银活下来,找了一处民居落脚。不久,临安的消息传来,无异于一场晴天霹雳,张炎几乎昏厥过去。祖父、父亲惨死,妻子被人掳走,家园被野蛮的元人占据,这是一场噩梦吗?李后主《破阵子》中云:"凤阁龙楼连霄汉,玉树琼枝作烟萝,几曾识干戈?"张炎没想到那些国破家亡的词句,竟

然变成了现实,降临在自己头上。

临安城破之前,张世杰、陈宜中等朝廷重臣,拥着杨太妃和益王、广王逃走了。一个月后,他们在福建建立天下兵马都元帅府,奉益王为嗣君,改元景炎。张炎想过前往福建投靠新朝廷,但他也知道,祖父张濡擅杀使臣,是这场灾难的导火索,时人大都认为"籍使独松关之使不死,宋之存亡未可知"。如果他前往南方,难保小朝廷不追究责任。暂时哪里都不能去,只能待在乡间观察时局,每日借酒浇愁。

习惯了大手大脚花钱的他,根本不知道如何做长久计划,随身携带的金银眼看就要花完了,张炎动了回临安的念头。虽然家被抄了,但叔祖父张济一家可能还活着,临安城里还有张家的一些店铺和酒肆,不知道是被没收了,还是在继续营业?再三考虑后,1278年,张炎偷偷返回了杭州。

杭州城里依然戒备森严,到处都有元兵把守和巡逻,夜晚还有宵禁。他不敢返回自家园林,害怕被人认出。他在杭州待了几天,才知道所有房产店铺都被元人接管,歌妓们也被他们带走了,亲戚朋友大多下落不明。如今真的山穷水尽,从前视钱财为粪土的他,现在觉得一文钱都弥足珍贵。今后的日子,得靠自己赚钱活命。

他路过西湖边的庆乐园,这里曾经是南宋两代权相韩侂胄和贾似道的故宅,煊赫一时,占去了西湖的一半。大诗人陆游曾受韩侂胄之邀,写下过有名的《南园记》,中有:"清泉秀石,若拱若揖。飞观杰阁,虚堂广厦,上足以陈俎豆,下足以奏金石者,莫不毕备。升而高明显敞,如蜕尘垢;入而窈窕邃深,疑于无穷。"继而陆游勉励韩侂胄继承祖先功业,勿忘国耻,抗金中兴。而今张炎却见到园内荆棘丛生、狐鼠成群,一块青石碑倒在荒草中间,偌大的园林四周,只剩下百余棵桂花树。昔日繁华歌舞场,今日凄凉满目荒。他不禁悲上心头,写了一首词《高阳台·西湖春感》:

接叶巢莺,平波卷絮,断桥斜日归船。能几番游,看花又是明年。东风且伴蔷薇住,到蔷薇、春已堪怜。更凄然,万绿西泠,一抹荒烟。

当年燕子知何处,但苔深韦曲,草暗斜川。见说新愁,如今也到鸥边。无心再续笙歌梦,掩重门、浅醉闲眠。莫开帘,怕见飞花,怕听啼鹃。

这首词意象凄美。上阕"接叶巢莺,平波卷絮,断桥斜日归船",写春天是实写;"东风且伴蔷薇住,到蔷薇、春已堪怜",写亡国破家之痛则是虚写。"万绿西泠,一抹荒烟"以景含情,以情带景。"抹"用在此处极好,写足了一望无际的荒凉景象。

下阕开头"当年燕子知何处"用一个问句承上启下,有"旧时王谢堂前燕"之意。"但苔深韦曲,草暗斜川"用了两处典故,"韦曲",是唐代门阀韦氏所居之处;"斜川",来自陶渊明《游斜川》诗,意为文人雅士郊游之地。"见说新愁,如今也到鸥边。"白鸥本是悠闲畅乐之鸟,如今竟也生出了新愁。可见,张炎追念过去的繁华不是直接倾泻而出,而是采取不直言的手法,不着一字,含蓄曲折。结尾"怕见飞花,怕听啼鹃",与上阕开头的"卷絮""巢莺"相呼应,营造了一种花飘风絮、杜鹃啼血的悲凉氛围,凄切哀苦,余音袅袅。清代词学

评论家陈廷焯称赞道:"凄凉幽怨,郁之至,厚之至。"但从中也能看出张炎性格的软弱,这么大的仇恨和悲情,在他的笔下却是淡然。对比同时人刘辰翁的《沁园春·送春》:

> 春,汝归欤?风雨蔽江,烟尘暗天。况雁门厄塞,龙沙渺莽,东连吴会,西至秦川。芳草迷津,飞花拥道,小为蓬壶借百年。江南好,问夫君何事,不少留连?
>
> 江南正是堪怜!但满眼杨花化白毡。看兔葵燕麦,华清宫里;蜂黄蝶粉,凝碧池边。我已无家,君归何里?中路徘徊七宝鞭。风回处,寄一声珍重,两地潸然!

毫无疑问,后者质朴直白,缅怀故国之情更为沉痛,感染力更强。不过正如杨海明先生所言:张炎在章法上也用了两个问句"能几番游?""当年燕子知何处?"来振起词情,产生"劲气暗换"的效应,又用"且""更""也""莫"和两个"怕"字绾合上下,使全词章法严整,又不失自然流动之势。①

六

读张炎的词集,我常常思考叔本华的"人生是一场无意义的悲剧"的著名观点,即世界的本体是意志,是一种盲目的冲动,经由感

---

① 杨海明.宋词三百首新注[M].镇江:江苏大学出版社,2010:305.

官所认识到的世界只是这份盲目冲动的不同表现,所以人的一生不断地在痛苦和无聊中摇摆。但人要盲目冲动到什么程度才算达到悲剧呢?芸芸众生,经受过的苦难再大,怕也比不过张炎的故事惨烈。遭遇这样的打击,普通人即使不寻短见,恐怕也要精神失常,而张炎却活了下来,居然还活到七十多岁。叔本华还说"审美是悲剧人生的麻醉剂",大概这就是答案吧。

就在张炎偷返杭州的这一年年底,灾难又一次降临到他头上。为了打击南宋遗民的反抗志气,盗取金银财宝,元廷指示番僧杨琏真伽盗掘南宋皇陵。一时间,南宋六陵都被打开,随葬财物被洗劫一空,诸帝及后妃的尸骨荡然无存。在这次惨绝人寰的盗墓活动中,远在无锡的张氏家族的祖坟也被连带挖了个底朝天。张家有钱,远近闻名,自然逃不过这场浩劫。

在汉族人眼中,掘人祖坟是最残忍、最恶劣的暴行,但在元朝的恐怖统治下,广大汉族人民均敢怒不敢言。几位南宋义士冒着杀头的危险,趁夜把散落荒野的帝后尸骨收拾埋藏起来,植树以记之。文坛盟主周密在绍兴召集各地文人前来秘密集会,以填词的方式隐晦地表达各自的深痛。失魂落魄的张炎在集会上见到多位词友,如王沂孙、仇远、唐珏、李彭老、王易简、吕同老、陈恕可等十余人,大家惊魂未定,同声一哭。几年不见,各人均有劫后余生之感。周密提议众人前往卧龙山,在苍茫林海中避人耳目。卧龙山下有一座蓬莱阁,蓬莱阁上可以西望钱塘江,东望曹娥江,北面是杭州湾。于是众人登高远眺,江天空阔,思绪纷飞。

众人分别以龙涎香、白莲、莼、蝉、蟹为题赋词,托物言志,表达

家国之情,后来人将这次集会创作的词汇编成册,取名《乐府补题》。《水龙吟·白莲》是《乐府补题》中的第二组词,共有九位词人参与创作。周密、王易简、陈恕可、唐珏、吕同老、赵汝钠、王沂孙、李居仁、张炎各填一首,王沂孙一人赋二首。张炎所作《水龙吟·白莲》如下:

> 仙人掌上芙蓉,涓涓犹湿金盘露。轻妆照水,纤裳玉立,飘飘似舞。几度消凝,满湖烟月,一汀鸥鹭。记小舟夜悄,波明香远,浑不见、花开处。

> 应是浣纱人妒。褪红衣、被谁轻误。闲情淡雅,冶容清润,凭娇待语。隔浦相逢,偶然倾盖,似传心素。怕湘皋佩解,绿云十里,卷西风去。

这首词饱含亡国之悲。第一句"仙人掌上芙蓉",把白莲比作仙人掌上的芙蓉,表明白莲的高贵身份;"涓涓犹湿金盘露",化用唐诗人李贺"金铜铅泪"诗句,营造出悲剧气氛。"轻妆照水,纤裳玉立,飘飘似舞",对白莲作进一步的勾勒,使白莲的形象更为具体。

"几度消凝",视角转为作者自身,说自己也曾几回在满湖烟月和一汀鸥鹭之中,凝望白莲,徘徊香径。他还记得,在那悄然静寂的夜色中,驾一叶小舟,湖中漂荡。可是眼前看到的只是淡白的湖光,鼻中闻到的只有缥缈的香气,莲花却混同于波明月白之中了。

在这样的朦胧迷离中,作者继续发挥想象,觉得白莲如此淡雅,大概是浣纱人(西施)嫉妒你的美丽,让你脱下了红色衣装,披上了一件白色罗衫,以为这样就能消减你的魅力。这几句既采用典故,又发挥了想象,意境悠长。紧接着,作者推出一连串白莲的特写镜头,描神不描形,承接上阕,深化主题。

结尾三句"怕湘皋佩解,绿云十里,卷西风去"再次用典。传说郑交甫在汉皋遇见两个女子,身上都挂着玉佩,郑交甫上前求她们相赠,两女子便解下玉佩给他。走了数十步,玉佩忽然不见,两个女子也消失了。郑交甫才意识到,她们是江水之神。因此,这里"佩解"是形容莲花落瓣,意指西风袭来,白莲花瓣纷纷吹落,徒然只剩下绿云十里在风中哽咽了。

这首词是张炎的咏物名篇之一,有总写,有分写,有远写,有近写,有正写,有侧写,章法多变,笔力矫健。最后几句则是花人合一,表达出对家国不幸的哀伤。

这次聚会之后,张炎就在绍兴住下来,以卖字画为生,不时得依靠王沂孙等朋友接济。他是一个除了舞文弄墨什么都不会的人,以前都有丫鬟、奴仆伺候,现在不得不自己洗衣叠被、买米煮菜,连喝口水都得亲自去井里打,艰难坎坷可想而知。他无时无刻不怀念着旧日家园,但渺然梦寐,愁思难已。他有时和王沂孙、徐平野等人一起去山中漫步,或到月下泛舟。天空水寒,古意萧飒。张炎的词作突飞猛进,除了一贯的文字精熟,构思巧妙,音律和美,更增添了沧桑之感,比如这首《渡江云》:

山空天入海,倚楼望极,风急暮潮初。一帘鸠外雨,几处闲田,隔水动春锄。新烟禁柳,想如今、绿到西湖。犹记得、当年深隐,门掩两三株。

愁余。荒洲古溆,断梗疏萍,更漂流何处。空自觉、围羞带减,影怯灯孤。常疑即见桃花面,甚近来、翻笑无书。书纵远,如何梦也都无。

张炎在词序中写道:"山阴久客,一再逢春,回忆西杭,渺然愁思。"这是一首思乡之词。"山空天入海",起首劈空而来,将山、天、海置于一句之中,气势浩博,不同凡响。"倚楼望极,风急暮潮初",登高望远,风急潮涌,借物起兴,营造出一幅壮丽的海天景象。紧接着"一帘鸠外雨,几处闲田,隔水动春锄",视角转移到眼前情景,寥寥几笔,绘出一派雨后闲情,生机盎然。这其实是以乐写哀的手法。"新烟禁柳"让人思绪重重,作者回想起了杭州西湖边的美好,当年家园藏于一排浓绿之中。今昔对比,涌起无限伤感。上阕写得明朗疏快,体现出张炎特有的清爽雅秀。

下阕转入内心的愁思,"荒洲古溆,断梗疏萍,更漂流何处",想到家园再也回不去了,过去的荣华富贵如流水般逝去。"空自觉、围羞带减,影怯灯孤",写腰围消瘦,衣带减缩,进一步书写漂泊孤寂之苦;"常疑"三句,叹别久故旧书信断绝。"桃花面"是化用崔护《题都城南庄》一诗"去年今日此门中,人面桃花相映红。人面不知何处去,桃花依旧笑春风"感叹物是人非。末尾"书纵远,如何梦也都无"以反问的语气,状沦落他乡之悲。张炎这首词写得清空转折,笔墨翻腾,感情真挚。好友郑思肖评论张炎道:"能令后三十年西湖锦绣山水,犹生清响。"确是妥当之语。

所谓没有比较就没有伤害。几年前,央视《朗读者》节目里有一

期关于故乡的话题,讲解嘉宾朗读了一首现代诗人写的思乡诗歌,节选部分:

我怀念,我至死也怀念,那样的夜晚,

火塘闪着微暗的火,亲人们昏昏欲睡,

讲述者还在不停地述说……我不知道谁能忘记!

我的怀念,是光明和黑暗的隐喻。

在河流消失的地方,时间的光芒始终照耀着过去,

当威武的马队从梦的边缘走过,那闪动白银般光辉的

马鞍终于消失在词语的深处。

这段诗相当于把白话分成了几个段落来说,并没有意思上的起转承合,想象力欠缺,只是把回忆一一罗列出来。相比张炎笔下的"常疑即见桃花面,甚近来、翻笑无书",既失疏快雅致,又缺乏感发的力量。《红楼梦》里香菱学诗时曾说:"我只爱陆放翁的诗,'重帘不卷留香久,古砚微凹聚墨多',说的真有趣!"黛玉却说:"断不可学这样的诗。你们因不知诗,所以见了这浅近的就爱,一入了这个格局,再学不出来的。"其实放翁此句不能算差,林黛玉的主张是说,诗人要怀有一颗多情的心去观照世间万物。这句"重帘不卷留香久,古砚微凹聚墨多"实在是太过冷静了,陆游并没有把"心"放在诗里,缺乏真挚而强烈的感情。但不可否认,古往今来,浅近的诗文确实拥有更多的追随者。

七

　　在这个满目疮痍的时代,任何人都逃避不了命运的安排。南宋灭亡之后,全国范围的灾害频发,洪水、旱灾、风灾、地震年年不断。至元二十三年(1286 年),杭州、平江二路遭洪灾,一万七千二百顷民田被破坏,百姓死伤无数。浙东地区群盗蜂起,人心思宋。至元二十六年(1289 年),元廷下令将江南赵氏子孙全部迁往京师,严加看管,以免惹出祸端。而元朝统治集团内部也矛盾重重,丞相阿合马被汉族官员刺杀后,又一个诛杀权臣桑哥的阴谋正在酝酿中。

　　至元二十七年(1290 年),张炎收到官府的一封征调令,让他在九月前往大都抄写《金字经》。原来,元朝皇帝崇藏传佛教,要举办大型佛事典礼。《金字经》字数繁巨,非几人之力可完成。这次组织写经,一方面是为徽仁皇后(元成宗的皇太后)祈福,另一方面是为了趁机分化瓦解江南遗民文人,给应召者提供一些官职,让一些有书画才干的人为自己服务。

　　张炎并不想去大都,但他清楚,自己是前朝罪官的后代,元廷能够征调他,说明完全掌控了他的行踪。如果拒绝征调,可能有性命之忧。就在前一年,谢枋得拒绝了他人的"荐举",被元朝皇帝派兵强行押送到大都,谢枋得义不降元,绝食而死。张炎不想做谢枋得,但也不能投靠杀祖杀父的元朝廷。他感叹,想学陶渊明归隐山林,但现时不比东晋,想隐而不能隐。

　　但从另一处想,去大都可能并非完全是一件坏事。自己的老母、妻子，还有心爱的歌女柳儿，在临安城破之后全部被掳掠至大都，卖与蒙古贵族为奴，不知存亡，十年生死两茫茫，或许到了大都，能够打听到她们的消息。张炎此时已四十三岁，苒苒老之将至，再找不到她们，可能今生无缘见面。

这年秋天，张炎与沈尧道、曾子敬自杭州启程，北上大都。元朝官府为他们提供沿途车马食宿。他得知，宋宗室子弟赵孟𫖯已提前抵大都，并接收了元廷官衔，现官居集贤直学士。九月末的一天黄昏，张炎等一行人抵达黄河。这是他第一次离开温暖的江南水乡，到达北方干燥冷清的黄河渡口，这里本是北宋故地，却让他产生了强烈的异国他乡的陌生感。他知道若不是被迫去大都抄经，此生做梦都梦不到这里。他想到"靖康之变"时，凶残的金国军队曾押送了徽宗、钦宗两位皇帝和随从三千多人经过这里，沿途遭受金军惨无人道的蹂躏，最后大部分人被押送到五国城那样的苦寒之地，再也没有回到家乡。他不禁气血上涌，毛发直立。西风残阳，芦苇沙鸥，河水莽莽，似有无数冤魂呜咽。伫立良久，他泣下数行，慷慨而歌，填词《壶中天·夜渡古黄河与沈尧道、曾子敬同赋》：

扬舲万里，笑当年底事，中分南北。须信平生无梦到，却向而今游历。老柳官河，斜阳古道，风定波犹直。野人惊问，泛槎何处狂客！

迎面落叶萧萧，水流沙共远，都无行迹。衰草凄迷秋更绿，唯有闲鸥独立。浪挟天浮，山邀云去，银浦横空碧。扣舷歌断，海蟾飞上孤白。

这首词苍凉寥廓、意气张扬，与张炎一贯的轻柔委婉迥异，可见地理环境对他心理的冲击之大。首三句中讲当年金国入侵，让北宋大片国土沦陷，一个"笑"字，透露了他内心的无奈。接下来是说自己在命运的捉弄下，阴差阳错地来到了黄河边，似乎见到了当年的金戈铁马。"老柳官河，斜阳古道，风定波犹直"以沧桑之笔写出黄河边驿站渡口的景色，大有李白《忆秦娥·萧声咽》中"西风残照，汉家陵阙"的意境。

"迎面落叶萧萧，水流沙共远"其后几句，视角转移到渡船之上，以线带面，描绘出黄河空旷的景象。"唯有闲鸥独立"，突出苍茫画面中的一个点，借物拟人，表达背井离乡的孤独感。"浪挟天浮，山邀云去，银浦横空碧。"张炎喜欢将天、山、云、空等词密集在一句或数句中，营造出一种浩然广博的气象。这是船行河心时所见。最后的"扣舷歌断，海蟾飞上孤白"是神来之笔，衬托出张炎孤愤的情绪，阔大雄浑，几可比肩苏轼的"赤壁词"。

抵达大都后，张炎一行受到了优待，元朝皇帝不仅给他们提供了舒适的住所和衣食，而且允许他们自由行动。于是张炎除了每天抄经之外，还能四处走走。之前都是听别人说大都如何繁华，自己亲眼见到才知不虚，"钿车骄马锦相连。香尘逐管弦"（《阮郎归·有怀北游》），小河旁边的柳树下，许多年轻女子聚集在一起。河中也有游船，船里坐着饮酒寻欢的显贵。他似乎找回了昔日临安的感觉。

张炎结识了另一位文人吴菊泉，他也是此次来大都的抄经者之一。两人谈笑欢畅，一同饮茶夜谈。张炎得知，邓文原、屠约、白珽、仇远、张槤等友人此时已被荐举为元官，大多得到了学正之职。吴菊泉吐露，此行他不仅为抄经，还希望求得一官半职，因为一家人需要他养活。张炎苦笑一下，噤口不言。吴菊泉察觉到了张炎似有不快，也就不再说下去了。

张炎对家人的牵挂与日俱增，在大都四处打听她们的下落。吴菊泉因为家人求官，可自己的家人现在哪里？南宋的宫女被掳掠至大都后，元朝政府下令将她们分给匠人为妾或为奴，许多人被折磨致死。自己的妻子、姐妹很可能也是这样的下场。对于妻子，张炎充满了愧疚，感到自己没有承担起一位丈夫的责任。他在《长亭怨·旧居有感》中写道：

望花外、小桥流水，门巷愔愔，玉箫声绝。鹤去台空，佩环何处弄明月？十年前事，愁千折、心情顿别。露粉风香谁为主？都成消歇。

凄咽。晓窗分袂处，同把带鸳亲结。江空岁晚，便忘了、尊前曾说。恨西风不庇寒蝉，便扫尽、一林残叶。谢杨柳多情，还有绿阴时节。

这首词从临安的旧宅写起，追忆曾经的美好。"佩环何处弄明月？""露粉风香谁为主？"感叹命运弄人。十几年前，他和妻子晓窗分袂，同结鸳带，好像就发生在昨天，如今已成梦境。当时只道是寻常，待到懂时已沧桑。"恨西风不庇寒蝉"是全词的点睛之笔，用寒蝉比喻亡国之余，再确切不过。"谢杨柳多情，还有绿阴时节"化用姜夔"树若有情时，不得青青如此"，用外物的生趣反衬内心的哀伤

和无可奈何。

吴梅先生说："玉田词皆雅正，故集中无俚鄙语，且别具忠爱之致。"①的确，张炎即使作亲情词，也字句斟酌，空灵飘逸。张炎评价李清照《永遇乐》说："而以俚词歌于坐花醉月之际，似乎击缶韶外，良可叹也。"②李清照词中常有"守着窗儿，独自怎生得黑""不如向、帘儿底下，听人笑语"之类口语化的表述，这是以杨缵、张枢为首的西湖吟社极力避免的笔法，被视为浅白不雅，太接地气。张炎秉承父辈们的词学创作理念，自然走上了与李清照相反的路子。

八

大都开始飘雪了，纷纷扬扬的大雪，在北风的呼啸中。张炎身上只有一件破皮裘，虽然房内烤火，还是挡不住呼啸的北风，他冷得不停地哆嗦。他摸摸身上还有几文钱，想起前几日路过的一间酒家，何不去打一壶酒，暖暖身子？

临近酒舍，他听见有人在里唱歌，曲调似曾相识。他侧耳静听，认出这是周邦彦的《意难忘》，张炎心惊："莫非是柳儿！"周邦彦的曲子并非大众，有较高的演唱难度，普通歌女难以驾驭，只在杭州的高档场所内才能听到。张炎连忙走进酒舍里查看，只见帘幕后面，香

---

① 吴梅.词学通论[M].徐培均,导读.上海:上海古籍出版社,2010:94.
② 张炎.词源注[M].夏承焘,校注.北京:人民文学出版社,2018:23.

气迷雾之中,一位女子正在动情演唱,另一女子正在弹琴。那唱歌的女子,似乎有一些年纪,穿着并不鲜艳,但歌喉婉转动人。张炎听出了她的杭州口音,真是同是天涯沦落人,相逢何必曾相识!他闭上眼,长叹一口气。

"来人可是清河王爷家公子?"歌声戛然而止,一个熟悉的声音传来。张炎定睛一看,那位歌女已走到面前。

"你是,你是……梅,梅娇!"

"我就是梅娇。张公子,你怎么在这里!"

两人不禁泪如雨下,话不成句。沈梅娇曾为临安名妓,与张炎熟识,后被元军掳至大都,历经波折,流落到酒馆茶楼以卖唱为生。西湖边柳荫花丛之中,众人弹瑟论词,梅娇脸若桃花,轻歌曼舞,好像仙云飘拂。往事不堪回首,十八年的霜风雪雨,在他们各自的脸上留下了伤痕。

十八年的天涯流落,两人都有说不完的话。张炎把身上所有的钱都摸出来换酒,两人对饮。梅娇告诉张炎,临安城破之时,柳儿生死不明,有人说她投水自尽,有人说她被元兵掳走。香痕已成梦,张炎无语凝噎,半晌,问梅娇,还记得那首周清真的《台城路》吗?那是柳儿最擅长的一曲。梅娇命人取过琵琶,悠悠地唱起来:"绿芜凋尽台城路,殊乡又逢秋晚。"

张炎自填了一首《台城路》:

十年前事翻疑梦,重逢可怜俱老。水国春空,山城岁晚,无语相看一笑。荷衣换了。任京洛尘沙,冷凝风帽。见说吟情,近来不到

谢池草。

欢游曾步翠窈。乱红迷紫曲,芳意今少。舞扇招香,歌桡唤玉,犹忆钱塘苏小。无端暗恼。又几度留连,燕昏莺晓。回首妆楼,甚时重去好。

天色已晚,张炎不得不离开了。梅娇问他,公子能为我写一首词吗?张炎点头答应。不假思索,在梅娇的一块手帕上写下了《国香》:

莺柳烟堤。记未吟青子,曾比红儿。娴娇弄春微透,鬓翠双垂。不道留仙不住,便无梦、吹到南枝。相看两流落,掩面凝羞,怕说当时。

凄凉歌楚词,褭余音不放,一朵云飞。丁香枝上,几度款语深期。拜了花梢淡月,最难忘、弄影牵衣。无端动人处,过了黄昏,犹道休归。

九

第二年春天,抄经的差使结束了。他借口"思江南菰米莼丝",断绝了为元朝当官的可能,带着疲惫和绝望返回了杭州。《壶中天·绕枝倦鹊》大概就写于此时:

绕枝倦鹊,褭萧萧、肯信如今犹客。风雪荷衣寒叶补,一点灯花悬壁。万里舟车，十年书剑，此意青天识。泛然身世，故家休问清白。

　　却笑醉倒衰翁，石床飞梦，不入槐安国。只恐溪山游未了，莫叹飘零南北。滚滚江横，呜呜歌罢，渺渺情何极。正无聊赖，天风吹下孤笛。

　　张炎格调似姜夔，主张作词须"清空"，即词意表达要清新空灵，峭拔疏快，自由舒卷，不留雕琢痕迹。其中一个手法就是要善于运用虚词，用虚词呼唤、承接词意，即适当地用词体特有的"领字"，比如一字领的"渐""纵""正""过"等；二字领的"都道""且莫""休问""还教"等；三字领的"念去去""但怪得""又却是"等。这首《壶中天》里，就有"肯信""却笑""只恐""莫叹"。领字的作用是穿插在句子之间，更便于情思的直接抒发，也使语气表达显得舒缓流畅。

　　他去看望了老朋友周密，周密此时年过六旬，染病不起。张炎告诉了周密一些在大都的见闻。周密原宅被兵毁后，一家人寄住在杭州的岳父家，有儿子周铸照料。两人谈起重建词社，周密伤感不已，觉得元朝的统治逐渐稳固，词友们走的走，死的死，隐居的隐居，当官的当官，人心已经散了，要重建当年的词社几乎没有可能。张炎把北上和近来写的词作都交给周密保管。周密把收藏的一幅王献之的拓字帖拿给他看，嘱咐他保重身体，并让他为自己的词集写序，张炎答应下来。

　　此后，张炎只身往来于杭州、绍兴、湖州、宜兴、天台等地，哪里能够找到生计就去哪里，但每个地方停留的时间都不长。他有一段时间寄住在钱塘县的学舍里，可能做了一段时间的教书先生。县学

的主管方子仁怜惜他的才学,向友人介绍他。恰好张炎的远亲张伯雨正在西湖替官府做救济善事,听说张炎在此,连忙把他带到自己家里去住。张炎临行前,与方子仁等友人乘舟泛湖,张伯雨提供茶具。大家在一起品茗论词,让张炎难得如此愉悦。

有一次,他遇到老友戴表元。戴表元见他穿着一件旧布袍,腰间挂着一个锦囊,脸色蜡黄,头发花白,请他喝酒,问:"叔夏兄这么来回奔走,不觉得累吗?"张炎不无沮丧地回答:"我囊中匮乏,只能这样来回奔走。如有贤人,我是愿意依附他的,但贤者大多也如我一样贫困。如能找一知己,我愿终身相随,可世间找到知己谈何容易啊。"两人喝至半醉,张炎意气风发,又唱起自己的得意词作《声声慢·秋》,流丽清畅,呜噫顿挫,王孙公子之气似乎并未褪色。

晴光转树,晓气分岚,何人野渡横舟。断柳枯蝉,凉意正满西州。匆匆载花载酒,便无情、也自风流。芳昼短,奈不堪深夜,秉烛来游。

谁识山中朝暮,向白云一笑,今古无愁。散发吟商,此兴万里悠悠。清狂未应似我,倚高寒、隔水呼鸥。须待月,许多清、都付与秋。

词坛上将姜、张并立,确实是有道理的。这首词深得姜夔"野云孤飞、去留无迹"之魂魄,酣畅淋漓,情调骚雅,一股飘逸苍凉之气在字里行间游走。"向白云一笑,今古无愁",正话反说,怎么会真的"无愁"呢?恰如姜夔思念分隔多年的红颜知己,写下"春未绿,鬓先丝。人间别就不成悲"的沉痛词句。

他常去一些故友家中谈词论画,借机蹭一顿饱饭吃。故友如陆屋,已做了元朝的廉访使,欣赏张炎的才具,多次表达了推荐他做官的想法,但张炎每次都拒绝出来做官。陆屋同时还推荐了另一位遗民词人蒋捷,但蒋捷也避而不见。张炎去一些达官显贵家中做客,厚着脸皮作食客。老朋友戴表元感叹,当年张郡王府曾收留过不少江湖文人,为他们解决一饭之忧。世事轮回,没想到现在张炎也沦落为文丐,四处求人收留。

四处漂泊的日子让他越来越疲惫,年过半百,凄惶无助,穷困交加,还没一处栖身之地,也没有糊口的本事。为了活下去,他不得不到街头摆摊,当一名算卦先生。据说,他晚年做了一名私塾先生,收了两个弟子,一名陆辅之,一名韩铸,是韩世忠的后人,后不知所终。《齐天乐》反映出他晚年落寞时的心境:

> 当年不信江湖老,如今岁华惊晚。路改家迷,花空阴落,谁识重来刘阮?殊乡顿远。甚犹带羁怀,雁凄蛩怨。梦里忘归,乱浦烟浪片帆转。
>
> 闭门休叹故苑。杖藜游冶处,萧艾都遍。雨色云西,晴光水北,一洗悠然心眼。行行渐懒。快料理幽寻,酒瓢诗卷。赖有湖边,旧时鸥数点。

颜翔林先生说:"一个追求完美主义和理想主义的个体,容易滋生孤独的心理。虽然孤独的心理对人生而言可能具有悲观和消极的作用,然而对艺术创造而言,却是一种积极的因素。"①与大多数伟

---

① 颜翔林.楚辞美论[M].北京:中国社会科学出版社,2012:7.

大的文学家一样,悲剧的人生成为铺就张炎词艺大道的奠基石。

张炎的一生就这样悄无声息地过去了。他死于何时何地,没人知道。姜夔死时家无丧资,是朋友凑钱才下葬的,想来张炎大概也如这般,或许更加悲惨。郑思肖《玉田词题辞》形容他:"自生一种欢喜痛快,岂无柔劣少年,于万花丛中,唤取新莺稚蝶,群然飞舞下来,为之赏听。"清代曹雪芹创造的贾宝玉,性格中多少有张炎的影子。世事变幻,白云苍狗,张炎的身体早已化为尘土,名字湮灭在历史的故纸堆中。

近代大学者王国维轻视南宋词,他说北宋之词有句,南宋以后便无句,如玉田(张炎)、草窗(周密)之词,所谓"一日作百首也得"者也。王国维厚爱五代和北宋的小令,但对南宋后期的慢词长调不以为然,觉得南宋词人总喜欢写隐语、绕圈子,不说明白话,好似雾里看花,甚至用"玉老田荒"嘲笑张炎的词风。然而,如果考虑到元初文网繁密高压的时代背景,就不得不说王国维苛求古人了。在一片白色恐怖中,在随时可能被抓走的情况下,用填词的方式委婉地表露神州陆沉的悲哀,也是一种对暴政的反抗,这是正义的,也是可以理解的。周密、张炎、王沂孙等集体创作的《乐府补题》在延续南宋词骚雅精工的基础上,融入了国仇家恨,扩大了咏物词的主题,深化了咏物词的理想寄托,价值不可否认,理应在华彩纷呈的宋词殿堂中占据一席之地。清代词学家朱彝尊评论道:"世人言词,必称北宋,然词至南宋,始极其工,至宋季始极其变。"①这里的"变"有两层

---

① 朱彝尊.词综·发凡[M].汪森编.上海:上海古籍出版社,1987:10.

意思，一是婉约词的主题从描述风花雪月为主，变为哀叹不幸身世和怀念故国的黍离之悲；另一层是在咏物手法上突破了传统上的精细描摹和比德畅怀，达到了一种描神不描形、物我同一的表达境界。张炎等南宋遗民词人的功绩是不可抹杀的。

《百年孤独》的作者马尔克斯说："生命中所有的灿烂，最后都要用寂寞来偿还。"在元代宋的历史时代中，杀戮造就了千千万万个家庭的不幸，最大起大落者，莫过于张炎。张炎用自己的血泪凝结成一部时代悲歌，留给后人一笔宝贵的精神财富。他的《词源》是每个学宋词的人的必读书，他提炼的"清空""骚雅"的词学创作理念，影响深远。他的学生陆辅之说："清空两字，一生受用不尽。"张炎的价值，清初被浙西学派重新发现并大力弘扬，"数十年来，浙西填词者，家白石而户玉田"，可谓风靡一时。他就像许多艺术品一样，几百年后才被人承认。

张炎的性格是逆来顺受的，他做不到江万里、文天祥、谢枋得那样刚强决绝、舍生取义，也做不到蒋捷那样隐居山林、不问世事，这是由他的家庭出身决定的，也就是我们常说的"小资产阶级的软弱性"。一个人的气质多半来自父母，我们不应苛求他。但我们看到，无论生存多么艰难，他都没有向元朝统治者去求一官半职，也没有出卖其他反对元朝的文人同类，守住了民族气节这条底线。相比他的六世祖张俊、曾祖父张镃，他的人品不知道要高多少倍，这是无论如何都值得肯定的。

让我们来重温他最有名的咏物词《解连环·孤雁》：

楚江空晚。怅离群万里,恍然惊散。自顾影、欲下寒塘,正沙净草枯,水平天远。写不成书,只寄得、相思一点。料因循误了,残毡拥雪,故人心眼。

谁怜旅愁荏苒。谩长门夜悄,锦筝弹怨。想伴侣、犹宿芦花,也曾念春前,去程应转。暮雨相呼,怕蓦地、玉关重见。未羞他、双燕归来,画帘半卷。

这是一篇励志之作。这首词对孤雁的刻画,可以说是穷形尽相,把家国之痛和身世之感尽蕴含在对孤雁这一形象的描绘中。大雁属鸟纲、鸭科,是雁亚科各种类的通称。大雁过群居生活,雁群以家庭为单位,通常成六只,或以六只的倍数组成。大雁婚配是一夫一妻的,它们对爱情忠贞,一只雁死去,另一只通常也会郁郁而终。《水浒传》第九十回《五台山宋江参禅 双林渡燕青射雁》中,宋江在行军路上忽然见到雁群纷乱,听见大雁惊鸣,一问方知燕青在射雁。宋江内心伤感,口中吟诗道:"山岭崎岖水渺茫,横空雁阵两三行。忽然失却双飞伴,月冷风清也断肠。"

开头"楚江空晚。怅离群万里,恍然惊散"写长天无际,一只离群孤雁形单影孤,在风声鹤唳的环境中高飞远遁。"自顾影、欲下寒塘",形象地描写出大雁犹豫彷徨的心境。古希腊哲学家德谟克利特说过:"在许多重要的事情上,人类是动物的学生。""沙净草枯,水平天远"仿佛使用超广角镜头,展示出一片寂寥空间,只有一只大雁飞来栖息,不仅起到鲜明的点染效果,更突出了大雁的孤独。

"写不成书"用《汉书·苏武传》的典故,把大雁作为传信的使者。大雁飞行时,排成一字型,或排成人字形,但孤雁排不成字,只能单飞,所以说"只寄得、相思一点"。"残毡拥雪",继续用苏武忠贞不屈的往事。书载苏武出使匈奴,被单于扣留,不肯投降,被匈奴人置于北海苦寒之地,不与饮食。苏武以毡毛为食,和雪咽下,数日不死。作者表达出对苏武的景仰和在元朝统治下义不屈节的意志。

"谁怜旅愁荏苒"暗喻自己多年流转无依的生活,曾作为避风港的家园早已被外人夺占,只能天涯沦落,愁苦随身。"谩长门夜悄"用汉武帝罢退陈皇后的典故,"谩"是领字,为无可奈何之意。以浑化无迹之笔,借陈皇后之事,将人、雁之"怨"一起写出。"锦筝弹怨"化用唐人钱起《归雁》中的"二十五弦弹夜月,不胜清怨却飞来",紧扣主题,抒发家破之愁无人可告、亦无人怜之的愁怨之情。

"想伴侣、犹宿芦花,也曾念春前,去程应转",表达对同伴思念和从前生活的眷恋。"暮雨相呼,怕蓦地、玉关重见",想象在瑟瑟秋风、潇潇暮雨中,望伴情切的空中孤雁,一声又一声地呼叫,找寻着同伴,它要尽最后一丝力量飞到它们身边,倾诉离后之情。它坚信,同伴们就在不远的前方。它又由"呼"而"怕"了,"怕"自己经受不住突然重逢雁群的巨大喜悦和幸福潮流。一个"怕"字,点出孤雁经过长途跋涉,备尝离群之苦后,幻想自己即将在"蓦然"间重见同伴时那种喜悦、激动而又不安、焦躁的矛盾心理。

作者意犹未尽,继续从虚处下笔,进一步替孤雁设想:"未羞他、双燕归来,画帘半卷。"哪怕再也见不到同伴了,也无愧于寄身画栋珠帘双双春燕。这是将"双燕"暗指归附元朝的投降者,寄人檐下,以博主人一笑,反衬出雁之孤高自傲的情怀,体现出作者义不屈节的坚强意志。

这首词状物言情极尽精巧而不着雕饰痕迹,将张炎遣词炼意、体物抒情的精湛造诣表现得淋漓尽致。从此,"张孤雁"的称号就非他莫属了,过去是,现在是,将来也是。

蒋捷

一

男人的二十五岁是什么样子？告别了青春期的懵懂和狂傲,开始认真审视自己,蓄势待发,昂扬斗志,热血满怀,浑身似乎有使不完的劲儿,犹如一枝雨后的翠竹,拔节疯长,一根根修长而锐利的枝条刺向碧蓝的天空;又好像一张吃饱了风的帆船,在两岸清亮的猿啼声中,轻快地驶向那梦想的渡口。

蒋捷二十五岁时,南宋王朝轰然垮塌,命运和他开了一个大大的玩笑。

两年前,蒋捷刚考中进士,可谓春风得意,二十年的苦读终得正果。虽然说宋代科举取士远比唐代多,但录取比例依然很小。南渡之后,南宋疆域减少了五分之二,而读书人的数量却大幅增加,江西许多州府五六百人中才录取一人。浙江、福建等地也是教育非常发达的地方，当时温州所属的永、乐、瑞、平四县，总人口不到一百万，读书人却有数万人之多。进士科每三年开考一次，一次仅取四百多人，应试的考生多达几万，加之还有大量恩荫入仕者，可谓难上加难。从唐代起就有"三十老明经，五十少进士"的说法，就是说科举考试是一场艰苦的拉锯战，哪怕五十岁考中进士也不算晚。白居易二十七岁考中进士，激动地写下"慈恩塔下题名处，十七人中最少年"，抑制不住内心的得意。而如蒋捷年少登科者，往往都是大才。例如大名鼎鼎的苏东坡，考中进士时仅二十一岁。

巧的是，蒋捷的六世祖蒋之奇和苏东坡为同科进士，在金榜题名后的琼林宴上，两人倾心畅谈，成为莫逆之交，友情终生不变。苏东坡对蒋之奇的家乡——宜兴十分向往，在酒酣耳热之时，两人定下了卜居宜兴的"鸡黍之约"。苏东坡写过一首《送蒋颖叔荣归》相赠："裔出钟山远，源流溷水赊。江南无二蒋，尽是九侯家。"诗句中不仅表达了对宜兴的向往，也说明了蒋氏在江南的显赫。二十多年后，经历了"乌台诗案"的苏东坡大彻大悟。他厌倦了官场倾轧，有意归隐，首选之地就是太湖之畔的宜兴。

二

宜兴是江南鱼米之乡，美丽而富饶。蒋家为宜兴大族，从北宋蒋之奇开始，将近二百年的时间，每代都有人入朝为官。俗语"君子

之泽,五世而斩",在蒋家并不成立。蒋捷的高祖蒋及祖、曾祖蒋夔(蒋夔曾经快递宜兴茶叶给在山东密州当官的苏轼,苏轼回赠《和蒋夔寄茶》长诗)、祖父蒋亿均考中进士,父亲蒋惟晃举博学宏词科①,实打实的书香门第。直至今日,蒋氏宗祠还挂着"三径家声远,九侯世泽长"的对联。

蒋捷的青少年时代想必充满了快乐,他在一首词中写道:"深阁帘垂绣。记家人、软语灯边,笑涡红透。"说明他的家庭不仅富有,家庭成员也关系和睦。另一首词《昭君怨·卖花人》也别有一番风味:

担子挑春虽小,白白红红都好。卖过巷东家,巷西家。

帘外一声声叫,帘里鸦鬟入报。问道,买梅花、买桃花?

这是一幅极具生活情趣的画面,语言浅白生动。前人写买花,多简略含蓄,追求风调和意境,如陆放翁的"小楼一夜听春雨,深巷明朝卖杏花",蒋捷在这首词里则纯用白描,以叙事为主,颇似一支散曲小令。

宜兴是一座世外桃源般的小镇,太湖里碧波荡漾,荷叶田田,更有满山的翠竹,每当清风入户,禽鸣溪畔,古寺钟声,真让人身心沉醉。蒋捷在《如梦令》中写道:

夜月溪篁鸾影。晓露岩花鹤顶。半世踏红尘,到底输他村景。

---

① 北宋后期,宋廷甚感起草诏、诰、章、表等应用文书乏人,哲宗绍圣年间设置博学宏词科选拔词臣。博学宏词科要求很高,既要"博学",又要有"宏词",就是一要具有渊博精深的学识,二要具备优美恢宏的文辞。

村景、村景,樵斧耕蓑渔艇。

　　如此良宵美景,岂可无酒?蒋捷时常约上几位好友,在小溪边小酌。月到天心,酒至半酣,大家吟诵着华美的诗篇,焚香抚琴,举杯长啸,溪边的白鹭被惊起,从头顶匆匆飞过,虫鸣声如潮水般起伏。蒋捷心旷神怡,写下了一首《贺新郎·约友三月旦饮》:

　　雁屿晴岚薄。倚层屏、千树高低,粉纤红弱。云隘东风藏不尽,吹艳生香万壑。又散入、汀蘅洲药。扰扰匆匆尘土面,看歌莺、舞燕逢春乐。人共物,知谁错。

　　宝钗楼上围帘幕。小婵娟、双调弹筝,半宵鸾鹤。我辈中人无此分,琴思诗情当却。也胜似、愁横眉角。芳景三分才过二,便绿阴、门巷杨花落。沽斗酒,且同酌。

　　宜兴最隆重的节日除了春节,就是端午节了。每年端午的龙舟赛是宜兴最热闹的日子。这一天,整个宜兴城万人空巷,纷纷拥挤到吴江边观看龙舟赛。蒋捷有词《女冠子·竞渡》描写了这一盛况:

　　电旗飞舞,双双还又争渡。湘漓云外,独醒何在,翠药红蘅,芳菲如故。深衷全未语。不似素车白马,卷潮起怒。但悄然、千载旧迹,时有闲人吊古。

　　生平惯受椒兰苦。甚魄沈寒浪,更被馋蛟妒。结琼纫璐。料贝阙隐隐,骑鲸烟雾。楚妃花倚暮。□□琼箫吹了,溯波同步。待月明洲渚,小留旌节,朗吟骚赋。

　　诗词里写静景多,写热闹活动的少,因不容易抓住重点,但这首词却写得轻松自如。第一句"电旗飞舞"非常传神,用仄声起,给人突如其来的感受。"双双还又争渡",画面感强烈。第三句,"湘漓云外",指湘水和漓水,是历史上屈原被放逐的地方。"独醒何在",引用屈原《渔父》中"举世皆浊我独清,众人皆醉我独醒",问屈原这样的爱国诗人还在吗?"翠药红蕖,芳菲如故",屈原在《楚辞》中写到了大量香草名字,意思是香草依旧,意谓宜兴的忠义民风。"深衷全未语"悲悯屈原含冤遭罪,投江殉国,一腔衷肠无人体会。"不似素车白马,卷潮起怒。"此处用伍子胥的典故。苏州一带的人认为,端午节是纪念被吴王冤杀的忠臣伍子胥,传说伍子胥死后显灵,化为江潮,潮头涌起,如素车白马。"时有闲人吊古",是说自己这个闲人,不会忘记屈、伍两人的高尚品质。

　　换头写对屈原被小人诬陷遭流放的同情,"椒兰"指楚国奸臣子椒、子兰。"结琼纫璐"以下想象屈原佩戴着香草美玉,骑着鲸鱼前往贝阙水宫寻找湘妃。"楚妃花倚暮。□□琼箫吹了,溯波同步"则是想象湘妃与屈原同游的梦幻场景,欣慰独醒的诗人终于遇到知己。"待月明洲渚,小留旌节,朗吟骚赋"描绘出一幅月朗风清的画面,散发着浪漫的气息。这首词表达了蒋捷对世间美好品质的向往,也是他一生的价值追求。

　　宜兴也是西晋名臣周处的家乡,周处"除三害"的故事在当地广为流传。宜兴城郊有一座长桥,相传正是周处斩蛟之处。蒋捷曾作诗《宜兴长桥》:"喝电呵雷下半空,豪搜猛索水神宫。剑锋一裂老蛟断,桥外拍天腥浪红。"周处的四十八代孙周祖儒,依然生活在宜兴,蒋捷和他情谊深厚。南宋亡国后,周祖儒与蒋捷一样隐入竹海深山,贫病终老。

1129—1131 年,抗金名将岳飞率军驻扎宜兴。岳家军纪律严明,于百姓秋毫无犯,期间与金兵作战十余次,战果卓著。岳飞的妻子李娃是宜兴人,为岳飞生有三子。在宜兴驻军期间,岳飞与蒋捷的叔祖蒋璨相识,一见如故。蒋家为岳家军七万余人的粮草补给提供了坚实后盾。有一次,岳飞游览宜兴西南张渚镇的一座寺庙,怀着北伐中原、收复河山的激动心情,在庙壁上写下了有名的《五岳祠盟记》:

> 自中原板荡,夷狄交侵,余发愤河朔,起自相台,总发从军,历二百余战。虽未能远入夷荒,洗荡巢穴,亦且快国仇之万一。今又提一旅孤军,振起宜兴,建康之城,一鼓败虏,恨未能使匹马不回耳!故且养兵休卒,蓄锐待敌,嗣当激励士卒,功期再战,北逾沙漠,喋血虏廷,尽屠夷种。迎二圣,归京阙,取故地,上版图,朝廷无虞,主上奠枕,余之愿也。
>
> 河朔岳飞题。[1]

岳飞的忠义正气感染了蒋璨和蒋氏子孙。屈辱的宋金《绍兴和议》签订后,岳飞被秦桧诬告谋反,被打入诏狱。蒋璨不顾自身安危,挺身而出,匡义相救,因此触怒秦桧,被罢官乡里,闲废十年。二十年后,宋孝宗为岳飞一案平反,岳飞后代终于可以从流放地岭南

---

[1] 岳珂,鄂国金佗粹编续编校注[M].王曾瑜,校注.北京:中华书局,1989:982.

返回宜兴。他们得到蒋家的襄助和热情接待,岳飞第三子岳霖定居周铁镇。蒋岳两家成为世交,一百多年情谊不断,直到蒋捷这一代,还与岳霖的孙子岳君举保持了深厚的友谊。

三

与正义昭彰的宜兴相比,此时的南宋朝廷已是腐败不堪。宋理宗在位四十年,早期受到权相史弥远掌控,后又信赖宦官董宋臣,除了端平年间稍有振作,大部分时间乏善可陈。1234年,宋军"端平入洛"以惨败告终,理宗万念俱灰,不再对朝政感兴趣,随着年纪的增长,他变得越来越消沉堕落。鄂州战役结束后,干脆把政务完全委托给小舅子贾似道,自己则沉迷诗酒,纵欲享乐。

此时,蒙古已在中国北方强势兴起,1227年灭西夏,1234年灭金,兵锋直指南宋。1259年,蒙古军分三路进攻南宋,大汗蒙哥亲率主力进攻四川。但意外的是,蒙哥久攻钓鱼城不克,死于军中,蒙古军队被迫北撤,继而陷入内部权力纷争。南宋当局本该抓住这难得的喘息机会,修整战备,积极防御,朝廷上下却文恬武嬉,不思进取,无故扣押蒙古使节郝经长达十六年。1268年,蒙古大军卷土重来。忽必烈任命阿术为都元帅,指挥蒙古大军进攻襄阳,决意一举攻灭南宋,局势骤然紧张。

有识之士感觉到雷雨将至的危险,忧心如焚,新科状元文天祥连续几次上书谏言,痛陈时局,要求振作,但都被理宗置之不理。不久理宗去世,继位的是他的侄子,史称宋度宗。宋度宗是一个先天不足的低能儿,不具备处理朝政的能力,整天沉迷女色。宰相贾似道独掌大权,权势堪比皇帝,朝廷内外一片谄媚之风,大小臣工把精力放在为贾似道歌功颂德上,连刘克庄、吴文英这样的大才子都不能免俗。一名叫黄震的官员直言不讳地指出了当时的四大弊病:民穷、兵弱、财匮和士大夫无耻。①

咸淳十年(1274年),蒋捷进士登科后,在都城临安等待吏部授予官职,但迟迟不见下文。此时的南宋朝廷已危如累卵,历时六年的蒙宋襄阳大战刚刚落下帷幕,襄阳守将吕文焕力竭降元,襄阳、樊城均落入元朝手中。为了这一战,南宋朝廷耗费空了国库,把能上阵的将领兵马都投入了前线,耗费了无数钱粮,可以说赔上了全部家当。襄阳失守,南宋王朝进入倒计时。

屋漏偏逢连夜雨。七月初九,宋度宗突然撒手人寰,年仅三十五岁。朝堂上下忙着办理先皇丧事、幼君登位等大典,哪有心思去管这批新晋的士人?报国无门,回乡无路,留给蒋捷的只能是漫长的等待,他饱受煎熬。

襄阳失守后,南宋防线门户洞开。元朝军队于当年兵分两路,顺江直下,所向披靡,年底攻陷鄂州(今武昌);第二年初,克江州(今九江),二月破池州。德祐元年(1275年)一月,如惊弓之鸟的宰相贾似道,督军十三万在丁家洲与元军大战,南宋军队未触即溃,元军势如破竹。三月,元军兵不血刃占领建康(今南京)。十一月,元军

① 脱脱,等.宋史(卷四三八)[M].北京:中华书局,1977:12992.

一支包围了蒋捷的家乡常州（宜兴属常州府），踏破了太湖边的宁静。常州知州姚言、通判陈炤、都统王安节等坚守不降。朝廷派遣淮军将领张全带领两千人马救援常州。刚到任的平江知府文天祥，也派出三千人解救常州。但张全指挥不当，宋军顾此失彼。元军大举袭来，张全又临阵脱逃，只有文天祥部下尹玉率领五百人与元军进行了殊死决战，寡不敌众，全部牺牲。十二月，元军大举攻城，先杀城外居民，破城后又血腥屠城。可怜三百多年未见刀兵的繁华之地，毁于一旦。城内外积骸遍地，难以计数。井池沟堑，无不充满残肢断臂，全城仅余妇女婴儿四百而已。

　　身在临安的蒋捷侥幸躲过了杀戮，但宜兴家园惨遭劫掠，几代人积累的财产书籍被一洗而光，父母、妻子不知去向。中国历史上，每一次王朝更迭都带给百姓无尽的痛苦。更悲惨的还在后面，德祐元年初（1276 年），元军三路进军临安。南宋朝廷惊恐万状，太皇太后谢氏无计可施，只能带着年仅六岁的小皇帝出降。两宋历经三百一十九年、十六帝，至此宣告灭亡。当年宋太祖赵匡胤陈桥兵变，欺负后周的孤儿寡母，夺取柴氏天下，没想到三百余年后，自家的孤儿寡母也遭人欺，历史的因果循环实在令人感慨唏嘘。

四

　　南宋的命运，早在一百五十年前"靖康之变"就已注定。宋高宗的软弱无耻，较其父兄毫不逊色。1141 年，宋高宗、秦桧一伙不顾朝野的强烈反对，与金人签订了丧权辱国的《绍兴和议》，规定：

> 宋向金称臣，金册宋康王赵构为皇帝；划定疆界，东以淮河中流为界，西以大散关（陕西宝鸡西南）为界，以南属宋，以北属金；宋每年向金纳贡银、绢各二十五万两、匹。

紧接着宋高宗、秦桧收回各路抗金将领军权，杀害名将岳飞，彻底沦为金朝在中国南方的代理人。严格地说，《绍兴和议》后，宋不再是一个独立的政权，而只是金国的一个藩属。而后南宋数帝虽也企图振作，发动了为数不多的几次北伐，但始终不能取得什么进展。《绍兴和议》奠定了南宋妥协投降、不思进取的立国精神，耻辱如同一副沉重的枷锁，死死地捆住了南宋朝廷的手脚，使其始终无法伸张，更不要说南宋后期皇帝暗弱，朝政腐败，权臣用事，党争频繁，每况愈下。

很多时候，决定一个人命运的，不仅是他的性格，更是时代。在临安陷落的日子里，蒋捷无能为力，无计可施。他一定想到了自己的一位先人——抗金名将蒋兴祖。"靖康之变"时，蒋兴祖为饶州司录，率兵抵抗金军入犯，死于战火之中，临终前说："吾世受国恩，当死于是。"蒋兴祖有一个女儿，可以算蒋捷的曾姑祖母，亲身经历这一惨祸，被掳北上，经过河北雄州时，留下了一首《减字木兰花·题雄州驿》：

> 朝云横渡，辘辘车声如水去。白草黄沙，月照孤村三两家。
>
> 飞鸿过也，万结愁肠无昼夜。渐近燕山，回首乡关归路难。

家族的血泪尚未抹去,悲痛又添加数倍。我们没有找到蒋捷在临安的相关记述,但他在一篇《惠简公谱牒后序》中写道:"公为中兴名将,距今百有余年。流风遗烈,犹有能慕而乐道者。公殁后,朝市日非,一时元辅如韩侂胄、史弥远、贾似道,其人接踵而起,甚于卖国之(秦)桧,不得如公者维挽于其间,国祚遂移……"①这篇文章言辞激烈,对秦桧、贾似道等误国奸相痛加斥责,一腔悲愤,气格尽显,他应该和文天祥、谢枋得等爱国主战派持有相同的政治立场。即使南宋没有在1276年灭亡,以蒋捷刚直疏阔的个性,进入官场后也必定充满坎坷。

三月,元军完全掌控了临安及周边,下令将谢太皇太后、全太后和小皇帝赵㬎及所有宫女、宗室等千余人随军裹挟北还。出发的当天,三宫"恸哭入云霄",围观的市民也各自垂泪。元军没有在临安实施屠杀,也没有纵兵抢劫,相比靖康年间徽、钦二帝及随同人员被金军肆意凌辱似乎要好不少,但伯颜强迫临安市民出"撒花银",慰劳士卒,蒋捷想必也没有逃过这一劫,身上仅有的钱财也不得不献出。

他熟读诗书,理解"君忧臣辱,君辱臣死"的大道,但他只是一介文弱书生,既没有聚兵反抗的能力,也没有被逼跟随被俘的皇室人员北上。他只能和杭州数十万居民一起,望着押运的车队远去,望着这一大群囚徒的远去。尘土蒙上了每个人的脸庞。天下虽大,吾归何处?败军之将,不可以言勇;亡国之大夫,不可以图存。蒋捷终

---

① 蒋捷.蒋捷词校注[M].杨景龙,校注.北京:中华书局,2019:3.

于长叹一声，收拾了几件破衣服，远走他乡，从此漂泊不定，四海为家，"星月一天云万壑，览茫茫，宇宙知何处？"（《贺新郎》）

"是她酿就春色，又断送流年。"人的一生，大概就是要在风雨忧患中完成自己。年轻的蒋捷面对的景象是：城里城外到处是元兵，元军继续在周边城市纵火劫掠，屠杀百姓。他能去哪里呢？宜兴已成一片血海。好不容易找到一条小船，在春雨中出发了，去找地方糊口。那首脍炙人口的《一剪梅·舟过吴江》大约写于此时：

一片春愁待酒浇。江上舟摇，楼上帘招。秋娘度与泰娘桥。风又飘飘，雨又萧萧。

何日归家洗客袍？银字笙调，心字香烧。流光容易把人抛。红了樱桃，绿了芭蕉。

开篇便点明了前途无着的苦闷，词人只能流连于酒馆，借酒消愁。"舟摇""帘招"，有身世漂浮之感。词人陈允平云："都人欢呼去踏青，马如游龙车如水，三三两两争买花，青楼酒旗三百家。"对照当下的孤落，可见曾经的繁华。"秋娘度""泰娘桥"都是吴江地名。他不知道何时才能回到温暖的家中，与家人团聚一起焚香品茶，吹笙鼓琴？在南宋的上层社会，熏香是一项常规设置，是高雅生活的一个基本背景。传说"心字香"是把多种香料加工捣碎，再用蜂蜜、白芨、蔷薇露等加以调和，然后放入炉中点燃，香灰荟聚，成一个"心"字。就在半醉半醒之中，宝贵的年华无可奈何地逝去了，但蒋捷不甘心不服输，于是有了最末一句"红了樱桃，绿了芭蕉"，红与绿都是引人注目的色调，代表着青春、力量、温暖和坚持，表露出词人

心中对生活的热爱和期待,正如李清照感叹的"知否、知否,应是绿肥红瘦"。我们读蒋捷的词集,发现红与绿出现的频率非常高,这种格调不同于南宋大词人姜夔开创的清冷之风,也有别于同时代黯淡绝望的词坛主流。词的结尾很有名,很快在江南传开,人们给蒋捷取了一个雅号——"樱桃进士"。

五

降服临安之后,元军继续挥师南下,消灭南宋残余势力。1279年,元军在崖山大败张世杰率领的南宋海军,陆秀夫背负小皇帝跳海身亡,复国的希望彻底破灭,蒋捷心中那团熊熊燃烧的生命之火在江南水乡的寒夜里挣扎,满腔报国之心化为泡影。眼望万顷鱼天,他心中的孤愤难以消除,写下了《尾犯·寒夜》:

夜倚读书床,敲碎唾壶,灯晕明灭。多事西风,把斋铃频掣。人共语、温温芋火,雁孤飞、萧萧桧雪。遍阑干外,万顷鱼天,未了予愁绝。

鸡边长剑舞,念不到、此样豪杰。瘦骨棱棱,但凄其衾铁。是非梦、无痕堪记,似双瞳、缤纷翠缬。浩然心在,我逢著、梅花便说。

这首词明显受到爱国词人辛弃疾的影响,一股倔强之气溢于言表,但又有何用呢?国家既亡,亡国奴的命运无可改变。

然而生活还要继续。生长于水乡泽国的蒋捷,频繁往来于太湖周边,一度以给人抄经书为生。我们不知道他是否回过宜兴,去寻找家的残迹?他在"秦人占得桃源地,说道花深堪避世。桃花湾内岂无花,吕政马来拦不住"(《玉楼春·桃花湾马迹》)中直呼秦始皇为"吕政",即吕不韦的私生子,影射当时的元朝异族统治者。即使偏僻如世外桃源的宜兴,也拦不住滚滚铁骑的入侵。汪元量随着三宫北上,路过常州和宜兴一带,见到的景象是"青芜古路人烟绝,绿树新墟鬼火明"。战争不仅摧毁了蒋捷的家,也令整个江南失去了颜色。多少次,故乡在梦中浮现,"故园一望一心酸。云又迷漫,水又迷漫"(《一剪梅》)。

蒋捷在《贺新郎·兵后寓吴》里写道:

> 深阁帘垂绣。记家人、软语灯边,笑涡红透。万叠城头哀怨角,吹落霜花满袖。影厮伴、东奔西走。望断乡关知何处,羡寒鸦、到著黄昏后。一点点,归杨柳。
>
> 相看只有山如旧。叹浮云、本是无心,也成苍狗。明日枯荷包冷饭,又过前头小阜。趁未发、且尝村酒。醉探枵囊毛锥在,问邻翁、要写牛经否。翁不应,但摇手。

这是一首以叙事为主的词。上片描述了经历兵火之后的江南各地,一片萧索。故乡和家人已成一梦,如今的我孑然一身,对影成双,天黑了还要赶路,连乌鸦都可以找到杨柳枝头停靠,而我却连一个落脚之处都没有。下片感慨人生的无常,山川如旧,浮云苍狗,和李后主云"雕栏玉砌应犹在,只是朱颜改"异曲同工。明天又要赶往下一个地方,也许能找到一份临工,手里只有一点枯荷叶包着的冷

饭。趁还未出发,尝一点村酒。问问邻桌的老翁,需要请人抄写《牛经》不?老翁只摇手,不回答。

顾随先生评价说,这首词写得"贫"①,就是贫嘴的意思,这是难以让人接受的。唐圭璋先生说,蒋捷的词风类似杨万里,即清新活泼,饶有趣味,能把日常生活写得生动传神,经历了大风浪之后,作者能保持一种轻松诙谐的心态属实难能可贵。即使辛弃疾这样的大才,也会写"杯汝来前"这种调侃之句。顾随先生又说,老翁"应一句何妨?"大概老先生是觉得结尾不够生动,过于沉闷。其实此时无声胜有声,不应,包含的信息量远大于应声回答。内心苦楚才不应,给人更多回味空间,恰好点题"兵后",即被元军蹂躏过的人民艰难的生存状态。

孔子说:"道不行,乘桴浮于海。"就是说如果当权者昏暗无道,实现不了自己的抱负,就远离他,过好自己的小日子。但前提是得先解决温饱,人再不得志,也是要吃饭的,不可能饿着肚子在海上漂。别看苏东坡在黄州时优哉游哉,又是泛舟赤壁,又是夜游承天寺,又是研发东坡肉,得亏黄州的生活是安定的,物产也比较丰富,还有一大帮朋友粉丝照应扶持。但蒋捷没有房子,没有土地,江南各地遭兵灾后人心惶惶,百业萧条,此情此景恐怕只有身处安史之乱时的杜工部可比,但杜甫有家人,好歹还能获得家人的消息,"烽火连三月,家书抵万金",蒋捷却是一人吃饱一家不饿,从前的温柔

---

① 顾随.顾随讲宋词[M].叶嘉莹,笔记,高献红,顾之京,整理.石家庄:河北教育出版社,2018:147.

家园和妻子儿女,如今均化作一番梦境。这应是他一生中最困苦的时期。我们看他的另一首《满江红》:

一掬乡心,付杳杳、露莎烟苇。来相伴、凄然客影,谢他穷鬼。新绿旧红春又老,少玄老白人生几。况无情、世故荡摩中,凋英伟。

词场笔,行群蚁。战场胄,藏群虮。问何如清昼,倚藤凭幾。流水青山屋上下,束书壶酒船头尾。任垂涎、斗大印黄金,狂周顗。

这首词上片描绘了自己以舟为家、穷愁漂泊的生活,对前途充满了无奈和迷茫。他在《梅花引·荆溪阻雪》里用白鸥发问:"白鸥问我泊孤舟,是身留,是心留?心若留时,何事锁眉头?"贫穷像鬼魂一样缠绕,时刻在逼迫词人放弃尊严和气节。但词人却在下片以一股慷慨之气荡开迷雾,表明心志,振作精神,坚定了威武不能屈、贫贱不能移的决心。

六

忽必烈在元朝诸帝中是比较尊重知识分子的。他对待南宋遗民的态度,除了一贯的铁腕政策之外,也适当地抛出一些胡萝卜,做出一点豁达开明的姿态。在灭宋的过程中,他表现出宽广的胸怀,重用了一批汉族将领和官员,发挥了不可替代的作用。南宋政府投降后的第二年,即至元十四年(1277年)五月,忽必烈特"敕江南归附官三品以上者遣质子一人入侍"。至元十八年(1281年),"诏求

前代圣贤之后,儒、医、卜、筮,通晓天文、历数,并山林隐逸之士"。至元二十三年(1286年),又发布诏令,征辟南宋遗民入朝为官。元政府于第二年在杭州设江南儒学提举司,相当于在江南设置了人事部特派员专署。忽必烈说,前朝文士只要能为我所用,就可以不计前嫌给予官职。这一次征召影响很大,许多隐居山林、流落江湖的文人,如跟蒋捷同科的进士第一名王龙泽,在忽必烈的多次征召之下,出山为官,官至江南行台监察御史;宋末进士臧梦解、太学生叶李,名士陈允平、王沂孙,以及赵宋宗室赵孟頫等,均北上应召。

这给颠沛流离中的蒋捷提供了一次机会,只要他愿意,是可以获得一官半职,结束漂泊无依的惨淡生活的。周密、张炎等人虽然没有响应这次征召,但出于生计的需要,也带着自己的诗画曳裾于元朝新贵和地方官之间。张炎北上大都,为元朝皇帝抄经书,也获得一点经济收入。但蒋捷却充耳不闻,我行我素。这直接是对食物链顶端动物的一种藐视,是头颅高昂的人生姿态。

赵孟頫入元为官,口中却记挂着江南家乡,他有一首写给友人的诗:"云本无心漫出山,归来依旧与云闲。何当从子东南去,扫地焚香画掩关。"可是他始终没有"从子东南去",反而做了三十多年元朝的官,直至翰林侍读学士。对于赵孟頫这类身在大都、心在江南的人,蒋捷内心充满了不屑,他在给友人薛稼堂的一封信中写道:"自古达官醉富贵,往往遭人描画。只有青门,种瓜闲客,千载传佳话。稼翁一笑,吾今亦爱我稼。"其中的"达官富贵",应该是指赵孟頫等人,也表达了自己视富贵如浮云的态度,刚硬到底、决不出仕。

在权威与恐惧面前抛弃气节尊严的南宋士大夫比比皆是,比如南宋左丞相留梦炎,状元出身,却在元军来临前溜之大吉,继而投降,调转枪头,帮助元朝镇压南宋反抗义士。又如南宋严州府知府方回,国亡之前豪言"人与城共存,城破,当死封疆"。元军掩至,这位方大人却不见踪影,严州人都以为他自杀殉国了,谁知他正跪在城外三十里处向元军迎降。元军入城后,他穿戴着蒙古的衣帽,骑着马四处招摇。① 这种人一定被蒋捷唾骂了千百遍。在这一段时期,蒋捷笔下频繁出现屈原、陶渊明、杜甫等人的名字,他们是气节尊严的化身,也写了许多有关菊花、梅花、荷花、竹子的咏物词篇。已近不惑之年,词力日臻成熟,这首《贺新郎·秋晓》应可视为蒋捷的水平最高之作:

渺渺啼鸦了。亘鱼天,寒生峭屿,五湖秋晓。竹几一灯人做梦,嘶马谁行古道。起搔首、窥星多少。月有微黄篱无影,挂牵牛、数朵青花小。秋太淡,添红枣。

愁痕倚赖西风扫。被西风、翻催鬓鬓,与秋俱老。旧院隔霜帘不卷,金粉屏边醉倒。计无此、中年怀抱。万里江南吹箫恨,恨参差白雁横天杪。烟未敛,楚山杳。

以往文人写秋,爱写黄昏或秋夜,写秋晓的不多。李陵在《答苏武书》里写道:"凉秋九月,塞外草衰。夜不能寐,侧耳远听,胡笳互动,牧马悲鸣,吟啸成群,边声四起。晨坐听之,不觉泪下。"满含悲凉之气,堪称绝唱。这首词同样不仅是悲秋,也抒发了亡国离家之

---

① 上海古籍出版社.宋元笔记小说大观(六)[M].上海:上海古籍出版社,2001:5860.

痛。清晨的凉意让词人醒来，回忆昨夜梦到古道上的马嘶人行。既然睡不着了，就披衣起床，仰望天空还有多少残星。接下来的"月有微黄篱无影，挂牵牛、数朵青花小"描绘得极为精妙，准确地描绘出拂晓时分屋外院落的特色，好像一幅花卉图。半夜时，天非常黑，月亮就显得特别明亮，月光会把篱笆的影子照得很清楚；等到破晓的时候，月亮黯淡下去，变成了一片朦胧，篱笆的影子自然变淡了，恰好表露出词人凄凉的心境，但词人并不颓废，接下来的"秋太淡，添红枣"说明他的内心在那种难以排遣的孤胆寂寞中，依旧有所期待。可迎面吹来的西风，又引起了他一片伤感。年华已逝，岁月蹉跎，一事无成。流落在这萧条的江南，囊中羞涩，只能如春秋时名将伍子胥那样去吹箫乞食。此时，天边正一排归雁飞过，他不禁嫉恨，不知自己何时才能重返故乡？天色渐明，烟雾轻轻笼上楚山，一派朦胧远景，让人如坠梦里。

随着南宋王朝的彻底覆灭，蒋捷等江南文人被时代无情地抛弃，既要忍受家国破败的痛苦和耻辱，又感受到自身失落的巨大悲哀。年少时的各种雄心壮志，如今都化成了泡影。时节的流逝，季节的更替，都会惹来他难以消除的哀怨。蒋捷有一首别具一格的咏物词《声声慢·秋声》，从中也可以看出他求新求变的填词态度。

黄花深巷，红叶低窗，凄凉一片秋声。豆雨声来，中间夹带风声。疏疏二十五点，丽谯门、不锁更声。故人远，问谁摇玉佩，檐底铃声。

彩角声吹月堕，渐连营马动，四起笳声。闪烁邻灯，灯前尚有砧声。知他诉愁到晓，碎哝哝、多少蛩声。诉未了，把一半、分与雁声。

　　这首词韵脚全用一个"声"字，精心描绘秋声，依次描写雨声、风声、更声、檐铃声、号角声、悲笳声、捣衣砧声、虫声、雁声，烘托出一股悲凉哀怨的氛围。这种词体被后人称为"独木桥词体"。"独木桥词体"为北宋黄庭坚首创，经辛弃疾推广，但两宋期间少有承袭者。这种词体别具一格，运用大量意象，不断进行场景的切换，显得婉转动人、气势连绵，有一唱三叹的效果。"独木桥词体"对创作者的文字驾驭要求很高，容易变成文字游戏，非大才难能驾驭。

　　蒋捷可能收到过周密等人组织的《乐府补题》词会的邀请，这场聚会是因元朝江南总管杨琏真迦发掘宋皇陵而起，也是南宋末西湖吟社的延续，参加者有周密、徐天佑、王沂孙、戴表元、仇远、张炎等十余人，均为当时知名文人。词会的目的，是聚合分散在江南各地的遗民，凝聚人心，切磋诗艺，追悼先驱，怀念故国。但蒋捷却始终没有参与聚会，可能是由于成员中有几位已接受元朝的征辟，在元政府中就职。而张炎的六世祖张俊，正是秦桧陷害岳飞的帮凶，蒋岳是世交，蒋家的后人是不可能与张家的后代来往的。蒋捷抱定了独来独往的行事准则，这已不是他一个人的态度，而是代表着家族的价值标准，他必须将蒋家数百年的清誉延续下去。

七

　　元成宗大德九年（1305 年），朝廷再次下诏"求山林间有德行、文学、识治道者"。浙东肃政廉访副使臧梦解、浙西廉访使陆垕欣赏

蒋捷的才能,并亲自出面,劝说他出山为官①,蒋捷却避而不见。臧梦解很不理解,他写信给蒋捷,认为他过于迂腐,新朝都建立二十多年了,何必还为那个腐败堕落的南宋朝廷守节终身?出来做官不仅可以改变生活状况,也能够多少为百姓做点事情。蒋捷的回信不见记载,但我相信他以坚定的立场回绝了举荐。

元仁宗皇庆二年(1313年),朝廷继续搜访儒士的同时,又恢复了科举考试,对于大批挣扎在社会底层的汉族文人来说,实在是太有诱惑力了。连赵文这样曾协助文天祥奋力抗元的七十五岁的老兵,听说科举重开,都恨不能上考场拼杀一番。但蒋捷依然丝毫不为所动,一如既往地隐逸于山泽之间。《松筠录》中写道:"宋季高节,盖推庐陵、吉水、涂川,亦同一派,如邓剡字光荐,刘会孟号须溪,蒋捷号竹山,俱以词鸣一时者。更如危复之于至元中,累征不仕,隐紫霞山,卒谥贞白……皆忠节自苦,没齿无怨者。"②

岁月流逝,寒去春来。蒋捷逐渐老去,终于在亲友的帮助下,选择到武进县附近的竹山隐居,以诗书授学,人称"竹山先生"。竹子正是文人气节的象征,苏东坡曾说:"宁可食无肉,不可居无竹。"蒋捷的后人、清代文学家蒋景祁也说:"吾荆溪……以词名者,则自宋末家竹山始也。竹山先生恬淡寡营,居滆湖之滨,日以吟咏为乐,故其词冲夷萧远,有隐君子之风。"隐士风范源自魏晋时的"竹林七贤",阮籍、嵇康们追求一种超越世俗、自由独立的人格理想,为蒋捷

---

① 蒋捷.蒋捷词校注[M].杨景龙,校注.北京:中华书局,2019:5.

② 沈雄.古今词话[M].孙克强,刘军政,校注/导读.上海:上海古籍出版社,2009:44—45.

树立了艺术化和审美化的精神境界。

蒋捷有一首《少年游》：

> 枫林红透晚烟青，客思满鸥汀。二十年来，无家种竹，犹借竹
> 为名。
>
> 春风未了秋风到，老去万缘轻。只把平生，闲吟闲咏，谱作棹
> 歌声。

首句"枫林红透晚烟青"，以"红配绿"来写景，是蒋捷的一贯风格；"客思满鸥汀"，蒋捷长期以舟为家，浪迹四海，白鸥、沙洲是他难以磨灭的生活印记。"二十年来，无家种竹，犹借竹为名。"更进一层说自己流离失所的窘况。二十年无家可归，想种竹子却没有地方，只能借用"竹山"的名号来激励自己。上阕情景交融，浑然一体。

下阕以惜春呼应。还没有好好欣赏春天，春天的脚步就已远去，秋风一到，万物凋零。"老去万缘轻"，一生就这么碌碌无为地过去了，英雄无用武之地，这是多么的悲哀！最后三句"只把平生，闲吟闲咏，谱作棹歌声"，岁月蹉跎，惆怅难解，只能做一个闲人，放浪形骸，寄情山水，谱写渔歌。

这首词写得闲散潇洒、飘逸雅致。明代文学家毛晋点评蒋捷说："今读《竹山词》一卷，语语纤巧，真世说靡也；字字研情，真六朝腧也。"就是说蒋捷的作品有《世说新语》的感觉。

明永乐年间《常州府志·文学》记载："先生以诗书授学者。若浚仪马公祖常，时侍父为武进达鲁花赤，居郡城，从先生受业，其后

擢高科为一代名臣。"①蒋捷通过招收学生,终于有了一些稳定的收入,虽然微薄,但也使他有了一些闲暇,可以与友人往来交游。

竹山之下就是碧波荡漾、浩瀚无边的太湖,站在竹山高处,眺望对岸,水光潋滟,湖对岸的雁峰清晰可见。天气晴好的时候,蒋捷常坐船去雁峰,拜访老朋友谢应芳。谢是元曲名家,也是蒋家世交,同样义不仕元。两人在一起煮茶论诗,自得其乐。蒋捷作诗《东坡田》:

老去红灰酒瓮前,向来青草瘴江边。
卜居自为溪山好,不是区区为买田。

沧海桑田,秦宫汉阙,如今都已成衰草荒烟。人的一生,不是要完成什么大事,不管风云如何变幻,对得起内心的信念才是最重要的。诗中那种清新淡泊,不问世事的心态,正好回应了苏东坡《菩萨蛮》中对阳羡、溪山的归隐之情:

买田阳羡吾将老,从来只为溪山好。来往一虚舟,聊随物外游。有书仍懒著,水调歌归去。筋力不辞诗,要须风雨时。

蒋捷和周祖儒也时相过从。周住在太湖边的阳山,距离竹山只有五里地,蒋捷披草往来,此唱彼和,抒发隐逸高蹈之情。有一天,一位山东的姓冯的学子不远千里来到竹山,求拜蒋捷为师。但他交不起学费,蒋捷为他的诚意感动,还是收下了他。转眼到了冬天,冯

---

① 蒋捷.蒋捷词校注[M].杨景龙,校注.北京:中华书局,2019:6.

生冻得手脚皲裂，蒋捷亲自缝了一件棉衣送给他。二年后，冯生学成回去了，被乡里推荐做官。蒋捷去世时，冯生赶来吊唁，匍匐于地，哀痛欲绝。

蒋捷晚年用一首《虞美人·听雨》，对自己起伏漂泊的一生做了总结：

> 少年听雨歌楼上，红烛昏罗帐。壮年听雨客舟中，江阔云低、断雁叫西风。
>
> 而今听雨僧庐下，鬓已星星也。悲欢离合总无情，一任阶前、点滴到天明。

这首词只有五十六个字，却容纳了纷繁的岁月变迁。词人感怀已逝的岁月，感叹目前的境况，从少年到壮年，再写到老年，三个时期，三种生活，三样心情，以听雨作为贯穿始终的线索。抚今思昔，百感茫茫，伤时感事，万念潮生，身世之哀和亡国之恨纷至沓来、涌集心头。这首词里有他个人一生的离合悲欢，有整个世局的风云变幻，也是南宋王朝命运的写照。

我们不知道蒋捷晚年是否在竹山终老？或是遁入空门，与青灯古佛为伴？因词中有"而今听雨僧庐下"之句。但可以确定的是，蒋捷始终不会消沉，不会绝望，哪怕在生命的尽头，他依然保持着安贫乐道、达观磊落的心境。他在给好友的一首《沁园春》中高亢地表示：

> 结算平生，风流债负，请一笔勾。盖攻性之兵，花围锦阵；毒身

之鸱，笑齿歌喉。岂识吾儒，道中乐地，绝胜珠帘十里楼。迷因底，叹晴干不去，待雨淋头。

休休。着甚来由？硬铁汉、从来气食牛。但只有千篇，好诗好曲，都无半点，闲闷闲愁。自古娇波，溺人多矣，试问还能溺我不？高抬眼，看牵丝傀儡，谁弄谁收。

清代艺术理论家刘熙载主张"诗品出于人品"，即以诗人人品的高低来定位其作品的艺术品格。而蒋捷雅量高致，其为人在南宋遗民里是无可挑剔的，因此刘熙载对蒋捷和《竹山词》非常欣赏，称之为"长短句之长城"①。对于这一称呼，我们可以这样理解：蒋捷高寿，大约卒于 1322 年，享年七十八岁，是宋末名词人中最后一位谢世的，好像长城一样历经沧桑；更重要的理由是，蒋捷的风节高于张炎、王沂孙等人，但词的味道却偏元曲，正如朱彝尊所说，"词至南宋始极其工，至宋季始极其变"，他的《竹山词》就似南宋词与元散曲的一条分界线，因此称他为"长城"确是恰当的。

---

① 刘熙载.艺概[M].上海：上海古籍出版社,1978:112.

汪元量

欧阳修《五代史伶官传序》中，对伶人误国深感痛惜，文中以后唐庄宗故事为戒，"及其衰也，数十伶人困之，而身死国灭，为天下笑"。这位大学者没有想到，两百年后蒙古铁骑冲破长江天险，兵分三路直抵临安城下时，平素以理学自诩的衮衮诸公，除了个别忠烈如文天祥，跑的跑，迎降的迎降，扔下年近七旬的太皇太后和六岁的小皇帝自己保命去了。历史就是这么讽刺。只有一位宫廷琴师，也就是人们常说的"伶人"，甘愿做了亡国之余，随同皇室被俘至大都，后又一同被发配上都苦寒之地，为小主人传授诗书，十三年寒暑，不离不弃。这个人就是汪元量。

一

汪元量是杭州人，出生于宋理宗淳祐初年（1241—

1245 年),父亲汪琳是一位琴师。他七岁就随父亲进入皇宫,为太后、皇帝及后宫演奏。汪元量身材修长、体格健壮、额头宽广、发须浓密、声音洪亮,深得谢太后的喜爱。

除了长得帅,汪元量还能自己谱曲,写诗赋文。咸淳二年(1266年),谢太后六十岁生辰上,汪元量献上寿词,其中有"便似月里仙娥谪来"(《凤鸾双舞》)之句,引得谢太后和皇帝大悦,于是安排他进入太学,接受最高等级的儒学和文学教育。有人瞧不起写寿词,不就是拍马屁吗?当然不那么简单。宋代文学理论家沈义父在《乐府指迷》中说:"寿曲最难作。须要打破旧曲规模,只形容当人事业才能,隐然有祝颂之意方好。"①就是说祝寿得让寿星觉得恰如其分,不能太直白,用语不能太陈旧太夸张,让对方没有觉得你在刻意恭维。北宋最著名的专业词人柳永,号称"有井水处就有柳词",就栽在了一首《醉蓬莱》寿词上,引来宋仁宗的恼怒,彻底失去了仕途通达的机会。

无数事实证明,有才是不够的,还得有人赏识,如果赏识的人是皇家,那可就前途无量了。汪元量就曾这样幸运。他聪明好学,诗词素养日益精进。

要知道,南宋的太学并不是一个可以埋头睡大觉的地方。周密在《癸辛杂识》里曾提到南宋"三学之横",对太学的学术氛围和政治热情做过细致的描述。南宋晚期,太学生待遇优厚,自视甚高,关心时事,锋芒毕露,对一切看不顺眼的事情都敢于痛骂。宋理宗宝祐

---

① 沈义父.乐府指迷笺释[M].蔡嵩云,笺释.北京:人民文学出版社,2018:84.

六年(1258年),太学生集体上书攻击宰相丁大全,群情激昂,逼得宋理宗下诏弹压,在太学立碑,下令"诸生不得妄议国事"。① 景定五年(1264年)七月,有彗星出现,诸生又上书称"公田法"害国害民。咸淳四年(1268年),太学生们又联合上书,请朝廷调各路兵马援救襄阳,宋度宗置之不理。南宋太学生实则是一个激进的政治群体。宋亡前后,汪元量创作了许多直刺时局的诗词,应该跟太学的这段经历有关。

没过几年,汪元量在临安城已小有名气,加之他经常出入宫廷,时人把他比作为唐明皇、杨贵妃填写《清平调》的李白。词跟音乐是紧密结合的,每一个词牌名有相应的曲调,字数平仄有严格的限制,必须合乎音律,适合演唱,这是很不容易做到的。连苏东坡这样的天才,也曾遭到音律不谐之讥笑。汪元量出身音乐世家,具有专业的乐理知识,在填词一事上可谓得心应手。

一日,他应召为王昭仪演奏《霓裳曲》,此曲演奏的是唐明皇游月宫闻仙乐的故事,也是描写月色的精品之作。王昭仪名清惠,杭州人,热爱音乐和诗词。汪元量开始缓缓弹奏,王昭仪却止住他,指出了其中的一个误音,说:"此曲乐谱当年在金陵城破时,被李重光烧毁了,但白石道人在五十多年前整理宫廷乐工故书时,又发现了商调霓裳曲的乐谱十八段。我抄写下来,现在拿与你看。"说着命宫人取来乐谱,递与汪元量。汪元量暗暗赞叹,拿过乐谱细看了一遍,重新调整琴瑟,按谱演奏,旋律温润典雅,清丽飘逸。

---

① 张春晓.贾似道及其文学交游研究[M].武汉:崇文书局,2017:74—75.

演奏完，他填了一首词《四犯剪梅花》，递给昭仪：

绿荷初展。海榴花半吐，绣帘高卷。整顿朱弦，奏霓裳初遍，音清意远。恍然在广寒宫殿，窈窕柔情，绸缪细意，闲愁难剪。

曲中似哀似怨。似梧桐叶落，秋雨声颤。岂待闻铃，自泪珠如霰。春纤罢按，早心已笑慵歌懒。脉脉凭栏，槐阴转午，轻摇歌扇。

这首词以描写荷叶、石榴花开端，用浓烈的红绿色彩表达心中对美好生活的向往。听到清远的琴声，自身也犹如置身于广寒宫中的嫦娥，美貌辜负，闲愁难解。王国维先生评价南唐中主词"菡萏香销翠叶残，西风愁起绿波间"时，认为词意大有众芳芜秽，美人迟暮之感。这首词里的"似梧桐叶落，秋雨声颤"同样也有一种年华逝去的无奈感。王昭仪内心感动，但表面平静。她虽受宋度宗宠爱，但度宗只知纵欲享乐，是无法与她进行心灵交流的。

二

宋度宗是南宋第六任皇帝，是历史上有名的昏君。南宋皇帝的逆淘汰程度，在中国历史上不是第一，也能排到前二。除了前期的孝宗积极有为，励精图治，其余的不是精神有问题，就是智商不足：宋高宗卑怯软弱、奢侈糜烂，委任巨奸秦桧，杀害抗金名将岳飞。宋光宗是一位精神病人，时人称之为"疯皇"。他的儿子宋宁宗则"不慧"，就是反应迟钝，说话不成体统，会见大臣和外国使臣时经常让

宦官代为答话。宋宁宗没有儿子,权臣史弥远篡改他的遗诏,把宗室远亲乌孙扶上皇位,就是宋理宗。宋理宗还算正常,但在位四十年,有一半儿的时间是不管事的,"端平入洛"失败后,他就对政务感到厌烦,晚年特别迷信方术,大兴土木,把权力下放给亲信。宋理宗最有名的作为,就是把理学定为官方意识形态,影响深远。理宗无子,只好把皇位传给自己的侄子,也就是宋度宗。

讽刺的是,宋理宗执意安排的继承人宋度宗,并没有"存天理,灭人欲",而是声色犬马,无心朝政,曾留下"一夜御女三十"的荒唐故事,还把政务完全交给权臣贾似道。度宗幼时就发育不良,智力低下,七岁才会说话。对此朝廷大臣洞若观火,多有反对,但理宗私心作祟,去不了"人欲",不愿把皇位传给别的宗亲。他可能担心一旦皇位旁移,后世会把他和史弥远逼死济王的案子翻过来,这个侄子虽然蠢笨,但好歹是自己亲兄弟的儿子。其时,元朝已兴起,横跨亚欧,虎狼之师强势来袭,而南宋这家百年老店风雨飘摇,"产权人"宋度宗更是一个低能儿,这种绵羊一般的素质,如何能跟雄心勃勃、老谋深算的元世祖忽必烈抗衡?

宋度宗咸淳三年(1267年),元军大规模进攻襄阳,吹响了灭亡南宋的号角。襄阳的军民跟蒙古军队苦战六年,南宋宫廷内却依旧歌舞升平,醉生梦死。宋度宗无条件地信任他的贾师相,安心当甩手掌柜。一天,宋度宗突然问贾似道:"襄樊被围三年,如之奈何?"贾似道惊讶地说:"蒙古军队已经退走了,陛下从哪里得来的消息?"度宗回答说:"宫女言之。"贾似道事后立杀此宫女。此事不一定是真的,但也从一定程度上反映出宫廷内外消极应战的情况。

年轻气盛的汪元量作了几首七绝,讽刺贾似道弄权内外,隐匿国事,不救襄阳。其中两首是:

冻木号风雪满天,平章犹放下湖船。

兽炉金帐羔儿美,不念襄阳已六年。

——《贾魏公雪中下湖》

吕将军在守襄阳,十载襄阳铁脊梁。

望断援兵无信息,声声骂杀贾平章。

——《醉歌一》

客观而论,贾似道真的这么心大,置国家安危存亡于不顾?恐怕也不是。根据现代学者李天鸣对于宋元战史的考证,襄樊被围的六年间(咸淳四年九月至咸淳九年二月),贾似道总共组织了十三次针对襄阳的军事救援。其中规模最大的一次为咸淳七年六月,贾似道遣范文虎率禁卫军八千人援襄,但并没有成功。该战之后,咸淳八年五月,张顺(《水浒传》里张顺的原型)、张贵又率民兵三千援襄,张顺此役殉国。

军事行动从来就要保守机密,不可能做到妇孺皆知,说贾似道不念襄阳,一心躲在西湖边的豪宅里斗蟋蟀,委实有些冤枉他。贾似道的豪宅位于西湖边的葛岭之上,来一趟南宋皇宫至少要半天时间,他在家中处理政务,也是为了提高办事效率和保密。但贾似道掌权十六年,得罪的人太多,背后骂他的人何止千万,汪元量的诗句难免以讹传讹。但敢于直斥宰辅荒唐误国,也可以看出他棱角分明的个性。

贾似道最大的失误在于,当年蒙哥汗意外身亡,蒙古军北撤,南宋军事压力得以减轻,本来有近二十年的时间来制定对蒙古的整体战略,但贾似道却消极应对,战不像战,守不像守,和不像和,没有一个清晰稳定的对外抉择。而且,他对襄阳的战略地位重视不够,没有意识到这是决定国运的一战,因此没有冲破阻力、亲临襄阳前线坐镇,也没有调动四川、江淮战区的兵马主动出击牵制元军,积极防御。襄阳失守,大局溃烂。

德祐元年(1275 年),元军顺流而下,贾似道亲自率军十三万在鲁港迎战,结果一触即溃。贾孤身逃往扬州,无计可施,终于被朝廷问罪。墙倒众人推,贾似道纵浑身是口也说不清了。他很快被免官,发配循州,途中被仇家杀死。

三

元军乘胜攻镇江。镇江知府洪起畏声称要与城共存亡,慷慨写下"家在临安,职守京口(镇江),北骑若来,有死不走",命人张贴在镇江城四处。旋即,元军兵临城下,洪起畏却率先投降。

更可笑的是南宋湖州守备笺材望,知元军旦夕渡江,誓言以死殉国。他做了一副大锡牌,牌上写"大宋忠臣笺材望",并以白银镶嵌其中,说:"如有人为我收尸,此为埋葬之费。"湖州人无不为他的忠勇感动。德祐二年(1276 年)一月,元军陷城,笺不知去向,时人皆以为他投水自尽了。没料到几天后,笺材望竟然穿着蒙古人的衣装,骑着马在元军面前引路,众人才知这家伙一早就出城迎降了。

德祐二年(1276年),元军三路包围临安,统帅伯颜驻兵皋亭山上,距离临安城不到三十里,主管军事的枢密院官员和御史却一个个跑了,起居舍人曾唯、礼部侍郎陈景行、权礼部尚书王应麟跑了,左丞相留梦炎也跑了,还有多名官员贪生怕死逃走,朝堂为之一空。忿怒的谢太后在朝堂上贴了一张榜文说:"我朝三百余年,待士大夫以礼。现在我和新皇帝有难,你们大小官员连一句救国的话也不说,朝中官员弃职溜走,你们平日读圣贤书,自许如何! 在此时做这种事,活着还有什么面目见人,死后如何见先帝?"①右丞相陈宜中请谢太后和小皇帝逃出临安。谢太后不同意,陈宜中再三请求,谢太后才点头,但到整装待走时,陈宜中却不知去向。谢太后又气又急,干脆放弃了逃跑的打算,她扯掉头上首饰,抱着小皇帝痛哭。

当天恰逢元宵节。往年元宵,是临安最热闹的日子,也是民间最盛大的节日,杭州城各处张灯结彩,欢歌燕舞,市民们倾家出游,在繁华的街道上逛夜市。皇宫内也喜乐成祥,各处宫殿挂上明媚灯饰,太后和皇帝亲临各处赏灯,或外出到灵隐寺、西湖边与民同乐。今年元宵却阴冷无比,城外是杀气腾腾的蒙古大军,城内早已宣布戒严,兵戈之兆让人噤若寒蝉。谢太后急病乱投医,跑到太庙祈祷,说:"海若有灵,当使波涛大作,一洗而空之。"指望潮汐显灵,淹死城外的元军,但海水却平静如常。②皇宫内愁云密布,没有一点欢庆的气氛。只听见钱塘江起落的潮声,让人更加迷惘,寝食难安。汪元

---

① 脱脱,等.宋史(卷二百四十三)[M].北京:中华书局,1985:8659.
② 上海古籍出版社.宋元笔记小说大观(六)[M].上海:上海古籍出版社,2001:6143.

汪元量

量弹奏了一曲《传言玉女·钱唐元夕》：

一片风流，今夕与谁同乐？月台花馆，慨尘埃漠漠。豪华荡尽，只有青山如洛。钱塘依旧，潮生潮落。

万点灯光，羞照舞钿歌箔。玉梅消瘦，恨东皇命薄。昭君泪流，手捻琵琶弦索。离愁聊寄，画楼哀角。

这首词以今不如昔的感叹开头，使全词笼罩在一片惨淡气氛中。"豪华荡尽，只有青山如洛"，天下没有不散的筵席，几世的豪华富贵，终有完结的一天。命运已不在自己手中，未来难料，可能如王昭君那样，单车琵琶，画楼角声，被送往漠北苦寒之地，葬身于无尽的荒原之中。

元月十八日，伯颜派人入城，促南宋投降。忠心耿耿的文天祥、张世杰请谢太后乘船逃至海上，自己率众背水一战，但谢太后此时已打定主意投降。第二天，谢太后任命文天祥为右丞相兼枢密使，前往元军大营"请降"，但文天祥慷慨不屈，强调自己是来议和而非投降的，要求伯颜先退兵，再谈具体事情。伯颜恼怒，扣留文天祥，敦促宋廷另派别官。谢太后无奈，只有写好降表，让御史杨应奎连同传国玉玺交给伯颜。

国难当头，本应挑起大梁的皇室却贪生求降，令南宋爱国军民失望万分。江东制置使谢枋得痛心地说，谢太后不跟臣工们商议，跟一两个近臣拍脑门做了决定，随随便便把南宋的江山送给元人！汪元量更是写下诗句："乱点连声杀六更，荧荧庭燎待天明。侍臣已写归降表，臣妾佥名谢道清。"他在诗中直呼谢太后姓名，写下南宋

207

朝廷奴颜婢膝的丑态,这在古代是大不敬的行为,可见此时他心中的愤怒和耻辱已如火山一样喷发出来。

二月元军入城,接管城内各处军事设施,收缴武器,封锁皇宫,逼临安市民出"撒花银"劳军。伯颜向南宋宫廷索要宫女,宫女们唯恐遭受当年"靖康之变"时的宰割,投太液池和钱塘江自尽,死者上百人。这些地位低下的女孩子知道,一旦沦为阶下囚,就会被主子毫不犹豫地献出去,只能以死抗争。

三月中旬,元军命谢太后、全太后、小皇帝即皇室宗亲等上千人随军北还,到大都面见元世祖,献俘受降。临行前的一夜异常难过,每一个人都在盘算着将来的日子,伤感焦虑,辗转难眠。王昭仪作为三宫的随同在遣中。谢太后年老多病,留在杭州休养,不在第一批遣送人员之中。汪元量没有被列为皇室伴从,行动自由。他在吴山、西湖边徘徊流连,经过葛岭贾似道故居,看到这座曾经占去西湖一半的豪华府邸,现在却是青苔紫苏、火麻遍地。他不知它的新主人会是谁?

汪元量本来是不必北上的,他并非重要人物,不在元军罗列的名单之中,也有时间逃离杭州,去别处安身。但他毅然决定,到元军大营去自报家门,要求陪着太后和皇帝一起去大都。他当然知道,这一去沟壑纵横、生死难料,被辱、被囚、被杀都有可能,最好的结果,也就是软禁而终。自古亡国之余,即使没有遭戮,哪有重返家乡的?他鄙视投降,知道田横和五百壮士的义举,但太后和先帝对他个人是有恩的。他的内心清楚,如果太后不降,背水一战,拼死抵抗,临安城可能会如常州那样被杀得鸡犬不留。于公于私,他都不

忍心抛下年迈的谢太后和六岁的小皇帝。因此,几个月后,他也随同谢太后等第二批被俘人员北上了。临别前,他彻夜未眠,对前途感到悲观,写了一首诗寄给弟弟:

痴坐书窗待晓钟,背灯无语意无穷。

一家骨肉正愁绝,四海弟兄如梦同。

西舍东邻今日别,北鱼南雁几时通。

行行忍见御沟水,流出满江花片红。

汪元量随同太皇太后等被重兵押送北上。经过常州时,他们见到了触目惊心的景象:一年前的大战残迹还未清理,城边白骨累累,城内尽是废墟,野草丛生,狐兔成群,曾经的繁华之地如同地狱一般阴森恐怖。夜里,元军把他们关押在城外的一间寺庙中。一轮明月挂在杨柳青枝上,远处传来了长笛声,让人又回想起从前的太平日子。天上人间,造物弄人。生逢末世,纵有天资才干,也只能如海棠一样,在暮春的烟雨中憔悴,在这笛声中感叹青春短暂。

他们过了几天就到了扬州。元军怕驻守淮扬的宋军劫营,安排他们住在淮河上的船中。船是元军从渔民那里强征过来的。伯颜派人给谢太后送上骆驼肉。入夜,晓风淡月,波声呜咽,汪元量在船舱内久不成寐,他忽然听到岸上传来了熟悉的琴声《广陵散》。这曲子是自己擅长的,为什么会在此响起?《广陵散》早已失传,除了皇宫琴师,谁还会弹这首曲子?他乡遇知音,如果在往常,他会欣喜异常,应声而和,但此时却百感莫名,愁恨交加。他知道,这是某位宫女正在为元军将领演奏。他就着曲子,填了一首《水龙吟》:

鼓鼙惊破霓裳，海棠亭北多风雨。歌阑酒罢，玉啼金泣，此行良苦。驼背模糊，马头匼匝，朝朝暮暮。自都门燕别，龙艘锦缆，空载得、春归去。

目断东南半壁，怅长淮已非吾土。受降城下，草如霜白，凄凉酸楚。粉阵红围，夜深人静，谁宾谁主？对渔灯一点，羁愁一搦，谱琴中语。

过了扬州再往北走，就要出南宋的疆界了。他们一行人抵达徐州，又饥又渴，希望能够暂歇一两天，但伯颜拒绝了，要求他们到了河南再说。汪元量从徐州城门穿过，见到了有名的黄楼。北宋时黄河决堤，大水淹没了徐州城。当时的太守苏轼组织民工蓄土积石，水退之后增筑了徐州城墙，以城东门为大楼，粉以黄土，因此被称为黄楼。苏轼的弟子秦观还专门作过一篇《黄楼赋》。汪元量对苏轼十分景仰，他吟诵着苏轼的诗句，以他的乐观精神为鼓舞。

到故都汴梁时，他们同第一批被押人员一样，也住在郊外的一所驿站中。汪元量在庙壁上见到了熟悉的字，那是王清惠（昭仪）随小皇帝拘押在这里时，留下的一首《满江红》词：

太液芙蓉，浑不似、旧时颜色。曾记得、春风雨露，玉楼金阙。名播兰馨妃后里，晕潮莲脸君王侧。忽一声、鼙鼓揭天来，繁华歇。

龙虎散，风云灭。千古恨，凭谁说。对山河百二，泪盈襟血。客馆夜惊尘土梦，宫车晓碾关山月。问嫦娥、于我肯从容，同圆缺？

宋代女词人佳作频出，但大多填《满庭芳》《一剪梅》之类温情脉

脉的词曲,填《满江红》的只有王清惠一人。《满江红》是一支慷慨激昂的曲子,如同雄浑的军歌,岳飞名作《满江红》脍炙人口。这首词是用木炭写在墙壁上的,虽然不够清晰,但依然能想象她当时激动而悲凉的心境。

开头"太液芙蓉",借指南宋皇宫,汉武帝曾在建章宫中造太液池。"不似旧时颜色",这是比兴手法,烘托哀凉气氛。"曾记得"回忆过去的美好和优雅的生活,以及度宗皇帝的宠爱。"忽一声"指元军降临,南宋沦陷。"鼙鼓揭天来,繁华歇",暗用白居易《长恨歌》"渔阳鼙鼓动地来,惊破霓裳羽衣曲"之意。词的下片叹惜国家命运,字字惊心,"千古恨,凭谁说""泪盈襟血"大有"十四万人齐解甲,宁无一个是男儿"的沉痛;"客馆夜惊尘土梦,宫车晓碾关山月"道出押送途中的凄苦,她们这些年轻貌美的宫廷内眷,可能还遭受了元军的凌辱。最后她写道:"问嫦娥、于我肯从容,同圆缺?"表明自己会与月中的嫦娥一样,保持清白身体,在孤寂寒冷之中度过余生。

汪元量和韵也写下了一首《满江红》:

天上人家,醉王母、蟠桃春色。被午夜、漏声催箭,晓光侵阙。花覆千官鸾阁外,香浮九鼎龙楼侧。恨黑风吹雨湿霓裳,歌声歇。

人去后,书应绝。肠断处,心难说。更那堪杜宇,满山啼血。事去空流东汴水,愁来不见西湖月。有谁知、海上泣婵娟,菱花缺。

上片同样追忆过往的欢愉和突然降临的灾难,下片中的"满山啼血"与王词里的"泪盈襟血"呼应,表明自己和清惠同命相连。东汴水、西湖月,对应的是"尘土梦、关山月"。他和清惠的关系本就密切,不仅经历了宫廷的繁华,也被迫共此国难,感觉两颗心靠得更近了。

此时已值深秋,他们八月出发,已走了两个月有余,身心俱疲。离开杭州时的忧伤,已被满身的疲惫和北风的冷冽占据。车轴辘辘,黄土漫天。到达黄河渡口时,天阴风号,北风萧瑟,令人毛骨悚然。他想到北宋时东京留守宗泽,这位一生立主抗金的老英雄,临终前,无一语谈及家事,念念不忘北伐,连呼三声"渡河!渡河!渡河!"怀着悲愤的心情溘然长辞。没料到自己今天真的要渡河了,身份却是一名囚徒。他坐在河岸上,弹奏起《箜篌引》,不禁泪流满面。他恨不能跳入滔滔洪流之中,让自己跟故土化为一体。

好像心有灵犀一般,汪元量收到了一封书信,是前期被送至大都的王清惠寄来的一首诗,诗中写道:"万里倦行役,秋来瘦几分。因看河北月,忽忆海东云。""海东云"当然是指自己。她在大都等着他。他内心激动,说不清是喜悦还是苦涩,眼前又浮现出她的面容。

四

元世祖忽必烈是成吉思汗的孙子、拖雷(《射雕英雄传》中郭靖的安达)的第四个儿子。咸淳七年(1271年)十一月,宋蒙襄阳之战如火如荼之际,忽必烈改蒙古国号为"大元",成为南北局势的一个转折点。在此之前,忽必烈花了十年的时间,定都燕京、立朝仪,以

"省院台大臣御前奏闻"取代蒙古传统的忽里勒台会,又定"中统"年号,做好了称雄中原的准备。忽必烈的这一系列举措对蒙古贵族以及四大汗国来说,是无视组织纪律的,特别是"元朝"的称谓来自一位汉族官员的建议,采自《易经》中的"乾元",更是违背祖制的,不过这意味着忽必烈要将新的王朝纳入夏、商、周、秦、汉、隋、唐、宋的历史序列。这样一来,天下人尤其是北方的汉人,会认为攻打南宋并非是一种殖民入侵,而是要把偏安一隅的南宋归入一个正统的中央王朝。

经过十三年的征战,忽必烈最终统一了中国,除了他有个人雄才之外,还跟他的一位贤内助分不开。弘吉剌·察必,忽必烈正妻,史书上说她"禀性聪明,果敢坚毅"。1259年,忽必烈作为蒙军统帅征伐南宋,恰逢蒙古大汗蒙哥在钓鱼城下暴毙,汗位空缺,忽必烈的弟弟阿里不哥此时留守北方,欲自立为大汗。察必探明消息,秘密派人星夜前往鄂州前线告知忽必烈,让他迅速撤军,赶回漠北与阿里不哥争夺汗位。

忽必烈继位后,正式册封察必为皇后。察必行事低调、生活勤俭、心地善良。至元十三年(1276年),蒙古大军顺利灭亡南宋,俘获南宋小皇帝和二宫太后,她却不以为喜。八月,南宋皇室和大臣被押送至上都,面见忽必烈。忽必烈大宴群臣,众皆欢乐。回到后宫,忽必烈得意洋洋地对察必说:"我今平定江南,此乃奇功一件,自此以后不再兴兵打仗,大家可以过太平日子了。"察必沉默半晌,回答:"我听说,从来没有万世不变的朝代,将来会如何,谁也不知道,但愿以后我们的子孙不要落到宋朝皇帝这样的境地就好了。"忽必烈问:

"你是想让我饶过她们母子吗?"察必叩首说:"愿陛下不要居功自满,慈悲为本,请以宋朝为戒。"①

　　因为察必皇后的求情,也由于南宋残余势力尚存,忽必烈采取优待南宋皇室的策略。他免去了全太后、小皇帝和赵氏宗亲的肉袒牵羊乞降仪式,封小皇帝为瀛国公,封福王以芮为平原郡王,准许全太后等人继续身着宋服,保留汉族的发式。他和皇后亲自宴请招待她们,菜肴多是稀式名品。全太后等人喜出望外,感激涕零,把身边大部分财物献给忽必烈和元朝官员,以答谢元朝的不杀之恩。察必皇后对全太后母子非常同情,曾三次亲赴全太后住所,携酥酒礼物慰问。两位女人年纪都在三十五岁上下,说到情重之处,全太后泪如泉涌,哀告企盼有生之年能回家乡去。察必答应她,会替她求情,让皇帝忽必烈准许她回返杭州。

　　谢太皇太后随第二批被俘宗室送到大都后,元世祖降封她为寿春郡夫人,此后她就一直被软禁在大都,七年后去世,享年七十四岁。这位历事三朝、南宋灭亡的直接当事人,虽然生计无忧,但内心是极为痛苦的。但她又不可对外人言说,唯有汪元量理解她的焦虑和煎熬,"事去千年速,愁来一死迟"。在最后的岁月中,汪元量的琴声给了她极大的慰藉。

　　然而,获得优待的仅是皇室成员,随行的宫女可没有这么幸运。宋度宗好色,搜罗了大批美女充实后宫。忽必烈下令将上千宫女分配给蒙古工匠。这些地位低下、流落他乡的女人们只能以泪洗面,

---

① 宋濂,等.元史(卷一百一十四)[M].北京:中华书局,1976:2871.

任人宰割,命运悲惨。汪元量以诗圣杜甫"三别""三吏"为范本,写下了一首长诗《亡宋宫人分嫁北匠》:

> 皎皎千婵娟,盈盈翠红围。
>
> 辇来路迢递,梳鬟理征衣。
>
> 复采鸳鸯花,缀之连理枝。
>
> 忧愁忽已失,欢乐当自兹。
>
> 君王不重色,安肯留金闺。
>
> 再令出宫掖,相看泪交垂。
>
> 分配老斫轮,强颜相追随。
>
> 旧恩弃如土,新宠岂所宜。
>
> 谁谓事当尔,苦乐心自知。
>
> 含情理金徽,烦声乱朱丝。
>
> 一弹丹凤离,再弹黄鹄飞。
>
> 已恨听者少,更伤知音稀。
>
> 吞声不忍哭,寄曲宣余悲。
>
> 可怜薄命身,万里荣华衰。
>
> 江南天一涯,流落将安归。
>
> 向来承恩地,月落夜乌啼。

一天夜里,四位宫人沐浴焚香后,在住所自缢身亡,其中一位的衣服内留下了绝命诗:"既不辱国,幸免辱身。世食宋禄,羞为北臣。

妾辈之死,守于一贞。忠臣孝子,期以自新。"①忽必烈闻之大怒,命斩下四人头,悬挂于全太后寝所门口。王清惠本来也在分配之列,但忽必烈发觉她有诗书之才,打算安排她到皇宫内做女官,清惠誓死不从,只好让她出家当了女道士。

羁留在大都的宫人朝不保夕,流落在民间的宫人也大多沦为市井娼妓、舞女,卖笑为生,殊为可悯。一位德祐时的太学生填《祝英台近》,对这些弱女子表达出深切的同情:

倚危栏,斜日暮,蓦蓦甚情绪?稚柳娇黄,全未禁风雨。春江万里云涛,扁舟飞渡,那更听、塞鸿无数。

叹离阻!有恨流落天涯,谁念泣孤旅?满目风尘,冉冉如飞雾。是何人惹愁来?那人问处?怎知道愁来不去!

汪元量的《歌楼感事》诗中也写道:

昔年同辇载花仙,此日登楼籍妓员。
恩赐舞衣香未歇,御书歌扇墨犹鲜。
碧云翼翼金钗滑,红雪翩翩玉佩圆。
却把向来供奉曲,酒边对客续朱弦。

元军分掠江南各路,肆意抢夺民财子女。至元十四年(1277年)六月,流言四起,纷纷言元朝皇帝将广采童男童女,分赏给灭宋

---

① 上海古籍出版社.宋元笔记小说大观(六)[M].上海:上海古籍出版社,2001:6170.

有功的蒙古军士,男为奴,女为妾。一时间,江南所有府县村落的大小人家,凡家中有十二岁以上男孩女孩的,不管贵贱美丑,也免去了媒人聘礼,片言即合,当天婚配。有的人家相距遥远,也不等待车马齐备,竟徒步翻山越岭上门登对,直闹得天翻地覆。直到十几日后才知是谣传。有人写诗感叹道:"一封丹诏未为真,三杯淡酒便成亲。夜来明月楼头望,惟有桓娥不嫁人。"①可见老百姓早已成惊弓之鸟。

汪元量的琴艺受到察必皇后的欣赏,性命也得保全,常让他琴乐相随,并给予他极大的宽容,他能够随时出入元朝宫廷和全太后等人处所。他自愿担当小皇帝的启蒙师傅,手把手教他写字作文。虽然察必皇后几次为全太后和小皇帝争取回杭州,但都被忽必烈断然拒绝,察必也不敢多说。此时江南士民反抗仍然激烈,张世杰、陆秀夫等人拥立了赵昺的哥哥赵昰,继续打着宋朝大旗,在福建、广东一带组织反击,忽必烈是不可能放走她们的。全太后知道回归无望,又不适应大都水土,愁病交加。

转眼到了第二年秋天,落叶缤纷,鸿雁南归。一天,汪元量来给小皇帝上课,听见内室里传来了幽幽的琴声。那琴声低回婉转,轻柔似烟,曲终意永,如坠云雾。

"是她!"汪元量心里一惊。

果然是王清惠来了,还是那么娴雅,如兰菊卓绝。

---

① 上海古籍出版社.宋元笔记小说大观(六)[M].上海:上海古籍出版社,2001:6250.

清惠见到他，不觉凄然一笑，两人对视良久，并无片言，"羁客相看默无语，一襟愁思自心知"。清惠继续弹奏。他坐在外室，背靠香炉，闭目静听。他对清惠的爱慕之情，在临安时就已有之，北上之后尤为浓烈，但清惠是先帝的昭仪，两人有君臣之分，他岂能做非分之想？曲后，清惠陪全太后饮茶叙旧，谈起家乡，两人又潸然泪下。夜里，汪元量回到官舍，独坐案前，抚琴长叹，写了一首诗《秋日酬王昭仪》，寄给清惠：

> 愁到浓时酒自斟，挑灯看剑泪痕深。
> 黄金台愧少知己，碧玉调湘空好音。
> 万叶秋风孤馆梦，一灯夜雨故乡心。
> 庭前昨夜梧桐雨，劲气萧萧入短襟。

文字悲凉沉郁，且有将清惠比作知己之意。清惠很快回寄他几首诗，她愿意把凄苦的心境显露给他，实则接受了他的情谊。

五

如果汪元量生在今天，相信他不仅会是一位音乐家，也会是一位优秀的纪录片导演和摄影。他以一个旁观者的角度，冷静而忠实地记录了这场悲剧的每一个细节。至元十五年（1278 年）十一月，文天祥兵败广东，在五坡岭被元军俘获，第二年被送到大都。忽必烈非常赏识文天祥，开出优厚的条件，下令文武左右尽一切可能劝降

文天祥,甚至让九岁的瀛国公都出面了,但均被文天祥严词拒绝,甚至被他痛骂而返,只好将他羁押在囚牢中。

汪元量之前与文天祥未曾谋面,但早已听说过他的大名。他回忆起理宗皇帝曾高兴地在后宫中说:"天祥,乃宋之瑞也。"大有宋仁宗录取苏轼兄弟时的喜悦之情。这年中秋节,他请求着宋服去狱中面见文天祥,元廷同意了。

大都兵马司的监狱阴冷潮湿,即使在大白天,内部也是漆黑一片。汪元量随狱卒走向文天祥的牢房,潮气、霉气、屎尿味扑鼻,让他不由得掩住了口鼻。他如坠梦中,心里嘀咕:"文丞相居然在这里?"他才知道,文天祥没有住在单身牢房,而是跟另外十几个刑事犯人关在一起。这也是元朝官员的用心所在:你不是自诩状元丞相吗?让你跟一群野蛮人住在一起,让你毫无尊严,看你能坚持多久。

文天祥端坐在牢房的角落,身着宋服,满身泥污,蓬头垢面,但目光如炬。一见汪元量,以为又是来劝降的,便闭目相向,一言不发。汪元量看了看牢房,十来个人挤在一个几尺见方的小房间里,房间上方开了一个小口透气,空气里混杂着各种难闻的气味,简直比猪圈好不了多少。文天祥身边有一本书,汪元量俯身拾起,原来是一本《杜工部集》。他内心感动,连忙拱手,自我介绍:"鄙人汪元量,原任度宗皇帝宫中琴师,特来拜见文丞相。"文天祥睁开眼睛,冷冷地说:"你是来劝降的吗?"

汪元量忙欠身回答:"临安城破,我与三宫一起来到大都,苟且偷生,为的是将本朝功过事迹,付与诗稿,传之后世。元量不才,知道'亡国不可亡史'之理,情文丞相赐教。"说着,他把北上以来写作的《行吟》诗一卷从袖中取出，双手捧给文天祥。文天祥沉默了一会儿，缓缓地说："放下罢。"汪元量见他不再说话，便把诗集放在他的身旁，深深作了一个揖，在牢房外等待。文天祥拿起来他的诗作读起来，不由得眼前一亮，觉得其感情激越，内容动人，便命狱卒取来纸笔，现场为汪元量诗集作跋："南风之薰兮琴无弦，北风其凉兮诗无传。云之汉兮水之渊，佳哉斯人兮水云之仙。"（文天祥《书汪水云诗后》，见汪元量《增订湖山类稿》附录一，中华书局 1984 年孔凡礼辑校本）得到文丞相的墨迹，汪元量如获至宝。他取来古琴，坐在牢门外为文天祥弹奏《胡笳十八拍》。这首曲子本为东汉末年流落匈奴的蔡文姬所作，表述了漂萍无依的身世和去国离家的悲凉。慷慨悲凉的琴声，在逼仄阴森的牢狱之中回荡，"青海茫茫迷故国，黄尘黯黯泣孤臣"，文天祥这位铁骨铮铮的汉子终于动容。弹完琴，汪元量又请文天祥按琴谱节拍作一首《胡笳十八拍》诗。但探监的时间马上到了，文天祥答应他会抽空完成。

　　十月间，汪元量又去狱中探望文天祥。此时文天祥又瘦又憔悴，恶劣的牢狱生活正在逐渐吞噬他的健康。但他用顽强的毅力集杜甫诗句写成《胡笳曲（十八拍）》，与汪元量共同商量润色。文天祥在大都坐牢，天下皆知。一部分变节的汉官希望文天祥投降，仿佛这样就能减轻自身的罪责。广大的南宋遗民均以文天祥为楷模，指望他能尽早为国捐躯。元政府起初对文天祥很是客套，但文天祥宁折不屈，元廷的态度逐渐转变为强硬。汪元量出入元皇宫廷，了解忽必烈的心理，他已知文天祥时日无多。他当场赋诗一首，呈给文天祥，题为《妾薄命呈文山道人》，中有"誓以守贞洁，与君生死同。

君当立高节,杀身以为忠"的句子,勉励文天祥气节自重。文天祥对
汪元量的才华也是赞赏的,知道他肩负辅导小皇帝的重任,对他出
入元宫并无责怪,反而有惺惺相惜之情。

　　至元十九年(1282 年)十二月,元世祖忽必烈亲自出面劝降不
成,又见长期关押无果,终于下令处死文天祥。文天祥毫无畏惧,凛
然就义。汪元量感痛不已,一连写下了九首诗为文天祥招魂。此
时,大都和江南的局势都不稳定,京城里暴动不断,权相阿合马前不
久被王著等人击杀身亡,元廷担忧在大都的南宋皇室成为反元力量
的旗帜,便于文天祥死难的同一天命令小皇帝赵㬎和太后、福王等
宗室离开大都,前往上都(今内蒙古正蓝旗东闪电河北岸)居住。王
清惠和汪元量也在遣中,同日出发。这一群高级囚徒不得不在最寒
冷的季节,前往中国最寒冷的地方。他们来不及收拾细软,就在元
兵的吆喝声中,顶着呼啸的北风出发了。

六

英国诗人柯勒律治在抒情诗《忽必烈汗》中赞美上都:

忽必烈汗在上都曾经下令造一座堂皇的安乐殿堂:
这地方有圣河亚佛流奔,
穿过深不可测的洞门,
直流入不见阳光的海洋。

有方圆五英里肥沃的土壤，

四周给围上楼塔和城墙；

那里有花园，蜿蜒的溪河在其间闪耀，

园里树枝上鲜花盛开，一片芬芳；

这里有森林，跟山峦同样古老，

围住了洒满阳光的一块块青青草场。

……

　　但上都并非这位浪漫诗人想象中的天堂，那里是荒凉苦寒、野兽群聚之地。一行人经过居庸关，汪元量第一次见到了苍凉的古长城，周围荆棘参天，野枭哀鸣，黑云漫天，城墙下有散落的白骨，他想到了惨烈的数次战争。他想到了这里原属于幽云十六州，如果北宋时"雍熙北伐"成功，占领了此关，他就不会这么狼狈地来到这里。突然大风扬尘，飞沙走石，一行人迷了路，好不容易才找回大路上。饥寒交迫，他们走得匆忙，没有携带足够的给养。所有的人都忧心忡忡，害怕一旦出了长城，就会死于荒野。

　　几天后，他们的食物断绝，赵㬎坐在雪中饿得直哭，王清惠把他搂在怀中安慰，汪元量背过身去，不忍直视。他的手指钻心地痛，原来已被冻裂，可能再也不能弹琴了。押送他们的元军将领不由分说，催他们赶路。好不容易抵达了寰州，买到一些食物和水。众人还没喘口气，就被驱赶着继续朝西北走。

　　经过李陵台时，汪元量想到汉朝时李陵率兵在漠北遭遇匈奴，

孤军深入,奋战数十日,弹尽粮绝,全军覆没。李陵被匈奴人俘虏,匈奴人没有杀他,但汉朝皇帝却以为他投降了,有辱国体,便将他的全家抄斩。李陵哀恸欲绝,从此断了回汉朝的念头。现在的自己,跟当年的李陵有何分别?在江南的遗民和亲友们眼里,他一定也是一个丧失气节的人。就算自己以后有幸回到家乡,又该如何面对这些人呢?想到此处,他不由得长叹一口气。

李陵台不远处便是苏武碑。他们已一个月没有梳头洗脸,饿了吃两口烧饼,渴了就撮口雪咽下去。汪元量给赵㬎讲解:苏武被匈奴人扣押十九年,迁徙至北海牧羊,食雪和草籽充饥,义不屈节,始终以汉朝臣子自居,最后得以返回中原,成为千秋佳话。他作了一首《居延》,吟诵给赵㬎:

忆昔苏子卿,持节入异域。

淹留十九年,风霜毒颜色。

啮毡曾牧羝,跣足涉沙碛。

日夕思汉君,恨不生羽翼。

一朝天气清,持节入汉国。

胤子生别离,回视如块砾。

丈夫抱赤心,安肯泪沾臆。

实际上这首诗也是他给自己立下的誓言:无论流放到何处,都会以南宋遗民自居,不会受元朝皇帝的笼络。又一阵大风雪袭来,人马都走不了。全太后冻得脸色乌青,抱着赵㬎眼泪打转。汪元量囊中还剩一点酒,急忙拿出让全太后喝下,稍许扛过严寒。

好不容易抵达上都，蒙古人让他们住在圆毡帐篷里。草原上天气变化极大，原本的晴好天光，顷刻间朔风扬起一大片乌云，如席雪花纷纷而下，夜里气温极低，滴水成冰，帐篷外传来狼嚎，令人毛骨悚然。全太后等都是南方人，哪里受得了这种气候和环境！整日惶惶，坐立难安。王清惠病倒了，在这荒郊野地、举目无亲的塞北高原，真是叫天不应，叫地不灵。汪元量唏嘘感叹，一连填了六首《忆秦娥》，诉思乡之苦与流落之悲，演奏给众人，其中两首是：

雪霏霏。蓟门冷落人行稀。人行稀。秦娥渐老，着破宫衣。
强将纤指按金徽。未成曲调心先悲。心先悲。更无言语，玉箸双垂。

风声恶。个人蕉萃凭高阁。凭高阁。相思无尽，泪珠偷落。
锦书欲寄鸿难托。那堪更听边城角。边城角。又添烦恼，又添萧索。

七

至元二十五年（1288年），一道诏令突然从大都传来，命赵㬎前往吐蕃（今西藏）学习佛法，全太后出家为尼。

赵㬎六岁被俘，北上做了十二年囚徒，如今这个苦命人又要与生母分离，只身踏上西行道路。南朝刘宋的皇子刘子鸾，被逼喝下毒酒前对左右悲泣道："愿来世不复生于帝王家！"想来赵㬎也少不

了如此悲叹。汪元量写道："木老西天去,裓裟说梵文。生前从此别,死后不相闻。"据说,赵㬎前往萨迦寺出家,潜心学习藏文、佛法,写作翻译了多部典籍,终于成为藏传佛教史上的一代名僧。即使如此,大元皇帝仍然把赵㬎视为一个不安因素,不肯放过他。至治三年(1323年),元英宗下令赐死赵㬎,赵㬎死时五十二岁。野史上说,赵㬎与元仁宗的妃子有染,生下一个男孩,后来继位为元顺帝。证据是朱元璋见到元顺帝的画像,觉得跟宋恭帝(赵㬎)非常相似。元朝皇位就这样阴差阳错又回到赵宋的手中。这种说法应该出于一种因果循环的心态。

赵㬎走后,汪元量和王清惠陪全太后回大都,但王清惠此时已病重。回到大都后,病情仍未好转,多年的颠沛流离几乎耗尽了她的生命,词人王沂孙《齐天乐·蝉》一词中有"镜暗妆残,为谁娇鬓尚如许",有人说是为清惠而写。她写了一首诗给汪元量:"妾命薄如叶,流离万里行。燕尘燕塞外,愁坐听衣声。"(《捣衣诗呈水云》)她已把汪元量视为亲人,把那份难以言说的爱慕隐藏在彼此的心底。她又写了一封信,托他有机会捎回江南给娘家人。

汪元量把北上大都创作的诗词整理成册。想到赵㬎去了藏区,不会再回来,他已尽责任,尘缘了了,想如清惠一样出家为道士,便向忽必烈提出请求。但忽必烈此时健康状况已大不如前。七年前察必皇后驾崩,四年前他的太子真金也去世了,对七十五岁高龄的忽必烈造成极大打击。他倦于政务,深居简出,用无节制的肉食和酗酒来麻醉自己,结果又患上痛风和高血压,痛苦不堪。

但令汪元量意外的是,他的第三次上书请求终于获得了批准,他可以道士的身份返回家乡。

　　得知汪元量获准返回江南，当年一起北上的宫人故旧羡慕坏了。岁月轮回，风霜刀剑，福王与芮等多人已离开了人世，健在的也境况凄惨，有的如同奴隶。在他离开大都前夕，十八位南宋旧宫人设宴给他践行，庆祝他终获自由。王清惠也扶病前来，嘱咐大家以"劝君更尽一杯酒，西出阳关无故人"分韵赋诗一首，赠与元量。元量弹琴答谢。众人又以《望江南》《长相思》为题，分别填词赋歌。从此天涯两地，人鬼难料，与其说她们在为汪元量祝福，不如说在哀叹自己有家难回、前途渺茫的命运。李白曾写"我寄愁心与明月，随君直到夜郎西"，这些惜别之词是希望魂魄能随着元量重返故乡。

　　春睡起，积雪满燕山。万里长城横玉带，六街灯火已阑珊，人立蓟楼间。

　　空懊恼，独客此时还。辔压马头金错落，鞍笼驼背锦斓斑，肠断唱门关。

　　　　　　　　　　　　　　　　　　　——金德淑《望江南》

　　君去也，晓出蓟门西。鲁酒千杯人不醉，臂鹰健卒马如飞。回首隔天涯。

　　云黯黯，万里雪霏霏。料得江南人到早，水边篱落忽横枝。清兴少人知。

　　　　　　　　　　　　　　　　　　　——黄静淑《望江南》

　　江北路，一望雪皑皑。万里打围鹰隼急，六军刁斗去还来。归客别金台。

江北酒,一饮动千坏。客有黄金如粪土,薄情不肯赎奴回。挥泪洒黄埃。

——杨慧淑《望江南》

吴山秋,越山秋。吴越两山相对愁。长江不尽流。

风飕飕,雨飕飕。万里归人空白头。南冠泣楚囚。

——章丽真《长相思》

汪元量在南归途中时,王清惠病故的消息传来。他想起与这位老朋友多年的朝夕相处,一同教导赵㬎功课,互赠诗卷和曲谱,情愫相惜,茹苦含辛,如今都成一梦,悲切哽咽,痛不欲生。清惠曾盼望魂归故里,但她的遗愿可能永远也无法实现了。他作了一首《女道士王昭仪仙游词》表达哀思,愿清惠成仙遨游海天,来世不再受人世之苦。

经过建康时,他填了一首《莺啼序·重过金陵》:

金陵故都最好,有朱楼迢递。嗟倦客又此凭高,槛外已少佳致。更落尽梨花,飞尽杨花,春也成憔悴。问青山、三国英雄,六朝奇伟?

麦甸葵丘,荒台败垒,鹿豕衔枯荠。正潮打孤城,寂寞斜阳影里。听楼头、哀笳怨角,未把酒、愁心先醉。渐夜深、月满秦淮,烟笼寒水。

凄凄惨惨,冷冷清清,灯火渡头市。慨商女、不知兴废,隔江犹唱庭花,余音亹亹。伤心千古,泪痕如洗。乌衣巷口青芜路,认依稀、王谢旧邻里。临春结绮,可怜红粉成灰,萧索白杨风起。

因思畴昔,铁索千寻,谩沉江底。挥羽扇,障西尘,便好角巾私

227

第。清谈到底成何事？回首新亭，风景今如此。楚囚对泣何时已，叹人间今古真儿戏。东风岁岁还来，吹入钟山，几重苍翠。

《莺啼序》是字数最长的词牌，适合情绪的铺陈。全篇共分四阕，采用了铺叙的手法。第一阕写金陵的今昔对比。金陵是三国时孙权所建，历史上曾为六朝古都，宋高宗渡江逃难，不立都于建康，却选择了临安（因临安靠近出海口，遇敌人入侵，可迅速乘船逃至海上），表明从南宋王朝建立时起，就打定了偏安江左、妥协投降的国策。建康遭遇兵灾之后，秦淮河畔的繁华风流，变为萧条冷清。第二阕写进入金陵后见到的实景，抒发黍离之悲。"麦甸葵丘，荒台败垒，鹿豕衔枯荠。"真是触目惊心。"潮打孤城"和"烟笼寒水"化用刘禹锡和杜牧的诗句，加强悲凉的气氛。第三阕，借用李清照《声声慢》里的叠字，然后回溯从唐代就盛极一时的秦淮河、乌衣巷，到眼前商女的歌声和萧索白杨风起。第四阕，从东吴和东晋不思进取，苟且偷安，最终败亡，联想到南宋的覆灭，感叹人生如梦，不堪回首。"东风岁岁还来，吹入钟山，几重苍翠"表明他对故国的感情始终都不会改变。

汪元量后期的词不加修饰，感情灼热，苍凉悲楚，对故国的怀念溢于言表。清代词学家陈廷焯形容其为"大声疾呼，风号雨泣"，可见他明显受到了文天祥词风的影响。

至元二十七年（1290年），汪元量终于回到了家乡杭州。这一年他五十岁，离开杭州整整十三年。他回忆起往日的宫廷岁月，那时正当翩翩少年，心中怀着美好的期待。西湖边，风柳荷塘仍在，今夕

何夕,他已鬓发苍白,病痛缠身,正向着生命的终点蹒跚前行。汪元量想起当初被解送到大都时上千人同行,而今却只有他一人有幸南归,萧瑟悲凉,黯然神伤。他填了一首《唐多令》,做今昔之概:

莎草被长洲。吴江拍岸流。忆故家、西北高楼。十载客窗憔悴损,搔短鬓、独悲秋。

人在塞边头。断鸿书寄不。记当年、一片闲愁。舞罢羽衣尘面,谁伴我、广寒游。

全词笼罩在一片形单影孤之感中。他回想到北上塞外的日子,本以为那就是自己人生的尽头。好在有清惠知己相伴,可如今还有谁能和我同行? 还有谁能明白我的苦楚? 人毕竟是群居动物,离开了群体,即使独享自由也并不感到多么的快乐。上下片的"独悲秋"和"谁伴我、广寒游",显露出他的隐遁之意,符合他当时的道家心态。

眼下的杭州是一片荒凉破败的景象。这年五月,江南连下暴雨四十天,杭州及浙江西部一片汪洋,农田全部被淹,粮食颗粒无收,农民流离失所,饿死无算。人们只好逃至淮南乞食,乘船途经太湖时,许多船只因大风倾覆,又有数千人淹死。① 第二年三月,杭州城内失火,黄雾四塞,火光冲天。城内南至太庙,北至太平坊南街,东

---

① 上海古籍出版社.宋元笔记小说大观(六)[M].上海:上海古籍出版社,2001:5784.

至新门,西至旧秘书省前,均毁于大火,民宅被烧者多达上万间。①

元朝平定江南之后,一度发布诏令,免除南宋一切苛捐杂税。"凡故宋繁冗科差、圣节上供、经总制钱百余件,悉除免之。"②但忽必烈又连续发起了对越南、缅甸、爪哇、日本等周边国家的军事进攻,庞大的军费开支继续压在汉族人头上,负担反而更加沉重。郑思肖在《江南丝》里写:"贫者只宜岩谷隐,草纫槲叶当衣裳。"于石《邻叟言》:"垂白力耕耘,一饭仅充口。东邻数十家,兵火十无九。"元朝任命的地方官,多心狠手辣、横征暴敛,将南方汉族人视为奴隶,称为"驱口"。元《刑律》里有:"私宰牛马,杖一百;殴死驱口,比常人减死一等,杖一百七。"《元史·刑法志》里还有"蒙古人打汉人,汉人不得还手"③的内容。汪元量目睹了各地受兵灾和苛政折磨的下层百姓,写下诸多描写底层惨状的诗篇,他在《兴元府》诗中有"官吏不仁多酷虐,逃民饿死弃儿孙"。

沉重的赋税和民族压迫,激起了汉族人的强烈反抗。汪元量回归杭州的前一两年,江南奋起的反元起义就有四百余起。至元二十七年(1290年),江西华大老、浙东杨镇龙余部、绩溪胡发、杭州唐珍等先后反元,均被镇压。当年,元朝政府再次严禁汉人持铁器,并命枢密院各处收缴。

汪元量拜访了南宋故相马廷鸾,请马为自己的《湖山稿》作序。

① 　上海古籍出版社.宋元笔记小说大观(六)[M].上海:上海古籍出版社,2001:5789.

② 　毕沅.续资治通鉴(卷一百八十三)[M].北京:中华书局,1999:4998.

③ 　宋濂,等.元史(卷一百一十四)[M].北京:中华书局,1976:2673.

马廷鸾年近古稀,国亡后闭门不出。他翻阅汪元量的诗集,读到丙子三宫被俘北上的内容,悲愤难禁,不觉抚席恸哭。马廷鸾与周密交往密切,但奇怪的是,汪元量和周密却无任何交集。

徐宇、林昉、周方、李钰等老友得知汪元量南归,惊喜交加,众人重聚西湖边,把酒相慰劳。汪元量讲述了三宫北上的种种遭遇和见文丞相于大都狱中的情形,并把文丞相写序的诗集呈给大家阅览。众皆痛哭,不能仰视。于是大家焚香祷告,洒酒慰逝者在天之灵。汪元量多年未归,但对旧物依然记忆清晰。他见到栏外红梅绽放,想起南宋宫廷内也栽种有红梅,莫不是被人移栽到此?众人也不敢肯定。他便取过古琴,在红梅之下弹奏宫廷旧曲,听者无不动容。大家仿照周密等人的西湖吟社,分韵填词,以《暗香》《疏影》为题,赋咏梅花,汪元量的两首是:

馆娃艳骨。见数枝雪里,争开时节。底事化工,著衣阳和暗偷泄。偏把红膏染质,都点缀、枝头如血。最好是、院落黄昏,压栏照水清绝。

风韵自迥别。谩记省故家,玉手曾折。翠条袅娜,犹学宫妆舞残月。肠断江南倦客,歌未了、琼壶敲缺。更忍见,吹万点、满庭绛雪。

——《暗香》

虬枝茜萼。使轻盈态度,香透帘幕。净洗铅华,浓抹胭脂,风前伴我孤酌。诗翁瘦硬□□□,断不被、春风熔铄。有陇头、折赠殷勤,又恐暮笳吹落。

寂寞。孤山月夜，玉人万里外，空想前约。雁足书沈，马上弦哀，不尽寒阴砂漠。昭君滴滴红冰泪，但顾影、未忺梳掠。等恁时、环佩归来，却慰此况萧索。

——《疏影》

自从南宋词大家姜夔自度曲《暗香》《疏影》后，文人结社咏梅，都会用这两首词牌名。但姜夔写得实在太好了，令后来者无论怎么努力，都不知不觉落入他的格局之中。[①] 汪元量这两首词对白石的模仿痕迹明显，用字比较生硬，缺乏姜词的骚雅流畅。不过其中的"吹万点、满庭绛雪""孤山月夜，玉人万里外"，虚实结合，值得反复品味。

此后他风餐露宿，云游四方，足迹遍布江西、湖南、四川等地，与南宋遗民谢翱、文及翁、刘辰翁、刘将孙等都有往来。他的行踪飘忽，时人称他为神仙，多画其像以祠之。大概在晚年时，他在钱塘江边建了一栋小宅，隐居于此，自称"野水闲云一钓蓑"，终老山水之间。

---

① 详细分析见附录二。

附录一　辛弃疾的送春词

　　辛弃疾是山东历城人，出生时北宋已亡，南宋刚刚建立，山东处于金国的统治之下，他在宋朝的"沦陷区"长大。辛弃疾二十二岁时，随中原豪杰耿京起义，但不久耿京遭叛徒杀害。他当机立断，带五十名骑兵突然袭击，夜劫金营，擒拿叛将，风驰电掣，星夜渡江，归投南宋，一战封神。辛弃疾被宋高宗任命为江阴军签判。孝宗继位后，他写成十篇论文，统名之为《御戎十论》或《美芹十论》，对宋金对立形势和军事斗争的前途做了详细而具体的分析。旋踵，他又被任命为建康府通判。他栉风沐雨、朝乾夕惕，一辈子都渴望北伐金国，收复失地，解救水深火热中的百姓。但南宋朝廷窳惰废弛，怯懦阘冗，对他的军事建议并不重视，还对他防范猜忌，不让他去前线带兵，授予他地方闲职，不断地调动，又找借口将他免官，始终不给他发挥军事才干的机会。

　　他只能将无限的怅怀投入到词的创作中。辛弃疾传世之词六百余首，数量之多，质量之高，都堪称两宋词人第一。叶嘉莹先生认为，我们如果说要在唐、宋词人中，也寻找一位可以与诗人中之屈、陶、杜相拟比，既具有真诚深挚之感情,更具有坚强明确之意志,而且能以全部心力投注于其作品,更且以全部生活来实践其作品的,则我们自当推崇南宋之词人辛弃疾为唯一可以入选之人物。"有了辛弃疾这个作者,词这一新兴体式就可以和历史悠久并拥有屈原、陶渊明、杜甫等伟大作者的诗分庭抗礼了。"①毫不夸张地说,宋词的发展在辛弃疾的笔下达到了顶峰。

每一位词人都有自己擅长的题材,比如柳永擅长浅斟低唱的恋词,苏东坡擅长天风海涛般的感悟词,而辛弃疾所擅长的、影响最大的,是他的送春词。春给人以期待,期待越大,失望也越深。时间不断地流逝,辛弃疾垂垂老矣,雄心也如春光渐渐褪色、凋落。他创作的送春词多为表达对春去不容惜的悲哀和壮志未酬的遗恨。

辛弃疾的送春词写得姿态烂漫、波澜壮阔,光辉笼罩了几乎所有的后继词人,刘辰翁、王沂孙、张炎、蒋捷等的送春词明显从他的作品中汲取了营养。且分享几篇:

宝钗分,桃叶渡,烟柳暗南浦。怕上层楼,十日九风雨。断肠片片飞红,都无人管,更谁劝、啼莺声住?

鬓边觑,试把花卜归期,才簪又重数。罗帐灯昏,哽咽梦中语:是他春带愁来,春归何处?却不解、带将愁去。

——《祝英台近·晚春》

"宝钗分"是指男女离别,分钗赠别,以示忠贞。"桃叶渡",是东

---

① 叶嘉莹.词之美感特质的形成与演进[M].北京:北京大学出版社,2016:102.

晋王献之送别爱妾桃叶之处。"烟柳暗南浦",取自屈原《九歌·河伯》:"子交手兮东行,送美人兮南浦。"江淹《别赋》里也有"送君南浦,伤如之何!"首三句营造的是恋人不忍分别的愁苦之情。"怕上层楼,十日九风雨。"暮春时节,梅雨将至。层楼之上,风雨尤烈。"怕"字说明了无春可寻的忧愁。"断肠片片飞红,都无人管,更谁劝、啼莺声住?"教人肠断之事,尚不在落红片片,而在此凄凉时候,却听见莺声不住,语极委婉、缠绵,在辛弃疾以往的词中并不多见。

下阕从心理描写,转为描摹情态。偷视鬓边,把插入发髻的花,取来占卜行人归家的日子。"鬓边觑"三字,将闺阁女子的娇懒慵倦和百无聊赖,生动地刻画出来。"才簪又重数。"取下又簪上,簪上又取下,不知数过了多少遍?接着描写女子的语言,"是他春带愁来,春归何处?"深入一笔,以梦呓怀人。是伤春,也是自伤。我独自鸣咽梦呓,是春天将愁带来。"却不解、带将愁去。"春归哪里?却不懂得把愁一同带去。

这首词是典型的怨女怀春的主题,柔情蜜意,缠绵悱恻,如果将之与北宋晏几道、秦观的作品相比,庶几无差。但辛弃疾之所以为辛弃疾,当然不止于此。

再看《贺新郎·绿树听鹈鴂》:

别茂嘉十二弟。鹈鴂、杜鹃实两种,见《离骚补注》。

绿树听鹈鴂。更那堪、鹧鸪声住,杜鹃声切。啼到春归无寻处,苦恨芳菲都歇。算未抵、人间离别。马上琵琶关塞黑,更长门、翠辇辞金阙。看燕燕,送归妾。

　　将军百战身名裂。向河梁、回头万里，故人长绝。易水萧萧西风冷，满座衣冠似雪。正壮士、悲歌未彻。啼鸟还知如许恨，料不啼清泪长啼血。谁共我，醉明月。

　　这是一首送别词。前人送别好友，多在友情、留恋上用力，辛弃疾却从暮春时节的鸟鸣声切入，引入数个悲壮的历史故事，写得沉郁苍凉，跳跃动荡，犹如一首雄浑的军歌，相比柳永《雨霖铃》中"念去去、千里烟波""此去经年，应是良辰好景虚设"之类的扁平软媚，既波澜起伏，又雅健厚重。陈廷焯评道："稼轩词仿佛魏武诗，自是有大本领、大作用人语。"①

　　"绿树听鹈鴂。更那堪、鹧鸪声住，杜鹃声切。"开篇用三种鸟叫声反映春天即将离去。大部分鸟类在春季繁殖，暮春时节小鸟纷纷离巢，亲鸟的叫声分外急促凄切。"啼到春归无寻处，苦恨芳菲都歇。"在鸟的合唱声中，花朵也凋落了，春天悄悄地走远，可我还没来得及好好欣赏。

　　"算未抵、人间离别。"从春归转入惜别，呼应主题。江淹在《别赋》里写："黯然销魂者，唯别而已矣。"接下来，作者连用三个典故，即王昭君琵琶辞行、陈阿娇长门失宠、庄姜望燕送归妾，写出古代失意者的落寞怅然，连环比附，一气呵成。

　　换头一句"将军百战身名裂"，触目惊心，是全词的高潮。这里"将军"是指汉朝名将李陵，他和匈奴百战，杀伤匈奴骑兵无数，最后因得不到支援而兵败被俘。汉朝不念他之前的功劳，不分具体情

————————

　　①　陈廷焯.白雨斋词话[M].彭玉平，导读.上海：上海古籍出版社,2011：23.

由，认为他叛国降敌，有辱国格，将他的家属全部抄斩。李陵在匈奴得知后，万念俱灰，彻底断了回汉的打算。作者借讽刺汉朝统治者的刻薄寡恩，实则感慨自己得不到南宋朝廷尊重的愤懑。

"易水萧萧西风冷"指的是荆轲刺秦前，太子丹等人着白衣在易水边悲歌送别的故事。荆轲只身前往秦国，此行无论成功与否，他都必死无疑。这两则典故在之前的怀才不遇的情绪上更进一层，表达出对命运不公、有报国之心却无用武之地的强烈感慨。这是对即将离去的友人敞开心扉，真挚动人。

"啼鸟还知如许恨，料不啼清泪长啼血。"又回到了鸟声，呼应篇头，真是收放自如。如果鸟知道人间的这些悲苦，不仅会感动得流泪，更会伤心啼血。"谁共我，醉明月。"友人离去，知己难寻，以遗憾却不萎靡之笔收束，简明利落，男儿气势。

这首《贺新郎》写春归送别是前无古人的，不仅写出了对春的惋惜、对友人的珍重，也抒发了对国势不振的忧虑，辛弃疾的胸襟奇才和英雄豪气完美地融合于一炉，令人叹为观止。

再看第三首《摸鱼儿》：

淳熙己亥，自湖北漕移湖南，同官王正之置酒小山亭，为赋。

更能消、几番风雨，匆匆春又归去。惜春长怕花开早，何况落红无数。春且住，见说道、天涯芳草无归路。怨春不语。算只有殷勤，画檐蛛网，尽日惹飞絮。

长门事，准拟佳期又误。蛾眉曾有人妒。千金纵买相如赋，脉脉此情谁诉？君莫舞，君不见、玉环飞燕皆尘土！闲愁最苦！休去倚危栏，斜阳正在，烟柳断肠处。

这首词作于淳熙六年（1179年）春。时辛弃疾四十岁，南归已十七年，屡遭排挤打击，不得重用。他由湖北转运副使调官湖南，继续去担任非他所长的钱粮官员。此前接连四年，改官六次。湖南是大后方，并非他日夜向往的国防前线。失望之极，触景生情，他借同僚为他设宴践行之机，抒写壮志难展的苦闷之情。

第一句"更能消、几番风雨，匆匆春又归去"，这是万丈雄心在胸中激荡，百转千回，日积月累，终于沉淀为一声无奈的惋叹。陆游《诉衷情·当年万里觅封侯》里也说"心在天山，身老沧州"，意态惋惜苍凉，但《摸鱼儿》起句更加耐人寻味。"惜春长怕花开早，何况落红无数。"杜甫惜春诗《曲江二首》有云："一片花飞减却春，风飘万点正愁人。"辛弃疾化用了杜诗之意，感情浓烈，借花落感叹自身。"春且住，见说道、天涯芳草无归路。"这里把春当作一位好友，谆谆劝说：你不要走啊，你将去哪里呢？"怨春不语。"我这样挽留你，你却不发一言。"算只有殷勤，画檐蛛网，尽日惹飞絮。"想来只有檐下蜘蛛还在殷勤地结网，沾惹飞絮，留住春色。

下阕开始用典。"长门事，准拟佳期又误。"汉武帝少年时，对陈皇后有金屋藏娇的承诺，后来陈皇后失宠，被幽禁于长门。"蛾眉曾有人妒。"屈原在《离骚》中写道"众女嫉余之蛾眉兮"，"蛾眉"指高尚德行，暗指作者自己遭朝廷小人诬蔑。"千金纵买相如赋，脉脉此情谁诉？"陈皇后闻蜀郡司马相如天下工为文，奉黄金百斤，请司马相如写了一篇《长门赋》，献于武帝。武帝感悟，帝后重归于好。但

陈皇后被打入冷宫时失落凄凉的心情有谁可以倾诉呢？"君莫舞，君不见、玉环飞燕皆尘土！"这里用杨贵妃、赵飞燕的例子，她们都曾深受皇帝的宠爱，一时炙手可热，可到头来却死于非命，这是讽刺那些长袖善舞、气焰嚣张的朝廷政客。

"闲愁最苦！"是全词的中心。"闲愁"并不是说岁月悠闲，无所事事，而是我逐渐老去，北伐中原、赶走金兵、打回老家的愿望仍旧遥遥无期。前途如此渺茫，我哪里还有心情去欣赏风景呢？"休去倚危栏，斜阳正在，烟柳断肠处。"不要指望凭高望远能排除郁闷，因为暮霭和柳枝之中的夕阳，照不见残留的春色，只会增添断肠般的哀愁。

陈廷焯称赞这首《摸鱼儿》："词意殊怨。然姿态飞动，极沉郁顿挫之致。"①夏承焘、吴无闻也说："总起来说，这首《摸鱼儿》的内容是热烈的，而外表是婉约的。使热烈的内容与婉约的外表和谐地统一在一首词里，这说明了辛弃疾这位大作家的才能。最后，我们可以用'肝肠似火，色貌如花'八个字，来作为这首《摸鱼儿》词的评语。"②

辛弃疾相貌实际上是又黑又胖的，并非一些宋词书上画的清瘦刚毅，好像古代的李云龙。邓广铭先生《辛弃疾年谱》考证说："稼轩肤硕体胖。"辛弃疾的好友陈亮在《辛稼轩画像赞》里说："眼光有棱，背胛有负。"意思是，辛弃疾的眼光犀利，肩背肉多且厚。辛弃疾年轻时杀掉的叛徒义端形容他："我识君真相，乃青兕也。"就是说辛弃疾长得像一头青色的犀牛。

①　吴梅.词学通论［M］.徐培均，导读.上海：上海古籍出版社，2010：24.
②　刘扬忠.名家解读宋词［M］.济南：山东人民出版社，1999，364—365.

附录二　姜夔《暗香》《疏影》赏析

　　元代文学家沈义父在《乐府指迷》提出作词有四大要领,其中"下字欲其雅,不雅,则近乎缠令之体。用字不可太露,露,则直突而无深长之味"①,就是要把握好词的雅正和含蓄,笔力不够者,易于沦为粗豪叫嚣,或堆砌辞藻典故,令人生厌,对词体造成很大的伤害。在南宋词史上,姜夔是一位教科书式的词人,他的词格调高雅、清隽飘逸、意蕴无穷,艺术性和影响力足以与辛弃疾分庭抗礼。最能体现姜夔特点的,无过于他的两首咏梅词作《暗香》《疏影》。

　　姜夔在《暗香》的序中写道:"辛亥之冬,余载雪诣石湖。止既月,授简索句,且征新声,作此两曲,石湖把玩不已,使工妓隶习之,音节谐婉,乃名之曰《暗香》《疏影》。"

　　姜夔是一位江湖词人,终身没有考中科举,人生的大部分时间在各地奔走漂泊,靠亲朋好友的接济和卖文卖字为生。在文学史上,怀才不遇的文人比比皆是,但姜夔的"可贵之处在于他的痛苦不仅仅停留在个人的得失之上,更多的还是看到了整个时代的不幸"。② 宋光宗绍熙二年

---

①　沈义父.乐府指迷笺释[M].蔡嵩云,笺释.北京:人民文学出版社,2018:41.
②　郭峰.南宋江湖词派研究[M].成都:巴蜀书社,2004:77.

（1191 年）的寒冬，姜夔在风雪中造访诗人范成大的石湖别业，写下了这两首词。范成大曾任南宋四川制置使、参知政事，此时已赋闲隐退。《暗香》《疏影》的词牌出自林和靖的《山园小梅》"疏影横斜水清浅，暗香浮动月黄昏"二句。姜夔看中了梅香含蓄幽长、梅影摇曳恍惚的特质，以香化情，用影喻怨，达到一种朦胧写意、只可意会不可言传的效果。据说范成大对这两首词曲激赏不已，"授简索句，且征新声"，让家妓反复演奏，逐字逐句推敲品味。姜夔告别时，范成大还把身边一名叫小红的侍女赠给了他。

先看《暗香》：

旧时月色，算几番照我，梅边吹笛？唤起玉人，不管清寒与攀摘。何逊而今渐老，都忘却春风词笔。但怪得竹外疏花，香冷入瑶席。

江国，正寂寂，叹寄与路遥，夜雪初积。翠尊易泣，红萼无言耿相忆。长记曾携手处，千树压、西湖寒碧。又片片、吹尽也，几时见得？

在这首咏梅词中，月色、笛声、花香、人影，境界独幽清雅，章法来自周邦彦《六丑》，开头并不从正面描摹，而是以月色起笔，侧面烘托。沈义父主张咏物词"最忌说出题字"，《暗香》确乎得其理。"旧时月色，算几番照我，梅边吹笛"，开篇用简洁健拔之笔，创造出唯美意境，展露了一种清冷怀旧的情绪，令人回味。"唤起"指勾起了回忆，"玉人"出自苏东坡《赋红梅》诗句"玉人颊颧更多姿"。"不管清寒与攀摘"，"清寒"与"攀摘"不是并列关系，而是承接连贯，指与意

中人在寒冷的月夜一同攀枝摘梅。这是何等美好甜蜜的时刻！据夏承焘先生考证,姜夔年轻时在合肥有一段刻骨铭心的情事,两次离别皆在梅花时候,一为初春,另一疑在冬间。故集中咏梅之词亦如其咏柳,多与此情事有关。姜夔词现存八十四首,专题咏梅和词中提及梅花的就达二十八首,可见他对梅花的钟爱和用情至深。

"何逊而今渐老,都忘却春风词笔。"此为用典。何逊,南朝齐、梁文学家,他八岁能诗,二十岁左右举秀才,曾作《咏早梅》《咏春风》两诗。此处词人以何逊自比。岁月匆匆,当年的春风词笔早已荒疏,那段离情别恨也逐渐模糊,恰如李宗盛歌中写到的"曾经真的以为人生就这样了,平静的心拒绝再有浪潮"。"但怪得竹外疏花,香冷入瑶席。"令我惊异的是,竹林外稀疏的梅花,却将清冷的幽香送入华丽的宴席之上,往日的温情又浮现在我的眼前。姜夔此前作有一首咏红梅的小令《小重山令·赋潭州红梅》,中有"一春幽事有谁知？东风冷,香远茜裙归"句,香气指代远方的恋人。

下阕以"江国,正寂寂"转笔,从心酸的回忆转到了现实,但回忆写得不具体、不直观,而是用一种腾挪跳跃、点到为止的笔法,把那段刻骨铭心的往事隐藏在背后。"叹寄与路遥,夜雪初积。"表示音讯隔绝,暗用了陆凯寄给范晔的诗:"折梅逢驿使,寄与陇头人。江南无所有,聊赠一枝春。"这几句不容易理解,必须沉下心细读,否则会不知所云。王国维在《人间词话》中说:"白石《暗香》《疏影》,格调虽高,然无一语道着。"①批评姜夔虽然文字写得好,但是全写飞

---

①　王国维.人间词话[M].北京:中国文联出版社,2018:90.

了,没有写出梅花的感觉。

"翠尊易泣,红萼无言耿相忆。""翠尊",本意谓翠绿色的酒杯,这里指代寒梅的花托;"红萼",自然是梅花的花瓣。"耿"字紧接在翠、红之后,显得突兀,却非常传神,表达出词人哽咽难言的心事。"长记曾携手处,千树压、西湖寒碧。"又翻回到从前,词人与恋人在清冷的西湖边携手探梅。"碧"字点染出清幽的色彩,与千朵红梅形成了鲜明的对比,红和绿是青春热情的象征。邓廷祯《双砚斋随笔》中说:"状悔之多,皆神情超越,不可思议,写生独步也。"

"又片片、吹尽也,几时见得?"于浪漫奔放之际,忽作一凄凉转身。那些热恋的情节,如被冷风吹落的花瓣一般,湮灭于野水荒湾之中,可见后悔之极。这种跌宕起伏的处理手法,如同西方美学中"残缺美"的效果,令人无限怀念,又无限伤感。

莫泊桑曾在《修软椅垫的女人》这篇小说中讨论:一个人只能认真地爱一次呢,还是能爱几次? 男人认为爱情像疾病一样,可以不止一次地侵袭同一个人。女人却认为爱情,真正的爱情,伟大的爱情,一辈子只能有一次;而且这种爱情就跟霹雳一样,一颗心被它击中,从此就被破坏、烧毁,变成一片废墟,其他任何强有力的感情,甚至连任何梦想也不能再在里面生根发芽了。

直到晚年,姜夔对这段恋情依然无法放下。他在《鹧鸪天·元夕》中写道:

肥水东流无尽期。当初不合种相思。梦中未比丹青见,暗里忽惊山鸟啼。

春未绿,鬓先丝。人间别久不成悲。谁教岁岁红莲夜,两处沉吟各自知。

"春未绿,鬓先丝",确乎是血泪凝结而成的。一般人很难理解,要悔恨悲痛到何种地步,才能写出"人间别久不成悲"这样的句子?大概只有相似经历的人才能有所共鸣吧。

再看他的《疏影》:

苔枝缀玉,有翠禽小小,枝上同宿。客里相逢,篱角黄昏,无言自倚修竹。昭君不惯胡沙远,但暗忆、江南江北。想佩环、月夜归来,化作此花幽独。

犹记深宫旧事,那人正睡里,飞近蛾绿。莫似春风,不管盈盈,早与安排金屋。还教一片随波去,又却怨、玉龙哀曲。等恁时、重觅幽香,已入小窗横幅。

词的特点是"意内言外",张惠言、王国维、吴梅、叶嘉莹等词学家前辈均作此主张,即内心的情感不直说,而是借助花鸟虫鱼、清风明月,或一些历史典故,旁敲侧击,间接地表达出来。如果文字太直白,就容易流于浅俗鄙俚,与当代的一些口水歌如出一辙。这样对读者而言,要理解一首好词,就需要了解比兴修辞、掌握大量的历史典故,还要懂平仄、是否协调音律,这是很不容易的。姜夔虽是宋词的一代宗师,但他的作品有相当的门槛,注定了不会如柳永、苏东坡、李清照等流行普及。

《疏影》连续铺陈五个典故,用五位女性来比拟映衬梅花,把梅花人格化、性格化,描神而不描形,用其意而不用其事,比起普通的咏物之作可谓立意高绝、手法独特,令人耳目一新。

第一个"苔枝缀玉,有翠禽小小,枝上同宿"。依据柳宗元《龙城录》的记载,隋代赵师雄游罗浮山,天寒日暮,梦与一素妆女子共饮,女子芳香袭人,语言极清丽。又有一绿衣童子,笑歌欢舞。赵师雄醒来,发现东方已白,自己躺在一株大梅树下,树上有翠鸟欢鸣,见月落参横,但惆怅而已。开头两句以"苔枝缀玉,有翠禽小小"来博喻含苞待放的花骨朵,可谓奇思妙想,穷形极相。

第二个"客里相逢,篱角黄昏,无言自倚修竹",写梅花绽放。"客里",指自己从外地来到苏州,有寄人篱下之伤。"自倚修竹"引自杜甫《佳人》诗中名句:"天寒翠袖薄,日暮倚修竹。"梅花虽低微,却坚守着高尚的品格。

第三个"昭君不惯胡沙远",用昭君出塞的故事,感叹梅花飘零无依的身世。有词学家认为这句暗指北宋徽宗、钦宗被金人俘至五国城苦寒之地,寄托对家国不幸的哀思。"想佩环、月夜归来,化作此花幽独"化用的是杜甫《咏怀古迹(其三)》的"一去紫台连朔漠,独留青冢向黄昏。画图省识春风面,环佩空归夜月魂。千载琵琶作胡语,分明怨恨曲中论"。乃指身至大漠的王昭君的魂魄在月夜归来,化作了树上那幽独的梅花。意境真是美妙绝伦。

上阕三典写梅花从待放到开放,下阕继续用典写梅花坠落。

第四个"犹记深宫旧事,那人正睡里,飞近蛾绿",用的是寿阳公主典故。南北朝时,宋武帝的女儿寿阳公主卧于含章殿檐下,梅花落在公主额上,留下一道花印,拂之不去。皇后留之,看得几时,三天之后,洗之乃落。宫女奇其异,竞效之,后人称之为"梅花妆"。"蛾",形容眉毛的细长;"绿",指眉毛的青绿颜色。

第五个"莫似春风,不管盈盈,早与安排金屋",指别像春风那样无情,毫不怜惜梅花的娇嫩轻盈。"盈盈",出自汉朝《古诗十九首》:

"青青河畔草,郁郁园中柳。盈盈楼上女,皎皎当窗牖。"用于形容梅花美好娇嫩的样子。"安排金屋",自然指汉武帝金屋藏娇的故事。"还教一片随波去,又却怨、玉龙哀曲。""玉龙哀曲",就是古笛曲《梅花落》,是为梅花吹奏的招魂之曲,与《暗香》篇中的"梅边吹笛"遥相呼应。

最后两句"等恁时、重觅幽香,已入小窗横幅",是说随着这幽怨的《梅花落》,一切很快就变成了记忆。再想找寻梅花的情影,就只能去小窗横幅中回味了,再次呼应《暗香》中"旧时月色",至此两词双璧合一。

张炎在《词源》中评价道:"白石词如《疏影》《暗香》《扬州慢》等曲,不惟清空,又且骚雅,读之使人神观飞越。"[1]"诗之赋梅,惟和靖一联。世非无诗,不能与之齐驱耳。词之赋梅,惟姜白石《暗香》《疏影》二曲,前无古人,后无来者,自立新意,真为绝唱。词用事最难,要体认着题,融化不涩。"[2]

的确,《暗香》《疏影》不论文字、用典、章法、格调,均达到了咏物词的最高水平。两首词字字写梅花,却不拘泥于梅花的外表,情景完美契合,花中含情,我中有花,哀而不伤,在一片空灵、飘逸的意境中,曲折地表露出对时光飞逝、青春难再的惋惜,也有关于时局狭促、无人识才的悲叹。姜夔在前人的基础上,以健笔写柔情,变化虚实,曲折动荡,升华到了一种清空、骚雅的境界。

① 张炎.词源注[M].夏承焘,校注.北京:人民文学出版社,2018:17.
② 张炎.词源注[M].夏承焘,校注.北京:人民文学出版社,2018:32.

附录三　陆游的"沈园之恋"属实吗？

南宋诗词大家陆游的"沈园之恋"出自《钗头凤》一词：

红酥手，黄滕酒，满城春色宫墙柳。东风恶，欢情薄。
一怀愁绪，几年离索。错、错、错。

春如旧，人空瘦，泪痕红浥鲛绡透。桃花落，闲池阁。
山盟虽在，锦书难托。莫、莫、莫！

传说这首词是陆游写给自己的原配夫人唐氏，即陆游的表妹唐婉的。结婚以后，他们"伉俪相得""琴瑟甚和"，而陆母恐陆游儿女情长，荒疏功业，时常迁怒唐婉，责骂不已。不到三年，鸳鸯两散。陆游本想雪藏唐婉，但陆母却给儿子另娶王氏为妻，二人终于在母命难违的逼迫下，被迫分离，唐氏改嫁"同郡宗子"赵士程，音讯全无。七年以后的一个春日，陆游在家乡山阴（今绍兴市）城南禹迹寺附近的沈园与偕夫同游的唐氏相遇。唐氏安排酒肴，聊表对陆游的抚慰之情。陆游见人感事，心中感触很深，遂乘醉吟赋这首词，信笔题于园壁之上。

这首词因涉及陆游的私生活而流传甚广。正如刘瑜先生所说："八卦才是人类最大的普世价值。"宋代词人中知名者，多与八卦有关，陆游自然也不例外。几百年来，这段情事被人不断加工、渲染、炒作、演绎成了戏剧，出现在各种讲宋词的书中，绘声绘色，把陆游塑造成一位痴心悲情的弱男子。可事实真的如此吗？

首先，需要明确一点——唐氏并非陆游的表妹。最早记述《钗头凤》词这件事的是南宋陈鹄的《耆旧续闻》，刘克庄的《后村诗话》也有所提及，但陈、刘均未言及陆、唐是姑表关系。宋末周密的《齐东野语》中说："陆务观初娶唐氏，闳之女也，于其母为姑侄。"姑表之说就是从这里发源的。

这是《齐东野语》的一处谬误，我们考察陆游外婆家江陵唐氏族谱，并无"唐闳"其人，也就是说，陆游没有一个叫唐闳的舅舅，那么唐琬就不是陆游的表妹。唐琬的父亲唐闳实际上是山阴人，是北宋鸿胪少卿唐翊之子，虽然也姓唐，但与陆游母家并无亲戚关系。

其二，这首词并非为唐琬所作。早在清朝时，文人吴骞在《拜经楼诗话》里就对唐氏说提出了质疑。后来，许昂霄也认为是后人强行附会。1982 年，吴熊和先生在《陆游〈钗头凤〉质疑》一文中作出了详尽的考证，要点如下：

1. 时间不符。《齐东野语》上记《钗头凤》写于绍兴乙亥年，即 1155 年，却与陆游《剑南诗稿》自述绍熙三年（1192 年）在沈园题词抵牾。如果按陆游自述的时间，彼时唐氏已故，就不存在唐、赵置酒招待陆游的事情。

2. 词意与词中时间、地点不合。起句"红酥手"，一般是宋代文人用来描述歌妓的，不会把这样香艳的句用在自己妻子身上。"满城春色宫墙柳"，"宫墙"是指皇宫所在，但沈园在绍兴城南，南宋皇宫却在临安（今杭州市）。这里的"宫墙"，很可能是指陆游在成都做

官时常去游玩的后蜀王宫。下阕中"山盟虽在，锦书难托"，是宋词中滥俗的写给歌妓之词，柳永词中多见，并没有多少感情分量，而且用于已改嫁的唐氏并不合适。设若还把这样的字题在壁上，唯恐他人不知道，又置已入赵家的唐氏于何地？

3.《钗头凤》词调流行于蜀中，陆游是承蜀中新词体而作，并非作于绍兴。

其三，陆游的个性绝非野史戏剧中所说的那么软弱痴情。我们都知道陆游是一位爱国诗人，抗金报国之志甚为强烈，但另一方面出于文人性情，也不免流连风月，纵情诗酒，有过一段风流清狂的生活。陆游《清商怨·葭萌驿作》中有："鸳机新寄断锦，叹往事、不堪重省。梦破南楼，绿云堆一枕。"此处的女子是谁已不可考，但确乎是一首艳情词。《宋史·陆游传》中写："人讥其颓放，因自号放翁。"朱东润先生《陆游传》中也提到了陆游是"一位浪漫的诗人"，在蜀地与歌妓多有交集。我们考察陆游在蜀中的一组词，多记男女爱恋之情。《阳春白雪》卷三谓陆游纳驿卒妻为妾，方余半载，夫人逐之，女赋《生查子》词；《齐东野语》卷一谓陆游眷恋一位蜀中妓女，妓曾作《鹊桥仙》词。野史所记，不可轻信，但应该也不是空穴来风。

夏承焘先生在《放翁词编年笺注》下卷中说："以此词（《钗头凤》）为务观伤唐氏之作，揆之词意，殊不合，是赠妓之作无疑。"

不过陆游确写过多首诗歌怀念前妻，因此我们认为"沈园之恋"应是有之，但《钗头凤》却很可能是陆游写给蜀中的某位歌妓的。

附录四　宋词中的唯美大师吴文英

　　大部分人读通行的《宋词三百首》,读到连篇累牍的吴文英词时,都恨不得跳过去。《宋词三百首》中南宋词人吴文英的词多达二十四首,数量高居第一。吴文英《梦窗词》一共留下了三百四十二首词,仅次于辛弃疾。他的词题材丰富,特点鲜明,字句缠绵,音律谐美,吴堪称宋词一大家。① 晚清时,吴文英风靡文坛,出现了"学梦窗者几半天下"的情况。然而到了今天,吴文英却默默无闻了。我在一些场合提到吴文英时,有很多读者表示压根没有听说过这个人。真是此一时彼一时,令人惆怅。

　　吴文英受冷落,主要在于他的词"难懂"。举例说,看看他的《高阳台·落梅》:

　　宫粉雕痕,仙云堕影,无人野水荒湾。古石埋香,金沙锁骨连环。南楼不恨吹横笛,恨晓风、千里关山。半飘零,庭上黄昏,月冷阑干。

　　寿阳空理愁鸾。问谁调玉髓,暗补香瘢。细雨归鸿,孤山无限春寒。离魂难倩招清此,梦缟衣、解佩溪边。最愁人,啼鸟清明,叶底青圆。

---

　　① 据王兆鹏、刘尊明《历史的选择——宋代词人历史地位的定量分析》一文(载《文学遗产》1995年第4期),综合各项指标,两宋词人中居于前十名的词人依次是:辛弃疾、苏轼、周邦彦、姜夔、秦观、柳永、欧阳修、吴文英、李清照和晏几道。

这首词被陈廷焯誉为"（梦窗）集中最高之作"，借落梅的凄美，悼念逝去的恋人，但没几个人能读得懂。词的上阕用典四处，下阕用典多达八处，如"寿阳""愁鸾""孤山""离魂"等，并有合数典为一典。这样的词如不息心静气、深研苦究是无法得其端倪的。

用典在中国古代文学里非常普遍，例如《滕王阁序》中几乎句句用典。古典诗词的语言是一种最精致、最凝练的语言，而贴切、精彩的典故，往往片言只语、寥寥数字就能表现极丰富、深刻的情景、内涵。所以，在篇幅有限的词牌中使用典故不仅言简意永，也代表着词的求雅趋向。

纵观宋词三百年的发展进程，有一个由俗到雅的演变。北宋时柳永的市井词，虽然受到广大人民群众的热捧，但主流文人唯恐避之而不及。柳永曾拜访太平宰相晏殊，晏对柳喜欢写露骨的情词大不以为然，说"殊虽作曲子，不曾道'彩线慵拈伴伊坐'"，一句话怼得柳永哑口无言，讪讪走了。《高斋诗话》中也记载，秦观从会稽到汴梁，见到苏东坡。苏东坡责备秦观说："没想到上次分别之后，你却学柳七作词。"秦观连忙分辨："某虽无学问，但还不至于如此。"苏东坡又说："'销魂当此际'，难道不是柳词的味道？"秦观只得惭愧言服。

宋代文艺尚雅。北宋中期以后的词人，纷纷把柳永作为反面教材，生怕词作沾染上了"俗"气，不遗余力地对词进行雅化。雅化有两条路，一条是如苏东坡般，以家国情怀和人生感慨为主题，豪放博大，脱离词的软媚淫靡；另一条是以周邦彦为代表的，极力追求音律和谐和字句骚雅，避免口语化、俚俗化。

应该说，吴文英在这两条雅化的道路上都做到了极致，还形成了理论。吴文英曾从协律、典雅、含蓄、柔婉四个方面，向沈义父传

授作词之法。他说："下字欲其雅，不雅则近乎缠令之体。用字不可太露，露则直突而无深长之味。"理论的恰当运用必须是作者长期积累、精雕细琢的结果，也是作者学问广博、功力深厚的标志。但这样的词作对读者就提出了很高的要求，如不具备丰富的文学、历史知识，是无法理解词意的。先不说博览群书，仅"息心静气"一点就难倒了大部分人。

吴文英虽是一位用典狂魔，但他的小令却写得流畅轻巧。我们看来他的《浣溪沙》：

门隔花深梦旧游。夕阳无语燕归愁。玉纤香动小帘钩。

落絮无声春堕泪，行云有影月含羞。东风临夜冷于秋。

这首词写的是闺阁相思，但字句俊秀、意境奇绝。"玉纤香动小帘钩"是令人惊异的妙句，风吹帘幕，让痴情的作者闻到了美女纤手残留在帘钩上的香气。"落絮无声春堕泪"，把落下的柳絮比作春天的泪珠；"行云有影月含羞"，把夜空中遮住月光的云朵比作月亮的羞涩。比喻、拟人准确而生动，真是字美、景美、境美。前后的"香动""冷于秋"等，用嗅觉、视觉、听觉、触觉等精心描绘细节，营造出清冷、似真似幻的唯美氛围，故人称他为"词中李商隐"。

再看另一首《玉楼春·和吴见山韵》：

阑干独倚天涯客。心影暗凋风叶寂。千山秋入雨中青，一雁暮随云去急。

霜花强弄春颜色。相吊年光浇大白。海烟沈处倒残霞，一杯鲛绡和泪织。

"千山秋入雨中青，一雁暮随云去急。"写秋雨景象逼真感人，惟妙惟肖。许多人写景写不分明，但吴文英以山、雨、雁，分别作为背景渲染和点线结合，犹如摄影技法，层次分明、重点突出，景中抒情，状难言之景如在眼前。这样的唯美追求和表达，并不亚于日本的现代文学作品。

传统上把吴文英看作一位婉约派词人，实际上他的豪放词也是一流的。与辛弃疾的深思高举、剑拔弩张不同，吴文英的豪放词风格空灵奇幻，蕴含了一股沉郁迸发之气，因此陈廷焯说："梦窗词于沉静中笔态犹自飞舞。"如这首《八声甘州·灵岩陪庾幕诸公游》：

渺空烟四远，是何年、青天坠长星？幻苍崖云树，名娃金屋，残霸宫城。箭径酸风射眼，腻水染花腥。时靸双鸳响，廊叶秋声。

宫里吴王沉醉，倩五湖倦客，独钓醒醒。问苍波无语，华发奈山青。水涵空、阑干高处，送乱鸦斜日落渔汀。连呼酒、上琴台去，秋与云平。

这首词是吴文英在苏州仓台做幕僚，同友人登临灵岩山时所作。这是一首应社怀古之作，和苏东坡《念奴娇·赤壁怀古》主题相仿。传说灵岩山上有吴宫，是春秋时吴王夫差为美女西施修建的寝宫。

第一句用一个"渺"字领起全篇，"渺空烟四远，是何年、青天坠长星？"将整座灵岩山想象成一颗从青天之上坠落的陨星，构思奇特，意象苍茫。"幻苍崖云树，名娃金屋，残霸宫城。"由领字"幻"引出下文，追忆吴王故事。"名娃"即西施，"金屋"即吴宫。开头就连续用了两个领字，给人一股顿挫浩博之感。

"箭径酸风射眼，腻水染花腥。"从局部想象，描绘山峦之中的吴宫，是多么的奢华美艳。这里用了两个典故，"酸风射眼"取自李贺

《金铜仙人辞汉歌》中"东关酸风射眸子","腻水花腥"出自杜牧《阿房宫赋》中"渭流涨腻,弃脂水也"。"时靸双鸳响,廊叶秋声"写吴王对西施的宠爱,西施及宫女穿着鸳鸯鞋,发出有节奏的踢踏声,虚实结合,如真似幻。继而以秋声结束上阕,暗示吴王盛极而衰。

下阕"吴王沉醉",是写越王勾践用大夫范蠡之计,献西施于吴王,让吴王沉迷酒色,不理国政,导致国势衰微。"倩五湖倦客,独钓醒醒。"越灭吴之后,范蠡功成身退,携西施归隐湖山。他头脑清醒,过着安闲的渔父生活。"问苍波无语,华发奈山青。"山色青青,可惜自己头发已白。这是从历史回到了自身,感叹岁月沧桑,世事如棋,真有千钧之力,却写得飘逸自如,宛若游龙,且在古今时空交错重叠之后,留给读者丰富的想象,相比苏东坡"多情应笑我,早生华发"似更有韵味!

"水涵空、阑干高处,送乱鸦斜日落渔汀"从对历史的追忆中,返回了现实。现实又如何呢?"乱鸦斜日"一语中的。南宋后期,政治腐败,奸臣擅权。不仅外患深重,蒙古已吹响了灭宋的号角;内忧也难以克服,宋理宗继位之后,南宋财政出现了严重的问题。但南宋当局却拿不出良策,只能一味地增加税赋,抢夺民财,百姓苦不堪言。亡国之兆已显露无遗。

吴文英终身布衣,曳裾权门,空有一身抱负,却无为国报效的机会,只能流连山水,诗酒自娱。因此在词的结尾他写道:"连呼酒、上琴台去,秋与云平。"看似轻松惬意,实则忧虑重重,无可奈何。

这首词咏怀古迹,抒发兴亡盛衰的历史感慨,写景、想象、叙事、抒情都是无懈可击的,而且视野广阔、胸怀博大,却轻重若轻、大开大合、回味悠长,代表着吴文英乃至南宋词的最高水平。

吴文英精通音律,字句追求唯美,因此他的豪放词兼有一种曲折回环的韵律感。吴文英另一首怀古词《齐天乐·与冯深居登禹陵》"三千年事残鸦外，无言倦凭秋树。逝水移川，高陵变谷，那识当时神禹"与此也有异曲同工之妙。故赵尊岳先生评价说："梦窗有真情真意，以驱策此若干研炼之字面，又全篇气机生动，使实字不致质滞，此大笔力也。"①也就是说，吴文英用字并非刻意，之所以成功，在于他有一股气脉伸张，令他的词作生动挺拔。

吴文英词集中最多的作品是情词，写得最出彩的应是这首长调《莺啼序》：

残寒正欺病酒，掩沉香绣户。燕来晚、飞入西城，似说春事迟暮。画船载、清明过却，晴烟冉冉吴宫树。念羁情、游荡随风，化为轻絮。

十载西湖，傍柳系马，趁娇尘软雾。溯红渐、招入仙溪，锦儿偷寄幽素。倚银屏、春宽梦窄，断红湿、歌纨金缕。暝堤空，轻把斜阳，总还鸥鹭。

幽兰旋老，杜若还生，水乡尚寄旅。别后访、六桥无信，事往花委，瘗玉埋香，几番风雨。长波妒盼，遥山羞黛，渔灯分影春江宿，记当时、短楫桃根渡。青楼仿佛。临分败壁题诗，泪墨惨淡尘土。

危亭望极，草色天涯，叹鬓侵半苎。暗点检、离痕欢唾，尚染鲛绡，㔊凤迷归，破鸾慵舞。殷勤待写，书中长恨，蓝霞辽海沉过雁，漫相思、弹入哀筝柱。伤心千里江南，怨曲重招，断魂在否？

这是一段哀伤凄美的爱情悲剧。第一阕写作者重游西湖游览，追忆当年情事，黯然神伤，"念羁情、游荡随风，化为轻絮"。第二阕

---

①　《词学》编辑委员会.词学(第四辑)[M].上海：华东师范大学出版社,1985：75.

回忆在西湖边与恋人相会的甜美场景，"锦儿偷寄幽素"，借婢女之口传达爱意；而"倚银屏、春宽梦窄，断红湿、歌纨金缕"从侧面写出这位女子的身姿品貌。第三阕写往事成烟，佳人难寻，"瘗玉埋香，几番风雨""临分败壁题诗，泪墨惨淡尘土"，虚实结合。第四阕达到伤感的高潮，用"鹎凤迷归，破鸾慵舞"的瑰丽幻语写出相思之苦。"伤心千里江南"等最后三句，化用《楚辞招魂》"目极千里兮伤春心，魂兮归来哀江南"之意。

　　张炎《词源》卷下称："吴梦窗词，如七宝楼台，炫人眼目，碎拆下来，不成片段。"意思是吴文英的词写得辞采华丽，美不胜收，简直像用七宝装饰的楼台一样炫目美观，但过于琐碎，不能形成一个有机整体。吴文英多数词作确有这样的弊病，但这首《莺啼序》却组织紧密、连贯流利、如梦似幻、一气呵成。全词回溯多年前的悲欢离合，以大段唯美的写景和真挚的抒情，寄托对亡故的恋人的沉痛哀思，堪称词作中的《长恨歌》。

参考文献

［1］苏轼.东坡志林(插图本)［M］.刘文忠,评注.北京:中华书局,2014.

［2］苏轼.东坡乐府［M］.朱孝臧,辑校.北京:北京联合出版公司,2018.

［3］姜夔.姜白石词笺注［M］.陈书良,笺注.北京:中华书局,2017.

［4］张炎.词源注［M］.夏承焘,校注.北京:人民文学出版社,2018.

［5］周密.武林旧事(插图本)［M］.北京:中华书局,2007.

［6］上海古籍出版社.宋元笔记小说大观(六)［M］.上海:上海古籍出版社,2001.

［7］周密.齐东野语［M］.张茂鹏,点校.北京:中华书局,2012.

［8］刘辰翁.刘辰翁词校注［M］.吴企明,校注.上海:上海古籍出版社,2015.

［9］蒋捷.蒋捷词校注［M］.杨景龙,校注.北京:中华书局,2019.

　　［10］沈义父.乐府指迷笺释［M］.蔡嵩云,笺释.北京:人民文学出版社,2018.

　　［11］刘一清.钱塘遗事校笺考原［M］.王瑞来,校笺.北京:中华书局,2016.

　　［12］脱脱,等.宋史［M］.北京:中华书局,1977.

　　［13］毕沅.续资治通鉴(卷一百八十三)［M］.北京:中华书局,1999.

　　［14］上疆村民.宋词三百首［M］.刘乃昌,评注.北京:中华书局,2014.

　　［15］屈兴国.词话丛编(第二册)［M］.北京:中华书局,2012.

　　［16］朱彝尊.词综［M］.汪森,编.上海古籍出版社,1987.

　　［17］况周颐.蕙风词话［M］.孙克强,导读.上海:上海古籍出版社,2009.

　　［18］陈廷焯.白雨斋词话［M］.彭玉平,导读.上海:上海古籍出版社,2011.

　　［19］刘熙载.艺概［M］.上海:上海古籍出版社,1978.

　　［20］吴梅.词学通论［M］.徐培均,导读.上海:上海古籍出版社,2010.

　　［21］龙榆生.唐宋词格律［M］.天津:天津人民出版社,2019.

　　［22］钱基博.中国文学史［M］.上海:上海古籍出版社,2011.

　　［23］王国维.人间词话［M］.北京:中国文联出版社,2018.

　　［24］林语堂.苏东坡传［M］.西安:陕西师范大学出版社,2005.

　　［25］顾随.顾随讲宋词［M］.叶嘉莹,笔记.高献红,顾之京,整

理.石家庄：河北教育出版社,2018.

［26］夏承焘.唐宋人年谱［M］.北京：商务印书馆,2013.

［27］夏承焘,等.宋词鉴赏辞典（全二册）［M］.上海：上海辞书出版社,2019.

［28］俞陛云.词境浅说［M］.苏州：古吴轩出版社,2019.

［29］吕树坤,等.分类新编全宋词［M］.北京：作家出版社,2013.

［30］杨海明.张炎词研究［M］.济南：齐鲁书社,1989.

［31］杨海明.唐宋词论稿［M］.杭州：浙江古籍出版社,1988.

［32］刘婷婷.南宋社会变迁、士人心态与文学走向研究［M］.北京：中国社会科学出版社,2015.

［33］单芳.南宋辛派词人研究［M］.成都：巴蜀书社,2009.

［34］郭峰.南宋江湖词派研究［M］.成都：巴蜀书社,2004.

［35］何忠礼.南宋史稿［M］.杭州：杭州大学出版社,1999.

［36］刘扬忠.名家解读宋词［M］.济南：山东人民出版社,1999.

［37］方勇.南宋遗民诗人群体研究［M］.北京：人民出版社,2011.

［38］陶然.宋金遗民文学研究［M］.杭州：浙江大学出版社,2014.

［39］张漾文.南宋理宗词坛研究［M］.天津：南开大学出版社,2014.

［40］李治安.忽必烈传［M］.北京：人民出版社,2015.

［41］丁楹.南宋遗民词人研究［M］.南京：凤凰出版社,2011.

［42］苏缨.《人间词话》精读［M］.长沙：湖南文艺出版社,2015.

［43］苏缨.大宋词人往事:浅斟低唱里的风雅与忧伤［M］.长沙:湖南文艺出版社,2014.

［44］唐圭璋.词学胜境（纪念典藏本）［M］.北京:中华书局,2017.

［45］焦印亭.刘辰翁文学研究［M］.北京:中国社会科学出版社,2011.

［46］朱东润.陆游传［M］.天津:百花文艺出版社,2004.

［47］于永森.稼轩词选笺评［M］.银川:阳光出版社,2015.

［48］王兆鹏.宋南渡词人群体研究［M］.南京:凤凰出版社,2009.

［49］詹淑海.刘克庄评传［M］.福州:海峡文艺出版社,2017.

［50］王善军.宋代世家个案研究［M］.北京:人民出版社,2019.

［51］苏缨,毛晓雯.直道相思了无益:李商隐诗传［M］.长沙:湖南文艺出版社,2018.

［52］金国正.南宋孝宗词坛研究［M］.上海:上海人民出版社,2011.

［53］邓广铭.邓广铭治史丛稿［M］.北京:北京大学出版社,2010.

［54］邓广铭.辛弃疾传·辛稼轩年谱［M］.北京:生活·读书·新知三联书店,2019.

［55］梁庚尧.宋代科举社会［M］.上海:东方出版中心,2019.

［56］胡昭曦,蔡东洲.宋理宗、宋度宗皇帝传［M］.长春:吉林文史出版社,2004.

［57］刘静.周密研究［M］.北京:人民出版社,2012.

［58］叶嘉莹.词之美感特质的形成与演进［M］.北京:北京大学出版社,2016.

［59］叶嘉莹.北宋名家词选讲［M］.北京:北京大学出版社,2017.

［60］叶嘉莹.南宋名家词选讲［M］.北京:北京大学出版社,2017.

［61］吴企明.刘辰翁词校注［M］.上海:上海古籍出版社,2015.

［62］钱锺书.宋诗选注［M］.北京:生活·读书·新知三联书店,2008.

［63］俞兆鹏,俞晖.文天祥研究［M］.北京:人民出版社,2008.

［64］顾宝林.刘辰翁《须溪词》遗民心态研究［M］.南昌:江西人民出版社,2015.

［65］随园散人.半生烟雨,半世落花:李清照传［M］.北京:人民交通出版社,2018.

［66］高献红.王沂孙词新释辑评［M］.北京:中国书店,2006.

［67］李之亮.教科书里没有的宋史［M］.北京:中华书局,2010.

［68］李精耕,袁春梅.宋代茶词探胜［M］.南昌:江西人民出版社,2015.

［69］陶尔夫,刘敬圻.南宋词史(上、下)［M］.哈尔滨:北方文学出版社,2014.

［70］王丹.文天祥评传［M］.沈阳:辽海出版社,2019.

［71］丁功谊,李仁生.文天祥年谱［M］.南昌:江西人民出版社,2016.

［72］周茜.一匊集:词学管窥［M］.上海:上海书店出版社,2018.

［73］江弱水.古典诗的现代性［M］.北京:生活·读书·新知三联书店,2017.

［74］姚道生.残蝉身世香莼兴·乐府补题研究［M］.南京:凤凰出版社,2018.

［75］韶音.文山诗史注释全编(修订版)［M］.北京:法律出版社,2019.

［76］黄志浩.常州词派研究［M］.北京:中国社会科学出版社,2018.

［77］蒋勋.蒋勋说宋词［M］.北京:中信出版社,2016.

［78］刘逸生.宋词小札［M］.北京:中国青年出版社,2018.

［79］费正清.美国与中国［M］.张理京,译.北京:世界知识出版社,2003.

［80］黄仁宇.资本主义与二十一世纪［M］.北京:生活·读书·新知三联书店,2013.

［81］村上哲见.宋词研究［M］.杨铁婴,金育理,邵毅平,译.上海:上海古籍出版社,2015.

［82］中原健二.词及其周边:宋代士大夫与其文学［M］.陈文辉,译.上海:上海古籍出版社,2019.

［83］缪钺,叶嘉莹.灵谿词说正续编［M］.北京:北京大学出版社,2015.

［84］诸葛忆兵.宋词说宋史［M］.哈尔滨:北方文艺出版社,2019.

［85］凌继尧.美学十五讲（第二版）［M］.北京:北京大学出版社,2014.

［86］朱光潜.文艺心理学［M］.合肥:安徽教育出版社,2006.

［87］曹顺庆.中西比较诗学史［M］.成都:巴蜀书社,2008.

［88］姜正成.宋元鏖兵:襄阳之战［M］.北京:中国财富出版社,2015.

［89］易中天.风流南宋［M］.杭州:浙江文艺出版社,2020.

［90］何忠礼,范立舟,徐吉军,葛金芳.南宋全史（共八册）［M］.上海:上海古籍出版社,2016.

［91］王水照,熊海英.南宋文学史［M］.北京:人民出版社,2009.

后记　我的学词历程

　　周密在《癸辛杂识》中有云:"所谓'听风听水作霓裳',近之矣。以《萧韶》九成,凤凰来仪,击石拊石,百兽率舞,盖以我自然之声,感彼自然之应,所谓同声相应者也。"

　　我在塞伦盖蒂大草原上生活了十一年,几乎每天都和野生动物在一起。野生动物对我影响很大,正如季羡林先生在《老猫》中所说:"它们天真无邪,率性而为;有吃抢吃,有喝抢喝;不会说谎,不会推诿……同它们在一起,我心里感到怡然,坦然,安然,欣然。不像同人在一起那样,应对进退,谨小慎微,斟酌词句,保持距离,感到异常地别扭。"

　　我常开着越野车,带着一本关于宋词的书,寻找熟悉的猎豹或狮子。在阳光强烈、炎热难当的午后,我把车停在一棵高大伞状的金鸡纳树下,摇降下车窗,让风吹进车厢里。树梢上的织布鸟叽叽喳喳,远处的斑马群在埋头苦干,不时传来几声狗吠般的啼叫,天边的青山与洁白的高积云清苦自知,在不动声色地酝酿着一场黄昏雨。猎豹希拉趴在我的车顶上休息打盹,淡黄色的肚皮快速地起伏,长长的尾巴垂到了我的面前。我则喝着茶,摊开书,一首接一首地阅读——我们俩就这样度过了一个又一个安静的下午。

我坐在车里读宋词，猎豹希拉在车边休息，我们俩就这样度过了一个又一个安静的下午

　　我对宋词所知甚浅，起初囫囵吞枣地读完《宋词三百首》，看了一些诸如《最美宋词》《宋词的美丽与哀愁》等畅销书，除了知道宋词的主要作者的一些主要作品外，没有太大的收获，对词的品鉴几乎一窍不通。四年前的春节，我在草原上无所事事，花了五天的时间，精读完叶嘉莹先生的《唐宋词十七讲》。这本书集叶先生八十年词学研究的精华，对词的美感特质做了深入浅出、抽丝剥笋的分析讲解。例如在讲温庭筠的作品时，重点落在"蛾眉"等引发托喻的语码之上，阐明词的美感特质并非完全取自香艳的词汇，而更在于文字背后所寄托的身世和家国情怀。这本书所提出的小词大雅的理念，对于当时的我无异于醍醐灌顶，简直觉得之前的宋词学习都可以忘掉。

　　叶先生在讲苏东坡、李清照、辛弃疾时，没有从众讲那些流行的作品，而是分别选取了《八声甘州·有情风万里卷潮来》《渔家傲》《水龙吟·过南剑双溪楼》等冷门之作，也是很有见地的。我逐渐明白，词和诗不同，词源于勾栏瓦舍之中、歌妓舞女之口，天生带有柔媚的基因。羞涩含蓄是少女的特点，喜欢一个人，不宜开口直说，要通过比兴、借代、比喻、典故等，曲折婉转地表达出来。王国维在《人间词话》中说："词之为体，要眇宜修。能言诗之不能言，而不能尽言诗之所能言。"悱恻幽怨，是词的最大的魅力；意在言外，是词的价值追求。即如《离骚》以香草美人为托，不直接说出内心的感受情绪，而是借助花鸟虫鱼、清风明月等外在环境或事物，运用一些历史典故，以婉转雅丽的文字，旁敲侧击地表达出来。如果文字太直白，就失去了想象回味的空间，流于浅俗鄙俚，就像那些泛滥的口水歌一样。

　　清代浙西派大家朱彝尊说："善言词者，假闺房儿女之言，通之于离骚变雅之义。此尤不得志于时者所宜寄情焉耳。"稍晚一些的常州词派，集词学理论研究之大成，形成了一套关于词的品评鉴赏的价值体系。常州词派开山祖师张惠言有一句名言："其缘情造端，兴于微言，以相感动。极命风谣里巷男女哀乐，以道贤人君子，幽约怨悱，不能自言之情。低徊要眇，以喻其致。"这段话包含了两层意思：第一是说词要有寄托，表面上写男女相思相爱，实际上表达的是贤人君子难以言表的幽怨之情；第二，词的用语要美，要有回味。

　　经过一番反思，我推翻了之前喜欢的一些词作，觉得它们并非第一流。比如柳永《鹤冲天》：

黄金榜上，偶失龙头望。明代暂遗贤，如何向。未遂风云便，争不恣游狂荡。何须论得丧？才子词人，自是白衣卿相。

烟花巷陌，依约丹青屏障。幸有意中人，堪寻访。且恁偎红倚翠，风流事，平生畅。青春都一饷。忍把浮名，换了浅斟低唱！

爽利豪气，快意则快意，却失去了词应有的余味和联想空间。还有李清照《丑奴儿》，我原以为是"最美宋词"之一：

晚来一阵风兼雨，洗尽炎光。理罢笙簧，却对菱花淡淡妆。

绛绡缕薄冰肌莹，雪腻酥香。笑语檀郎：今夜纱厨枕簟凉。

这首词通篇是写一位美女在梳妆打扮，露出冰肌玉骨，以色声挑逗情郎——我实在看不出有什么寄托的精神。

对比辛弃疾《丑奴儿》：

少年不识愁滋味，爱上层楼。爱上层楼，为赋新词强说愁。

而今识尽愁滋味，欲说还休。欲说还休，却道"天凉好个秋"！

辛词表面上写一位不谙世事的少年，实指自己年轻时胸怀大志，指点江山，却无人能赏识；而后笔锋一转，现在几经宦海沉浮，棱角已平，雄心已灭，说不出那些豪言壮语，渴望的北伐中原的理想也实现不了了。全词文字回环往复，体现出心情的茫然困惑，表达了一种无法报效国家的遗憾，令人同情回味。

大概零散地自学了三年后，我开始读各词家的词集，如李煜、柳永、苏轼、秦观、张孝祥、辛弃疾、姜夔、吴文英、周密、王沂孙、张炎、

蒋捷、刘辰翁等人,越来越喜欢南宋中后期词人的作品。南宋朝廷仓皇南渡,始终面临北方游牧民族的军事威胁,词人们均感到时局的紧迫感,词坛因而形成了一股"骚雅"的创作追求。"骚",即《离骚》中以香草美人为托喻的高尚品质和爱国主义精神;"雅",就是对文字、音律、章句等有精致的考究,杜绝口语化、世俗化的表达方式。尤其是南宋灭亡后,大部分词人以气节自重,隐居山林,著书创作,词作中沁满了亡国破家的遗恨,那些杜鹃啼血般的悲歌让我感动不已,比如邓光荐的《念奴娇》:

水天空阔,恨东风、不借世间英物。蜀鸟吴花残照里,忍见荒城颓壁。铜雀春情,金人秋泪,此恨凭谁雪?堂堂剑气,斗牛空认奇杰。

那信江海余生,南行万里,属扁舟齐发。正为鸥盟留醉眼,细看涛生云灭。睨柱吞嬴,回旗走懿,千古冲冠发。伴人无寐,秦淮应是孤月。

这首词的水平分毫不低于苏东坡的《念奴娇·赤壁怀古》,且慷慨苍凉、意境深远、分量沉重,当为宋末词作之最。有的人可能不喜欢这么悲痛的格调,但我个人认同清代词学家陈廷焯所提出的"沉郁"之说。所谓"沉郁",类似西方文艺理论中的悲剧美,即把强烈的情感融化于与命运的对抗冲突之中,知其不可为而为之。罗山川先生在小说《白鲸》译序中说:"由贫困到富足时,产生不了思想也产生不了思想的伟人,思想和思想的伟人都是在从峰顶跌进谷底的过程中由于呐喊而产生的。"

　　有时候，我躺在草原上的帐篷里，听见帐外寒风卷地、百草衰折、鬣狗哀嚎、鸱枭夜鸣，不觉悲从中来。元朝人孔齐《至正直记》中记载：文天祥兵败被俘虏至大都，夜里听见馆驿外传来元军士兵的歌声，粗犷豪放、悲凉壮丽，好像大瓮回音。文天祥惊而起问："此何声也？"士兵们回答："这是我朝民歌《阿剌来》，源自大漠深处。"文天祥凄然。读书至此，想见文天祥一文弱书生，孤身坚立于十万嘈喈刀兵之中，在对方的胜利欢呼声中度过一个又一个夜晚，不禁泪下。还有周密、张炎、蒋捷、邓剡等人，难道还有比他们更惨淡的人生吗？

　　最明亮的星总在最黑暗的夜中发光。

　　我的本行是外语专业，对于中国古代文学知识出于业余爱好，五年以来全凭自学获得了一知半解，所以不自量力、不惮浅薄付诸以上，皆因在草原上日夜观察野生动物所见证到的"弱德之美"，以及 2016 年我遭人诬陷、落井下石之际，大量阅读宋词获得的心灵救赎。这本小书肯定有不完善不成熟之处，还望各位读者朋友们海涵和批评指正。最后特别感谢上海教育出版社，感谢坦桑尼亚塞伦盖蒂国家公园。

图书在版编目（CIP）数据

弱德之美：宋末七词人传/非洲的青山著. —上海：
上海教育出版社，2021.7
ISBN 978-7-5720-0975-4

Ⅰ.①弱… Ⅱ.①非… Ⅲ.①词人－评传－中国－南
宋 Ⅳ.①K825.6

中国版本图书馆CIP数据核字(2021)第132491号

责任编辑　曹婷婷　董龙凯
插图绘制　曹令怡
装帧设计　周　吉

弱德之美：宋末七词人传
非洲的青山　著

出版发行　上海教育出版社有限公司
官　　网　www.seph.com.cn
地　　址　上海市永福路123号
邮　　编　200031
印　　刷　上海展强印刷有限公司
开　　本　889×1194　1/32　印张9
字　　数　186千字
版　　次　2021年7月第1版
印　　次　2021年7月第1次印刷
书　　号　ISBN 978-7-5720-0975-4/I·0093
定　　价　39.80元

如发现质量问题，读者可向本社调换　电话：021-64377165